les indispensables

L'info pour tous !

Handicap & Emploi
droits et dispositifs

Ministère du Travail, de l'Emploi,
de la Formation professionnelle et du Dialogue social

ISBN : 978-2-11-010144-0

En vertu du principe général de non-discrimination, la collectivité nationale doit garantir les conditions de l'égalité des droits et des chances aux personnes handicapées. Cela suppose que la loi organise de manière systématique l'accès de ces personnes au droit commun, qu'elle adapte celui-ci ou le complète par des dispositifs spécifiques afin de garantir, en toutes circonstances, une réelle égalité d'accès à l'emploi, à la formation, aux soins, au logement, à l'école…

Dans le domaine de l'emploi, auquel est plus particulièrement consacré ce guide, la réglementation en vigueur vise à faciliter l'insertion professionnelle et l'autonomie des personnes handicapées :

- en traduisant dans les faits le principe de non-discrimination. Les entreprises doivent ainsi prendre les mesures appropriées pour permettre aux travailleurs handicapés d'accéder à un emploi ou de conserver un emploi correspondant à leur qualification, ou pour qu'une formation adaptée à leurs besoins leur soit dispensée ;
- en donnant la priorité, chaque fois que cela est possible, au travail en milieu ordinaire, dans les entreprises du secteur privé, comme dans la fonction publique ;
- en valorisant le travail en milieu protégé, qu'il s'agisse de reconnaître des droits reconnus aux personnes handicapées accueillies dans les établissements et services d'aide par le travail (les anciens CAT) ou de faciliter le passage vers le milieu ordinaire de travail.

De la reconnaissance du statut de travailleur handicapé aux modalités d'emploi en milieu ordinaire de travail, de l'obligation d'emploi des travailleurs handicapés aux conditions d'accès à la fonction publique, des aides personnelles à la protection sociale…, ce guide, rédigé dans un langage clair et accessible à tous, offre ainsi à ses lecteurs (personnes handicapées et leur famille, employeurs, responsables d'établissements d'aide par le travail, travailleurs sociaux…) une présentation détaillée de la législation applicable aux personnes handicapées.

Adresses utiles d'associations, d'institutions ou de sites Internet, référence précise aux textes de loi et index détaillé, complètent ce guide afin d'offrir au lecteur l'accès le plus facile à l'information dont il a besoin.

Chapitre 1 - La reconnaissance du statut de travailleur handicapé

Chapitre 2 - L'obligation d'emploi des travailleurs handicapés

Chapitre 3 - La recherche et l'accès à l'emploi

Chapitre 4 - La formation professionnelle

Chapitre 5 - Travailler en milieu ordinaire

Chapitre 10 - Informations pratiques

Chapitre 1

La reconnaissance du statut de travailleur handicapé

mots clés

Maison départementale des personnes handicapées • Commission des droits et de l'autonomie des personnes handicapées • Équipe pluridisciplinaire • Reconnaissance de la qualité de travailleur handicapé

Les interlocuteurs de la personne handicapée

Pour faire reconnaître leurs droits, les personnes handicapées adultes devaient, avant la réforme opérée par la loi du 11 février 2005 « pour l'égalité des droits et des chances, la participation et la citoyenneté des personnes handicapées », s'adresser à des structures multiples : la Cotorep* pour les décisions relatives aux prestations, à la reconnaissance de la qualité de travailleur handicapé et l'orientation vers un établissement spécialisé, l'assurance maladie pour la prise en charge des aides techniques, l'Agefiph pour l'aménagement des postes de travail, etc. Une première tentative de simplification dans l'accès aux droits a eu lieu avec la mise en place de « sites pour la vie autonome » (SVA), compétents en matière d'aides techniques et d'aménagements du logement, dont la création a permis un raccourcissement significatif des délais de traitement des dossiers et la réduction des coûts restant à la charge des personnes handicapées. Pour approfondir cette évolution, la loi du 11 février 2005 complétée et aménagée à plusieurs reprises (loi du 28 juillet 2011, loi du 17 mai 2013, ...) a créé les maisons départementales des personnes handicapées (MDPH) ; éventuellement dotées d'antennes locales, elles constituent le premier interlocuteur de la personne handicapée et de sa famille.

* Pour le développement des sigles se reporter au glossaire figurant en fin d'ouvrage (voir p. 425 et suivantes).

Qu'est-ce qu'une MDPH ?

La loi du 11 février 2005 a créé les MDPH, (les coordonnées des MDPH sont disponibles sur le site de la Caisse nationale de solidarité pour l'autonomie – www.cnsa.fr), qui constituent désormais le « guichet unique » auprès duquel les personnes handicapées et leur famille trouvent l'accueil, l'information et les conseils nécessaires et peuvent formaliser leurs demandes.

Au sein de chaque maison départementale siège la « Commission des droits et de l'autonomie des personnes handicapées » (CDAPH), en remplacement des anciennes « Commission technique d'orientation et de reclassement professionnel » (Cotorep) et « Commission départementale de l'éducation spéciale » (CDES, compétente pour les enfants et adolescents handicapés). C'est la CDAPH qui, en s'appuyant sur un travail d'évaluation d'une équipe pluridisciplinaire, se prononce sur les demandes de reconnaissance de la qualité de travailleur handicapé (voir p. 18).

Remarque

Un référent pour l'insertion professionnelle est désigné au sein de chaque maison départementale des personnes handicapées. Ce référent est chargé des relations de la maison départementale avec le directeur régional des entreprises, de la concurrence, de la consommation, du travail et de l'emploi (Direccte), pour toutes les questions relatives à l'insertion professionnelle des personnes handicapées.

Dans un souci de plus grande efficacité et de cohérence des interventions, certaines MDPH ont mis en place des pôles dédiés à l'insertion et à l'orientation professionnelles regroupant le plus souvent, outre le référent pour l'insertion professionnelle, un médecin, un représentant de Pôle emploi, des Cap emploi et de l'Agefiph.

Quel est le rôle de la MDPH ?

La MDPH a pour mission :

- d'informer et d'accompagner les personnes handicapées et leur

famille dès l'annonce du handicap et tout au long de son évolution ;
- de mettre en place et d'organiser le fonctionnement de l'équipe pluridisciplinaire qui évalue les besoins de la personne sur la base du projet de vie et propose un plan personnalisé de compensation du handicap ;
- d'assurer l'organisation de la Commission des droits et de l'autonomie des personnes handicapées (CDAPH, voir p. 15) et le suivi de la mise en œuvre de ses décisions, ainsi que la gestion du Fonds départemental de compensation du handicap ;
- de recevoir toutes les demandes de droits ou prestations qui relèvent de la compétence de la CDAPH ;
- d'organiser une mission de conciliation par des personnes qualifiées ;
- d'assurer le suivi de la mise en œuvre des décisions prises ;
- d'organiser des actions de coordination avec les dispositifs sanitaires et médico-sociaux ;
- de mettre à disposition des personnes handicapées et de leurs familles, pour les appels d'urgence, un numéro téléphonique en libre appel gratuit pour l'appelant, y compris depuis un mobile ;
- de réaliser périodiquement et de diffuser un livret d'information sur les droits des personnes handicapées et sur la lutte contre la maltraitance.

La MDPH organise son activité et fixe ses horaires d'ouverture au public de telle sorte que les personnes handicapées et leurs familles puissent accéder aux services qu'elle propose ou à la permanence téléphonique qu'elle a mise en place dans les conditions fixées par la convention pluriannuelle d'objectifs et de moyens signée entre la maison départementale des personnes handicapées et les membres du groupement qui la constituent (voir ci-dessous).

Remarque

La MDPH est un groupement d'intérêt public (GIP) constitué pour une durée indéterminée, dont le département assure la tutelle administrative et financière. Sont membres de droit de ce groupement, le département, l'État et les organismes locaux d'assurance maladie (CPAM) et d'allocations familiales (Caf) du régime général de sécurité sociale. D'autres personnes morales peuvent demander à en être membres, notamment celles représentant les organismes gestionnaires d'établissements ou de services destinés aux personnes handicapées, celles assurant une mission de coordination en leur faveur et les autres personnes morales participant au financement du Fonds départemental de compensation du handicap. L'objectif est que les MDPH associent tous les acteurs impliqués dans l'accompagnement des personnes handicapées.

Chaque MDPH est administrée par une commission exécutive, présidée par le président du conseil départemental (ex. « conseil général ») ; y siègent notamment des représentants des associations de personnes handicapées.

Remarques

- Dans un souci de simplification des démarches des usagers des MDPH, un suivi en ligne des demandes déposées auprès des MDPH est en place dans 12 d'entre elles et en cours de déploiement dans près de 30 autres. En parallèle, une expérimentation a été lancée dans les MDPH du Nord et du Calvados afin d'innover les processus de gestion des demandes, notamment de tester un nouveau modèle de formulaire et de certificat médical. Un bilan de cette expérimentation sera réalisé fin 2015 ; toutes les précisions sur les suites qui lui seront données seront disponibles sur le site http://simplification.modernisation.gouv.fr.
- Le projet de loi « relatif à l'adaptation de la société au vieillissement », qui doit être adopté par le Parlement fin 2015, encadre le processus de création de « maisons départementales de l'autonomie » (MDA) regroupant les MDPH et les services des conseils départementaux chargés de la prise en charge des personnes âgées. Toutes les informations sur les missions, le processus de création, etc. des MDA seront disponibles début 2016 sur le site www.social-sante.gouv.fr.

La maison départementale assure la gestion du Fonds départemental de compensation du handicap chargé d'accorder des aides financières destinées à permettre aux personnes handicapées de faire face aux frais de compensation restant à leur charge, après déduction de la prestation de compensation qui leur a été accordée. Ce fonds mutualise les aides extralégales apportées par différents organismes (collectivités territoriales, organismes d'assurance maladie, caisses d'allocations familiales, mutuelles, Agefiph, Fonds pour l'insertion professionnelle des personnes handicapées dans la fonction publique).

Remarque

Pour l'exercice de ses missions, la MDPH peut s'appuyer sur les centres communaux et intercommunaux d'action sociale ou des organismes assurant des services d'évaluation et d'accompagnement des besoins des personnes handicapées avec lesquels elle passe convention.

Comment fonctionne la CDAPH ?

Présente dans chaque MDPH, la Commission des droits et de l'autonomie des personnes handicapées siège en formation plénière et peut être organisée en sections locales ou spécialisées. Elle comprend, notamment, des représentants du département, des services de l'État et des organismes de protection sociale, des membres des organisations syndicales, des associations de parents d'élèves et, pour au moins un tiers de ses membres, des représentants des personnes handicapées et de leurs familles désignés par les associations représentatives. Les membres de cette commission sont tenus au secret professionnel sous réserve des dispositions particulières de l'article L. 241-10 du Code de l'action sociale et des familles.

Remarque

La CDAPH créée dans le département du Rhône est également compétente sur le territoire de la métropole de Lyon dans les conditions prévues par l'article L. 241-12 du Code de l'action sociale et des familles. Elle est dénommée « commission départementale-métropolitaine des droits et de l'autonomie des personnes handicapées ».

Le champ d'action de la CDAPH est très vaste. Cette commission est notamment compétente pour :

- se prononcer sur l'orientation de la personne handicapée et les mesures propres à assurer son insertion professionnelle et sociale ; lorsqu'un hébergement en établissement est envisagé, la commission désigne les structures en mesure d'accueillir la personne handicapée. Elle doit, dans tous ces cas, proposer à l'intéressé (ou à son représentant légal) un choix entre plusieurs solutions adaptées ;
- désigner les établissements ou les services concourant à la rééducation, au reclassement, à l'accueil de l'adulte handicapé ;
- apprécier l'état et le taux d'incapacité, les besoins de compensation et la capacité de travail ; de cela va découler l'attribution de certaines prestations ou droits. La commission se prononcera donc sur l'attribution de l'allocation aux adultes handicapés (AAH) et du complément de ressources, la prestation de compensation, la carte d'invalidité, la carte de priorité pour personne handicapée ;
- reconnaître la qualité de travailleur handicapé aux personnes répondant aux conditions définies par l'article L. 5213-1 du Code du travail (voir p. 18).

Comment l'équipe pluridisciplinaire intervient-elle ?

L'équipe pluridisciplinaire réunit des professionnels ayant des compétences médicales ou paramédicales, des compétences dans les domaines de la psychologie, du travail social, de la formation scolaire et universitaire, de l'emploi et de la formation professionnelle. Sa composition doit permettre l'évaluation des besoins de compensation du handicap, quels que soient la nature de la demande et le type du ou des handicaps. Elle peut varier en fonction des particularités de la personne handicapée.

L'équipe est chargée d'évaluer l'incapacité permanente de la personne handicapée au moyen d'un guide-barème pour l'évaluation des déficiences et incapacités des personnes handicapées. Elle évalue également ses besoins de compensation sur la base de son projet de vie, comprenant un volet professionnel. Moyennant quoi, elle propose un plan personnalisé de compensation du handicap. L'équipe pluridisciplinaire doit entendre, soit sur sa propre initiative, soit lorsqu'ils en font la demande, la personne handicapée, ses parents lorsqu'elle est mineure ou son représentant légal. Dès lors qu'il est capable de discernement, l'enfant handicapé lui-même est entendu par l'équipe pluridisciplinaire.

Quel est le contenu du plan personnalisé de compensation ?

Le plan personnalisé de compensation est élaboré par l'équipe pluridisciplinaire au terme d'un dialogue avec la personne handicapée. Il comprend des propositions de toute nature destinées à apporter une compensation aux limitations d'activités ou de restrictions de participation à la vie en société. Il peut comporter un volet consacré à l'emploi, à la formation professionnelle.

Il est transmis à la personne handicapée ou, le cas échéant, à son représentant légal, qui dispose alors de 15 jours pour faire connaître ses observations. La CDAPH est informée de ces observations.

Textes de référence

Articles L. 146-3 à L. 146-12, R. 146-16 à R. 146-24-2, R. 146-27 et R. 146-28 à R. 146-29 du Code de l'action sociale et des familles

La procédure pour être reconnu travailleur handicapé

Avec le nouveau schéma institutionnel mis en place par la loi du 11 février 2005, c'est à la maison départementale des personnes handicapées (MDPH) qu'il faut s'adresser en première intention. Mais c'est la Commission des droits et de l'autonomie des personnes handicapées (CDAPH) qui reconnaît la qualité de travailleur handicapé.

Indépendamment des dispositions mentionnées ci-dessous, il est également prévu que l'ouverture de droits à la prestation de compensation du handicap (PCH), à l'allocation compensatrice pour tierce personne (ACTP) ou à l'allocation d'éducation de l'enfant handicapé (AEEH) à l'égard des jeunes de plus de 16 ans qui disposent d'une convention de stage vaut reconnaissance de la qualité de travailleur handicapé. Cette reconnaissance de la qualité de travailleur handicapé n'est valable que pendant la durée du stage (voir p. 39).

Qui peut être reconnu « travailleur handicapé » ?

Est considéré comme travailleur handicapé, au sens de l'article L. 5213-1 du Code du travail, « toute personne dont les possibilités d'obtenir ou de conserver un emploi sont effectivement réduites par suite de l'altération d'une ou plusieurs fonctions physique, sensorielle, mentale ou psychique ».

La démarche peut être engagée à partir de 16 ans, dès lors que le demandeur exerce ou envisage une activité professionnelle.

Remarque

La reconnaissance de la qualité de travailleur handicapé s'accompagne d'une orientation vers un établissement ou service d'aide par le travail

(Ésat, voir p. 287), vers le marché du travail ou vers un centre de rééducation professionnelle. De même, pour assurer la cohérence du dispositif, toute décision d'orientation vers un Ésat, vers le marché du travail ou vers un centre de rééducation professionnelle vaut reconnaissance de la qualité de travailleur handicapé. Cette disposition permet de s'assurer que toute personne handicapée en capacité de travailler bénéficiera d'une orientation professionnelle ; elle permet, par ailleurs, d'améliorer l'action des acteurs du placement dans l'emploi (Pôle emploi et Cap emploi).

À noter que, dans le cadre des mesures de simplification annoncées par le Gouvernement en juin 2015, il est prévu que les personnes pouvant être bénéficiaires de l'obligation d'emploi des travailleurs handicapés (voir p. 27) à un autre titre que la RQTH recevront une information systématique sur leurs droits afin qu'elles puissent mieux mesurer l'opportunité d'une demande de RQTH. Par ailleurs, l'attribution de la reconnaissance de la qualité de travailleur handicapé sera facilitée pour des publics définis. Ces mesures devraient entrer en vigueur, en principe, fin 2015 ou début 2016 ; toutes les précisions seront disponibles sur le site www.social-sante.gouv.fr.

Qui peut en faire la demande ?

La demande de reconnaissance de la qualité de travailleur handicapé (RQTH) peut être faite par la personne handicapée elle-même, ou bien par ses parents ou son représentant légal. Elle peut également émaner des services et établissements qui accueillent la personne handicapée ; cette dernière, ainsi que, le cas échéant, son représentant légal doivent alors être informés de la démarche.

La demande doit être déposée auprès de la MDPH du lieu de résidence de la personne handicapée (sur les modalités, voir p. 20) ; elle doit être accompagnée d'un certificat médical de moins de six mois et éventuellement des éléments du projet de vie. Le formulaire de demande(s) doit être accessible aux personnes handicapées ; à défaut, la MDPH doit assurer à ces personnes, par tout moyen, une aide à la formulation de leur demande.

Remarque

Le « formulaire de demande(s) auprès de la MDPH » (Cerfa n° 13788*01) est disponible auprès de chaque MDPH, ainsi que sur le site www.service-public.fr sur lequel on trouvera également une notice explicative.

Comment la procédure se déroule-t-elle ?

C'est la CDAPH qui reconnaît la qualité de travailleur handicapé, puis oriente le demandeur vers le milieu de travail le plus adapté compte tenu de ses possibilités réelles d'insertion. Il pourra ainsi s'agir soit du milieu ordinaire de travail dont font désormais partie les entreprises adaptées (nouvelle appellation des « ateliers protégés ») et les centres de distribution du travail à domicile, soit du milieu protégé avec les établissements et services d'aide par le travail (Ésat, anciennement « centres d'aide par le travail », CAT). La CDAPH peut également orienter la personne handicapée vers une formation.

La CDAPH se prononce sur l'aptitude au travail. La lourdeur du handicap est reconnue par l'Agefiph (voir p. 192) ; cette décision administrative permet aux employeurs d'obtenir une aide de l'État (aide à l'emploi) ou une réduction de leur contribution à l'Agefiph.

Remarque

Une procédure de RQTH est engagée à l'occasion de l'instruction de toute demande d'attribution ou de renouvellement de l'allocation aux adultes handicapés (AAH, voir p. 351).

Comment les décisions sont-elles prises ?

■ Principes

Les décisions de la CDAPH sont prises sur la base d'une évaluation réalisée par l'équipe pluridisciplinaire (voir p. 16). Elles sont arrêtées après le vote des membres de la commission (ou, le cas échéant, de la section locale ou de la section spécialisée), suivant des règles de majorité qui varient en fonction de la nature des décisions. Elles sont prises au nom de la MDPH et doivent être motivées.

La personne handicapée est informée au moins deux semaines à l'avance du lieu et de la date de la séance au cours de laquelle la commission se prononcera, ainsi que de la possibilité de se faire assister ou représenter par une personne de son choix. Les décisions de la commission doivent être motivées et prises pour une durée comprise, en principe, entre un et cinq ans.

Le renouvellement de la décision portant sur la reconnaissance de la qualité de travailleur handicapé doit être demandé six mois avant la date d'expiration. Les décisions de la commission sont notifiées au demandeur ou à son représentant légal ainsi qu'aux organismes concernés.

Si la commission ne répond pas à la demande dans les quatre mois, son silence vaut rejet.

La décision de la CDAPH est notifiée par le président de la commission à la personne handicapée (ou à son représentant légal) et, le cas échéant, aux organismes concernés.

■ Procédure simplifiée

Sauf opposition de la personne handicapée concernée ou de son représentant légal, la CDAPH peut, dans les conditions fixées par le Code de l'action sociale et des familles, siéger en formation restreinte et adopter une procédure simplifiée de prise de décision. Dans ce cas, la personne handicapée ou son représentant légal est informé, par la MDPH, des modalités de cette prise de décision et de ses conséquences sur la procédure applicable.

Quelles sont les conséquences de la RQTH ?

Être reconnu travailleur handicapé ouvre droit à des avantages spécifiques, tant pour la personne handicapée elle-même que pour l'entreprise qui l'emploie. Cette démarche est ainsi nécessaire pour faire partie des bénéficiaires de l'obligation d'emploi (voir p. 27), accéder à la fonction publique par concours aménagé ou par recrutement contractuel spécifique (voir p. 327), bénéficier d'aménagements d'horaires (voir p. 201) ou de règles particulières, par exemple en matière de préavis de licenciement (voir p. 229), d'apprentissage (durée du contrat et dérogations à la limite d'âge de conclusion du contrat) (voir p. 162), de durée du contrat unique d'insertion (voir p. 83 et suivantes), d'aménagements du poste de travail (voir p. 205), d'orientation vers un établissement ou service d'aide par le travail (voir p. 287), d'accès aux aides de l'Agefiph (voir p. 185), etc. Sur tous ces points, on se reportera aux précisions figurant dans le présent ouvrage.

Que faire en cas de désaccord avec la CDAPH ?

Lorsque la personne handicapée (ou son représentant légal) estime que la commission méconnaît ses droits, il peut, avant d'engager un recours en justice, solliciter l'intervention d'un conciliateur. Cette procédure précontentieuse n'est pas obligatoire ; elle ne prive pas la personne d'exercer les voies de recours contentieux et suspend d'ailleurs ces délais de recours.

Remarque

Une personne référente est également désignée au sein de chaque MDPH, avec pour mission de recevoir et d'orienter les réclamations individuelles des personnes handicapées ou de leurs représentants vers les autorités et services compétents. Les coordonnées de ce « médiateur » sont disponibles auprès de la MDPH.

■ Qui sont les conciliateurs ?

Pour figurer sur la liste des personnes qualifiées pour la conciliation, un certain nombre de conditions doivent être remplies :

- ne pas avoir fait l'objet d'une condamnation, d'une incapacité ou d'une déchéance mentionnées sur le bulletin n° 2 du casier judiciaire ;
- ne pas avoir été l'auteur de faits contraires à l'honneur, à la probité et aux bonnes mœurs ayant donné lieu à une sanction disciplinaire ou administrative de destitution, radiation, révocation de retrait d'agrément ou d'autorisation ;
- posséder, par l'exercice présent ou passé d'une activité professionnelle ou bénévole, la qualification requise compte tenu des différends à régler ;
- présenter des garanties d'indépendance nécessaire à l'exercice de la mission de conciliation.

Remarque

La liste des conciliateurs est disponible auprès de la MDPH. Elle est tenue à jour et actualisée au moins tous les trois ans. La fonction de conciliation est exercée à titre gratuit.

■ En quoi consiste leur intervention ?

Pour exercer leur mission, les personnes désignées pour une mission de conciliation :

- peuvent avoir accès au dossier relatif à la personne handicapée détenu par la MDPH, à l'exclusion des documents médicaux, tout en étant tenues au secret professionnel dans les conditions prévues aux articles 226-13 et 226-14 du Code pénal ;
- disposent d'un délai de deux mois durant lesquels le délai de recours contentieux est suspendu. La mission est close par la production d'un rapport de mission notifié au demandeur et à la MDPH. Cette notification met fin à la suspension des délais de recours, les modalités de recours devant être précisées dans cette notification.

Les constatations de la personne intervenant pour une mission de conciliation et les déclarations qu'elle recueille ne peuvent être ni produites ni invoquées dans la suite de la procédure sans l'accord des parties, ni, en tout état de cause, dans une autre instance.

Quel tribunal saisir ?

Pour contester les décisions portant notamment sur la reconnaissance de la qualité de travailleur handicapé, le tribunal administratif doit être saisi. La décision qu'il rend peut faire l'objet d'un recours, dans les deux mois, devant la cour administrative d'appel. Un pourvoi devant le Conseil d'État est ouvert dans les mêmes délais.

Remarque

Certaines décisions de la CDAPH, dont la liste figure à l'article L. 241-9 du Code de l'action sociale et des familles, peuvent faire l'objet de recours devant la juridiction du contentieux technique de la Sécurité sociale.

Textes de référence

Articles L. 5213-1 et L. 5213-2 du Code du travail
Articles L. 241-5 à L. 241-11 et R. 241 à R. 241 (CDAPH),
L. 146-3 à L. 146-12 et R. 146-24 à R. 146-35 (MDPH)
du Code de l'action sociale et des familles

Chapitre 2

L'obligation d'emploi des travailleurs handicapés

mots clés

Bénéficiaires de l'obligation d'emploi ◆ Entreprises concernées ◆ Moyens à disposition de l'entreprise ◆ Déclaration obligatoire ◆ Sanctions

Champ d'application de l'obligation d'emploi

L'obligation d'emploi des travailleurs handicapés (OETH), dont le principe a été posé par la loi n° 87-517 du 10 juillet 1987, a été profondément aménagée par la loi n° 205-102 du 11 février 2005 « pour l'égalité des droits et des chances, la participation et la citoyenneté des personnes handicapées ». En son nom, les entreprises (ou les établissements) d'au moins 20 salariés ont l'obligation d'employer, à temps plein ou à temps partiel, des personnes handicapées dans la proportion de 6 % de leur effectif total, les entreprises ayant cependant le choix entre plusieurs modalités pour s'acquitter de cette obligation. En cas de non-respect de l'obligation d'emploi ou d'absence de mise en œuvre des dispositifs de substitution, l'entreprise doit verser une pénalité au Trésor public.

Qui bénéficie de l'obligation d'emploi ?

Comme le prévoit l'article L. 5212-13 du Code du travail, l'obligation d'emploi est instituée au profit :

1° des travailleurs reconnus handicapés par la CDAPH (sur cette reconnaissance, voir p. 17 et suivantes) ;

2° des victimes d'accident du travail ou de maladies professionnelles ayant entraîné une incapacité au moins égale à 10 % ; ces personnes doivent, en outre, être titulaire d'une rente attribuée par la Sécurité sociale ; il peut s'agir d'une rente attribuée par le régime général ou tout autre régime de protection obligatoire (MSA, régime social des indépendants, etc.) ;

3° des titulaires d'une pension d'invalidité attribuée par le régime général de la Sécurité sociale ou par tout autre régime de protection sociale obligatoire ou encore au titre des dispositions régissant les

agents publics ; il faut, dans tous les cas, que l'invalidité réduise au moins des deux tiers la capacité de travail ou de gain de l'intéressé ;
4° des bénéficiaires mentionnés à l'article L. 394 du Code des pensions militaires d'invalidité et des victimes de la guerre. Sont concernées les personnes auxquelles sont accessibles les emplois réservés, sans conditions d'âge, de délai, ni de durée de service, c'est-à-dire, par exemple, les invalides de guerre titulaires d'une pension militaire d'invalidité en raison de blessures reçues ou de maladies contractées ou aggravées dans le cadre du service au cours des guerres ou des expéditions déclarées « campagnes de guerre » par l'autorité compétente, les victimes civiles de la guerre, les sapeurs-pompiers volontaires victimes d'un accident ou atteints d'une maladie contractée en service ou à l'occasion du service, les victimes d'un acte de terrorisme ;
5° des bénéficiaires mentionnés aux articles L. 395 et L. 396 du même code. Sont concernées, au titre de l'article L. 395, les personnes auxquelles sont accessibles les emplois réservés sans conditions d'âge ni de délai (par exemple, les conjoints, partenaires liés par un Pacs et concubins d'une personne visée à l'article L. 394 décédée ou disparue dans les circonstances imputables aux situations définies à cet article), et au titre de l'article L. 396, les personnes auxquelles sont accessibles les emplois réservés, sans condition de délai (par exemple, sous réserve que les intéressés soient, au moment des faits, âgés de moins de 21 ans, les orphelins de guerre et les pupilles de la Nation ou les enfants des personnes mentionnées à l'article L. 394 dont le décès, la disparition ou l'incapacité de pourvoir à leurs obligations et à leurs charges de famille est imputable aux situations énumérées au même article) ;
6° (abrogé, voir remarque ci-contre) ;
7° (abrogé, voir remarque ci-contre) ;
8° (abrogé, voir remarque ci-contre) ;
9° des titulaires d'une allocation ou d'une rente d'invalidité attribuée dans les conditions définies par la loi n° 91-1989 du 31 décembre 1991

relative à la protection sociale des sapeurs-pompiers volontaires en cas d'accident survenu ou de maladie contractée en service ;
10° des titulaires de la carte d'invalidité (attribuée aux personnes ayant un taux d'invalidité au moins égal à 80 %) ;
11° des titulaires de l'allocation aux adultes handicapés.

Remarque

L'énumération des catégories de bénéficiaires de l'obligation d'emploi, telle qu'elle figure à l'article L. 5212-13 du Code du travail, a été modifiée en dernier lieu par la loi n° 2008-492 du 26 mai 2008 « relative aux emplois réservés et portant dispositions diverses relatives à la défense », en vigueur depuis le 7 juin 2009 (date de publication du décret n° 2009-629 du 5 juin 2009). Pour des raisons de renvois entre différents articles du Code du travail, cette loi n'a toutefois pas procédé à une nouvelle numérotation des différents alinéas de cet article, ce qui explique le maintien des 6°, 7° et 8° ci-contre.

Quelles sont les entreprises concernées ?

Sont assujettis à l'obligation d'emploi tous les employeurs occupant au moins 20 salariés, y compris les établissements publics industriels et commerciaux (pour la fonction publique, voir p. 313).

Remarque

Les entreprises de travail temporaire ne sont assujetties à l'obligation d'emploi qu'en ce qui concerne leurs salariés permanents.

L'obligation d'emploi ne s'applique pas dès la première année d'atteinte ou de franchissement du seuil de 20 salariés. En effet, toute entreprise nouvellement créée ou qui atteint, en raison d'un accroissement de son effectif, le seuil de 20 salariés dispose d'un délai de trois ans pour se mettre en conformité avec l'obligation d'emploi.

Ainsi, par exemple, une entreprise dont l'effectif atteint le seuil de 20 salariés en 2015 devra respecter la règle des 6 % à compter de l'obligation d'emploi des travailleurs handicapés au titre de l'année 2018.

Comment apprécie-t-on le seuil d'effectif ?

Dans les entreprises à établissements multiples, l'obligation d'emploi s'applique établissement par établissement. La déclaration obligatoire d'emploi des travailleurs handicapés (DOETH, voir p. 49) est alors établie par établissement assujetti qui s'entend d'un établissement dont le chef dispose d'un pouvoir de direction incluant le recrutement et le licenciement du personnel ; cette disposition résulte de l'article R. 5212-1 du Code du travail, dans sa rédaction issue du décret n° 2015-655 du 10 juin 2015, en vigueur depuis le 14 juin 2015. Ainsi, lorsque l'entreprise a des établissements autonomes, chacun doit calculer son effectif pour déterminer si ce dernier est d'au moins 20 salariés ; l'obligation d'emploi s'appliquant au niveau de chaque établissement. Dès lors, une entreprise comportant deux établissements autonomes de 12 et 18 salariés ne sera pas assujettie à l'obligation d'emploi. A *contrario*, une entreprise comportant différentes « entités », non reconnues comme établissements, devra totaliser l'effectif de ces entités pour déterminer si elle est, ou non, assujettie à l'obligation d'emploi.

Comment calcule-t-on l'effectif total des salariés ?

Le calcul de l'effectif se fait au 31 décembre de chaque année, en « équivalent temps plein ». Pour savoir si, à cette date-là, le seuil de 20 salariés est atteint, sont comptabilisés :

- les titulaires d'un CDI à temps plein et les travailleurs à domicile, quelle que soit la date de leur embauche s'ils sont présents au 31 décembre ;
- les titulaires d'un CDD, d'un contrat de travail intermittent, les travailleurs mis à la disposition de l'entreprise par une entreprise extérieure, qui sont présents dans les locaux de l'entreprise utilisatrice et y travaillent depuis au moins un an, les salariés tempo-

raires : ils entrent dans le calcul de l'effectif au *prorata* de leur temps de présence au cours des 12 mois précédents. Toutefois, les salariés titulaires d'un CDD et les salariés mis à disposition par une entreprise extérieure, y compris les salariés temporaires, sont exclus du décompte des effectifs lorsqu'ils remplacent un salarié absent ou dont le contrat de travail est suspendu, notamment du fait d'un congé de maternité, d'un congé d'adoption ou d'un congé parental d'éducation. Ces salariés sont pris en compte à due proportion de leur temps de présence au cours de l'année, même s'ils ne font plus partie de l'entreprise au 31 décembre ;

- les salariés à temps partiel, quelle que soit la nature de leur contrat de travail (CDD ou CDI) : on divise la somme totale des horaires inscrits dans leurs contrats de travail par la durée légale ou la durée conventionnelle du travail. Ainsi, par exemple, deux salariés travaillant 20 heures par semaine dans une entreprise qui pratique les 35 heures seront équivalents à 1,14 salarié (2 x 20)/35.

Si l'effectif total, dit « effectif d'assujettissement », se traduit par une fraction de personne, il convient toujours d'arrondir à l'entier inférieur.

Remarques

- Les « emplois exigeant des conditions d'aptitudes particulières » sont pris en compte dans l'effectif total (voir la liste des emplois exigeant des conditions d'aptitudes particulières p. 57 et 58). La spécificité de ces emplois est également prise en compte dans le cadre de la modulation de la contribution Agefiph (voir p. 42 et suivantes).
- Les salariés dont le contrat de travail est suspendu continuent de faire partie de l'effectif total des salariés de l'entreprise, mais pas leur remplaçant, le cas échéant.

Ne sont pas décomptés dans l'effectif pour apprécier le seuil de 20 salariés les apprentis, les titulaires d'un contrat de professionnalisation (jusqu'au terme prévu par le contrat lorsque celui-ci est à durée déterminée ou jusqu'à la fin de l'action de professionnalisation lorsque le contrat est à durée indéterminée), d'un contrat unique d'insertion (pendant la durée d'attribution de l'aide financière au titre de ces contrats).

Exemple

Un établissement a un effectif de 25 salariés dont 7 sont des emplois exigeant des conditions d'aptitudes particulières (Ecap). L'application des règles de décompte de l'effectif total, telles que visées ci-dessus, doit se faire sur les 25 salariés.

Envisageons deux hypothèses :

- si, en équivalent temps plein, l'effectif est de 22,5, il faut l'arrondir à 22 : l'établissement est soumis à l'obligation d'emploi ;
- si, en équivalent temps plein, l'effectif est de 17,8, il faut l'arrondir à 17 : l'établissement n'est pas soumis à l'obligation d'emploi.

Quel est le nombre de salariés handicapés à employer ?

Pour le déterminer, il faut appliquer à l'effectif de l'entreprise (ou de l'établissement), déterminé comme indiqué ci-dessus, le pourcentage de 6 %. Pour le calcul du nombre de bénéficiaires de l'obligation d'emploi, chaque personne est prise en compte à due proportion de son temps de présence dans l'entreprise au cours de l'année civile, quelle que soit la nature ou la durée de son contrat de travail, dans la limite d'une unité et dans les conditions suivantes :

- le salarié bénéficiaire de l'OETH dont la durée de travail est égale ou supérieure à la moitié de la durée légale ou conventionnelle compte pour une unité multipliée par le nombre de jours de présence effective du salarié dans l'établissement, rapporté à l'année ;
- le salarié bénéficiaire de l'OETH dont la durée de travail est inférieure à la moitié de la durée légale ou conventionnelle compte pour une demi-unité multipliée par le nombre de jours de présence effective du salarié dans l'établissement, rapporté à l'année.

Exemples

- Un bénéficiaire de l'OETH présent toute l'année à temps plein, compte pour 1.
- Un bénéficiaire de l'OETH présent toute l'année avec un taux de temps partiel à 20 % compte pour 0,5.
- Un bénéficiaire de l'OETH présent du 1er janvier au 31 octobre, à temps plein compte pour 0,83 (1 unité x 10 mois de présence effective/ 12 mois).
- Un bénéficiaire de l'OETH présent toute l'année à temps partiel (40 %) du 1er janvier au 30 juin puis à temps plein le reste de l'année compte pour 0,75 (0,5 x 6/12 + 1 x 6/12).

Pour plus de précisions sur ces règles de décompte, on peut se reporter à la notice accompagnant la DOETH, disponible sur le site www.agefiph.fr.

Remarque

Si un bénéficiaire relève de plusieurs catégories de bénéficiaires de l'obligation d'emploi (voir p. 27), il n'est pas pour autant comptabilisé plusieurs fois.

À quelle date l'obligation d'emploi s'apprécie-t-elle ?

L'obligation d'emploi s'appréciant au 31 décembre de chaque année, un salarié qui aura obtenu la reconnaissance de la qualité de travailleur handicapé par la Commission des droits et de l'autonomie des personnes handicapées (CDAPH) en cours d'année comptera, pour l'obligation d'emploi de cette même année, pour une unité.

En revanche, si la décision de reconnaissance de travailleur handicapé arrive à expiration en cours d'année, le salarié concerné ne sera décompté comme bénéficiaire de l'OETH que jusqu'au terme de la validité de la décision. Ainsi, par exemple, si la date de validité de la décision de reconnaissance de travailleur handicapé est le 31 août 2015, l'intéressé, s'il est employé à temps complet, ne sera

décompté, pour l'OETH 2015, que pour 0,67 (1 x 8/12) bénéficiaire de l'obligation d'emploi.
Cela vaut également pour toutes les décisions administratives à effets limités dans le temps et ouvrant droit au titre de bénéficiaire de l'obligation d'emploi.

Textes de référence

Articles L. 5212-2 à L. 5212-5 et R.5212-1 à R.5212-14
du Code du travail

Les moyens à la disposition de l'entreprise

Si l'entreprise compte un nombre insuffisant de salariés bénéficiaires de l'obligation d'emploi, voire aucun, elle peut, pour s'acquitter de son obligation, utiliser d'autres modalités prévues par la loi : conclusion d'un accord de branche, de groupe, d'entreprise ou d'établissement prévoyant la mise en œuvre d'un programme annuel ou pluriannuel en faveur de l'insertion professionnelle des travailleurs handicapés (voir ci-dessous), administrative compétente, versement d'une contribution financière à l'Agefiph. Elle peut également se libérer de son obligation, mais seulement partiellement, en accueillant des personnes handicapées dans le cadre d'un stage, ou, dans des conditions qui seront précisées par décret, pour des « périodes de mise en situation en milieu professionnel » (PMSMP), en concluant des contrats de sous-traitance, de fournitures ou de prestations de services avec des entreprises adaptées, des centres de distribution de travail à domicile, des Ésat, ou des travailleurs indépendants handicapés reconnus bénéficiaires de l'obligation d'emploi au sens de l'article L. 5212-13 du Code du travail (voir p. 27).

Comment remplir l'obligation d'emploi par accord ?

L'employeur peut remplir son obligation d'emploi en faisant application d'un accord de branche, de groupe, d'entreprise ou d'établissement fixant un programme annuel ou pluriannuel en faveur des salariés handicapés. Les négociations internes au groupe, à l'entreprise ou à l'établissement permettant d'aboutir à la conclusion d'un accord relèvent de la responsabilité des partenaires sociaux. Durant cette phase, le rôle des services de la direction régionale des entreprises, de la concurrence et consommation, du travail et de l'emploi (Direccte), est le suivant :

- informer les partenaires en exposant clairement l'intérêt et les enjeux d'une telle démarche : élaboration d'un état des lieux permettant d'analyser la situation de l'emploi des travailleurs handicapés au regard des postes, quel que soit le type de handicap, définition et mise en œuvre d'une véritable stratégie en matière de formation, de recrutement et de maintien dans l'emploi des travailleurs handicapés au regard des besoins de l'entreprise, etc. ;
- rappeler en tant que de besoin que la demande d'agrément de l'accord (voir p. 37 et 38) sera examinée au regard des objectifs fixés dans l'accord par rapport à la situation de départ décrite dans le diagnostic. Ainsi, la qualité de l'état des lieux est fondamentale pour éclairer l'Administration. Celui-ci peut être effectué avec le concours technique de l'Agefiph, et participe, de fait, à une sensibilisation du collectif de travail à cette question ;
- conseiller les acteurs de la négociation en précisant les conditions minimales requises pour que l'accord reçoive un agrément, notamment. Des échanges réguliers avec les services de la Direccte, parallèlement à la négociation avec les organisations syndicales, contribuent à créer des conditions d'agrément favorables.

Remarque

Les accords fixant un programme annuel ou pluriannuel en faveur des salariés handicapés ont pour objectif de permettre la mise en œuvre, à hauteur a minima de la contribution qui aurait dû être versée à l'Agefiph en l'absence d'accord, des actions conçues en cohérence avec la situation interne, les besoins, la stratégie économique, les compétences propres et la culture de la branche, du groupe, de l'entreprise ou de l'établissement. Un tel accord donne ainsi de la cohérence et de la visibilité à la politique des entreprises et favorise l'implication des partenaires sociaux ainsi que celle des acteurs internes et externes à l'entreprise et contribue à créer les conditions d'une insertion durable dans l'emploi.

■ Le contenu de l'accord

L'accord doit prévoir obligatoirement un plan d'embauche en milieu ordinaire de travail qui fixe un objectif de recrutement ou un taux d'emploi. Il peut également intégrer la question du recrutement de travailleurs handicapés dans le cadre de la gestion prévisionnelle de l'emploi ou encore prévoir des mesures d'accompagnement de l'embauche, d'accessibilité du site, de formation des recruteurs, de logement des personnes handicapées. Pour les accords signés depuis le 1er janvier 2015, l'accord comporte également un plan de maintien dans l'entreprise.

Au choix des partenaires sociaux, l'accord doit également comprendre au moins une des actions suivantes :

- un plan d'insertion et de formation spécifique aux travailleurs handicapés. Les actions peuvent concerner les moyens d'accès du travailleur handicapé à l'emploi dans l'entreprise (déplacements, aide au logement pour se rapprocher du lieu de travail, etc.). La formation peut concerner également les travailleurs handicapés extérieurs à l'entreprise ;
- un plan d'adaptation aux mutations technologiques : il est composé d'actions de formation, d'aménagement du poste de travail, sous certaines conditions, à destination des salariés handicapés de l'entreprise ou à ceux en cours de recrutement.

Remarque

L'accord doit organiser lui-même les modalités de son suivi.

■ Les conditions de validité de l'accord

Les accords de branche doivent être agréés par arrêté du ministre chargé de l'Emploi, et les accords de groupe d'entreprise et d'établissement, par arrêté du préfet du département, selon les modalités prévues par les articles R. 5212-12 à R. 5212-18 et R. 5523-1 du Code du travail.

Les accords sont agréés pour la durée, en années civiles, de validité de l'accord, donc pour une durée limitée. Ils ne peuvent pas être prorogés par tacite reconduction.

En cas d'application d'un accord, l'employeur doit indiquer, sur papier libre, l'ensemble des actions effectuées dans l'année dans le cadre de l'accord, et notamment le flux d'embauches et de sorties des travailleurs handicapés, le nombre d'heures de formation des travailleurs handicapés ainsi que le coût des actions. L'accord doit être joint à l'envoi du formulaire DOETH mentionné page 49 et adressé à la fois à l'autorité qui l'a agréé et à l'unité territoriale de la Direccte de l'établissement concerné. L'autorité administrative qui a agréé l'accord est compétente pour vérifier son application.

Remarque

Le ministère en charge du Travail a publié un guide méthodologique intitulé « Les accords en faveur de l'emploi des travailleurs handicapés » ; celui-ci est disponible sur le site www.travail-emploi.gouv.fr.

Comment remplir partiellement son obligation par les stages ?

L'employeur peut s'acquitter partiellement de l'obligation d'emploi en accueillant en stage, dans les conditions précisées ci-dessous, des personnes handicapées, dans la limite de 2 % de l'effectif total des salariés de l'entreprise.

Pour l'application de cette disposition, sous réserve de la précision donnée ci-dessous, sont prises en compte les personnes mentionnées à l'article L. 5212-13 du Code du travail (c'est-à-dire les bénéficiaires de l'obligation d'emploi, voir ci-dessus) qui effectuent l'un des stages suivants :

- un stage mentionné à l'article L. 6341-3 du Code du travail (stage agréé par l'État ou la région) ;
- un stage organisé par l'association mentionnée à l'article L. 5214-1 du Code du travail (Agefiph) ;

- un stage prescrit par Pôle emploi ;
- un stage au titre de l'article L. 331-4 du Code de l'éducation (stage de formation initiale en alternance à visée professionnelle) ;
- un stage au titre de l'article 9 de la loi n° 2006-396 du 31 mars 2006 pour l'égalité des chances (stage en entreprise effectué par des étudiants ; la réglementation relative à ces stages figure désormais aux articles L. 124-1 à L. 124-20 du Code de l'éducation).

La durée du stage ne peut être inférieure à 40 heures.

Remarques

- L'ouverture de droits à la prestation de compensation du handicap (PCH), à l'allocation compensatrice pour tierce personne (ACTP) ou à l'allocation d'éducation de l'enfant handicapé (AEEH) à l'égard des jeunes de plus de 16 ans qui disposent d'une convention de stage vaut reconnaissance de la qualité de travailleur handicapé. Cette reconnaissance automatique n'est valable que pendant la durée du stage.
- Dans des conditions qui seront précisées par décret, l'employeur pourra s'acquitter partiellement de l'obligation d'emploi en accueillant des personnes handicapées pour des périodes de mise en situation en milieu professionnel (PMSMP) visées aux articles L. 5135-1 à L. 5135-8 du Code du travail (toutes les précisions seront disponibles sur le site www.travail-emploi.gouv.fr). Cet acquittement sera pris en compte pour le calcul de la limite de 2 % mentionnée ci-contre.

Pour chaque stagiaire accueilli, une convention est conclue entre l'entreprise d'accueil, le stagiaire et l'organisme de formation ou l'organisme œuvrant pour l'insertion professionnelle.

Cette convention indique :

- le nom et l'adresse de l'entreprise d'accueil, de l'organisme de formation ou de l'organisme œuvrant pour l'insertion professionnelle et de ceux du stagiaire ;
- la nature, l'objectif et les modalités d'exécution du stage ;
- le lieu, la durée en heures et les dates de début et de fin de stage ;

- le tuteur désigné pour accompagner le stagiaire au cours du stage ;
- les modalités d'assurance du stagiaire au titre des accidents du travail ;
- les modalités d'assurance au titre de la responsabilité civile en cas de dommage causé au stagiaire ou par le stagiaire.

La convention de stage doit être jointe à la DOETH.

Remarque

Ces personnes sont décomptées au titre de l'année durant laquelle se termine le stage. Elles comptent pour un effectif calculé en divisant la durée du stage par la durée annuelle de travail applicable dans l'entreprise. Par exemple, pour un stage commencé en novembre 2014 et achevé en mars 2015, le stagiaire est pris en compte pour l'année 2015. Il apparaîtra donc dans la déclaration d'emploi au titre de la période janvier-décembre 2015 retournée à l'administration avant le 1er mars 2016 (voir p. 49).

Les stagiaires doivent obligatoirement faire partie de l'une des catégories de bénéficiaires de l'obligation d'emploi des travailleurs handicapés fixées à l'article L. 5212-13 du Code du travail, sous réserve de la disposition mentionnée page 39.

Comment remplir son obligation en concluant des contrats avec certaines entreprises, structures ou avec des travailleurs indépendants ?

Par le biais de la conclusion de ces contrats, un employeur ne peut satisfaire, au maximum, que la moitié de son obligation d'emploi (soit 3 %).

Dans ce cadre, il peut passer des contrats de fourniture, de sous-traitance ou de prestations de services avec des entreprises adaptées ou des centres de distribution de travail à domicile (CDTD) ou des établissements et services d'aide par le travail (Ésat).

Pour savoir à quel nombre d'emplois correspond la passation de ces contrats, il faut diviser les prix hors taxe des fournitures, travaux ou prestations figurant au contrat, déduction faite des coûts des matières premières, produits, matériaux, consommations et frais de vente, par 2000 fois le Smic horaire en vigueur au 31 décembre.

Exemple

Une entreprise A passe un contrat de sous-traitance avec une entreprise adaptée dont le prix hors taxe est de 60000 €. La valeur du Smic au 31 décembre 2014 (déclaration 2015) étant de 9,53 €, cette dépense équivaut à : 60000/(2000 x 9,53) soit 3,14 bénéficiaires de l'obligation d'emploi.

Si le contrat a pour projet la mise à disposition de travailleurs handicapés par des entreprises adaptées ou des Ésat, le prix de la prestation est divisé par 1600 fois le Smic horaire pour déterminer le nombre d'emplois correspondant. Si l'on reprend l'exemple ci-dessus, et si le contrat passé avec l'entreprise A donne lieu à mise à disposition, la dépense de 60000 € équivaut à : 60000/(1600 x 9,53), soit 3,93 bénéficiaires de l'obligation d'emploi.

Remarque

Ces mises à disposition étant des contrats de prestations de service, les travailleurs handicapés ne sont pas décomptés dans l'effectif des bénéficiaires de l'obligation d'emploi de l'établissement qui les accueille.

Dans des conditions qui seront précisées par décret, l'employeur pourra également passer de tels contrats avec des travailleurs indépendants handicapés reconnus bénéficiaires de l'obligation d'emploi au sens de l'article L. 5212-13 du Code du travail (voir p. 27 ; toutes les précisions seront disponibles sur le site www.travail-emploi.gouv.fr).

Qu'est-ce que la contribution Agefiph ?*

L'employeur peut, par ce biais, s'exonérer totalement de son obligation d'emploi, ou combiner les versements avec les autres modalités

*Pour un exemple de calcul de contribution, voir p. 51.

prévues par la loi. La contribution est due pour chaque bénéficiaire de l'obligation d'emploi manquant dans l'entreprise et son montant varie en fonction de l'effectif total. Toutefois, le nombre de bénéficiaires manquant peut être réduit par l'application d'un ou plusieurs coefficients de minoration tenant compte des efforts consentis par l'employeur pour maintenir dans l'emploi ou recruter des bénéficiaires de l'obligation d'emploi.
Un deuxième coefficient de minoration vise à éviter de pénaliser les entreprises qui comptent de nombreux emplois exigeant des conditions d'aptitude particulières (Ecap).
Enfin, sur le montant obtenu, il est possible de déduire certaines dépenses supplémentaires engagées par l'entreprise pour favoriser l'accueil, l'insertion ou le maintien dans l'emploi, sous certaines conditions (voir p. 46).
Le calcul de la contribution doit donc se faire en six étapes.

Remarque

L'Agefiph propose, sur son site internet **www.agefiph.fr**, un outil permettant aux entreprises assujetties de calculer leur contribution Agefiph.

■ 1re **étape** : calculer le nombre de bénéficiaires manquants
Il faut tout d'abord établir le nombre de bénéficiaires de l'obligation d'emploi en appliquant à l'effectif de l'établissement en « emploi équivalent temps plein » (EQTP) le taux de 6 % pour savoir si l'entreprise était soumise à l'obligation d'emploi.
Il faut ensuite retirer du résultat obtenu :
- le nombre de salariés bénéficiaires de l'obligation d'emploi, employés en direct par l'entreprise ; ce nombre ne doit pas être arrondi ;
- compte tenu des règles d'équivalence, le nombre de bénéficiaires de l'obligation d'emploi auquel correspondent les contrats passés avec des entreprises adaptées, des centres de distribution de travail à domicile, des établissements et services d'aide par le travail ou des travailleurs indépendants handicapés reconnus bénéficiaires de l'obligation d'emploi ;

- en appliquant les règles d'équivalence propres à cette catégorie, le nombre de bénéficiaires de l'obligation d'emploi correspondant aux personnes handicapées bénéficiaires d'un stage dont la liste est fixée à l'article R. 5212-10 du Code du travail, accueillies par l'établissement (voir p. 38).

On obtient alors le nombre de bénéficiaires manquants. Mais celui-ci peut être corrigé à la baisse par l'application de deux minorations.

■ 2e **étape** : appliquer, le cas échéant, la minoration pour l'effort consenti en matière de maintien dans l'emploi ou du recrutement direct de bénéficiaires de l'obligation d'emploi

Le nombre de bénéficiaires manquants peut être réduit en retranchant des minorations accordées au titre de bénéficiaires de l'obligation d'emploi répondant aux critères définis ci-dessous. Ces coefficients sont les suivants :

- 0,5 pour l'embauche du premier travailleur handicapé appartenant à l'une des catégories de bénéficiaires de l'OETH, mais seulement la première année. Cette minoration ne peut être attribuée qu'une seule fois dans la vie de l'établissement ;
- 0,5 pour l'embauche ou le maintien dans l'emploi d'un bénéficiaire de l'OETH âgé de moins de 26 ans jusqu'à son 26e anniversaire ou âgé de 50 ans révolus et plus, jusqu'à son départ de l'établissement ;
- 1 pour l'embauche ou le maintien dans l'emploi d'un bénéficiaire de l'obligation d'emploi des travailleurs handicapés pour lequel l'Agefiph (ou le directeur de l'unité territoriale de la Direccte jusqu'au 30 juin 2011) a reconnu la lourdeur du handicap (voir ci-dessous) et à condition que l'employeur ait opté pour la minoration de la contribution Agefiph et non pour l'aide à l'emploi ; ce coefficient est accordé pour la durée de validité de la décision de reconnaissance de la lourdeur du handicap ;
- 1 pour l'embauche d'un bénéficiaire de l'OETH en chômage de longue durée (12 mois et plus) inscrit à Pôle emploi, mais seulement pour la première année ;

- 1 pour l'embauche d'un bénéficiaire de l'OETH à sa sortie d'une entreprise adaptée, d'un CDTD ou d'un Ésat. Cette minoration est accordée à titre permanent (voir exemple p.51).

■ 3e **étape** : appliquer, le cas échéant, le coefficient de minoration pour tenir compte des emplois exigeant des conditions d'aptitude particulières (Ecap)
Il y a lieu ensuite de multiplier le résultat obtenu à l'issue de la 2e étape par un coefficient de minoration applicable aux entreprises ayant des emplois relevant des catégories d'emploi Ecap. Ils sont énumérés dans une liste reproduite en pages 57 et 58 strictement limitative. Aucune assimilation ni ajout ne peuvent y être effectués.
Cette minoration est égale à la formule suivante :
1 – (1,3 x pourcentage de salariés occupant des Ecap par rapport à l'effectif total de l'entreprise), sachant que le taux d'Ecap est arrêté au 1/100 (deux chiffres après la virgule) et qu'il est calculé par rapport à l'effectif total des salariés de l'établissement. Cette formule ne vaut que pour les établissements dont le pourcentage d'emploi exigeant des conditions d'aptitude particulière n'excède pas 80 %. S'il dépasse 80 %, aucun coefficient de minoration n'est appliqué, mais le montant de la contribution à l'Agefiph est calculé différemment (voir exemple p. 51).

■ 4e **étape** : calculer le montant de la contribution
Il est déterminé en multipliant le nombre de bénéficiaires manquants par une valeur qui varie en fonction de l'effectif total de l'entreprise (et non celui de l'un des établissements) :

- 400 fois le Smic horaire pour les entreprises comptant de 20 à 199 salariés ;
- 500 fois le Smic horaire pour les entreprises comptant de 200 à 749 salariés ;
- 600 fois le Smic horaire pour les entreprises de 750 salariés et plus.

Remarque

Pour les établissements qui n'ont occupé aucun bénéficiaire de l'obligation d'emploi, n'ont passé aucun contrat de fourniture, de sous-traitance ou de prestations de services (voir p. 40 et 41), d'un montant supérieur au montant mentionné ci-dessous, ou n'appliquent aucun accord collectif prévoyant la mise en œuvre d'un programme annuel ou pluriannuel en faveur des travailleurs handicapés pendant une période supérieure à trois ans, ce montant est fixé à 1 500 fois le Smic horaire quel que soit le nombre de salariés de l'entreprise.

Pour l'application de cette disposition, le montant hors taxes des contrats de fourniture, de sous-traitance ou de services doit être supérieur, sur quatre ans, à :

- 400 fois le Smic horaire dans les entreprises de 20 à 199 salariés ;
- 500 fois le Smic horaire dans les entreprises de 200 à 749 salariés ;
- 600 fois le Smic horaire dans les entreprises de 750 salariés et plus.

La contribution annuelle est calculée différemment pour les établissements ayant plus de 80 % d'emplois exigeant une aptitude particulière. Elle est alors égale au nombre de bénéficiaires manquants multiplié par 40 fois le Smic horaire. Toutefois pour calculer le nombre de bénéficiaires manquants, le coefficient de minoration lié aux Ecap n'est pas appliqué.

■ 5e **étape** : comparer avec le plancher de la contribution

La contribution annuelle ne peut être inférieure au produit du nombre de bénéficiaires manquants pondéré au titre des efforts consentis par l'employeur pour l'emploi de travailleur handicapé multiplié par 50 fois le Smic horaire (voir exemple p. 51).

Ce plancher de contribution ne s'applique pas aux établissements qui ont un pourcentage d'Ecap égal ou supérieur à 80 % de l'effectif (voir p. 45 la règle particulière qui leur est applicable).

■ 6e **étape** : déduire les dépenses

Les établissements ont la possibilité de déduire directement du montant de leur contribution les dépenses qui ne leur incombent pas en application d'une disposition législative ou réglementaire, réalisées pour favoriser l'accueil, l'insertion ou le maintien dans l'emploi de travailleurs handicapés en leur sein.

L'objectif de la mesure est d'offrir une certaine souplesse dans l'affectation des moyens destinés à l'emploi des travailleurs handicapés.

Ainsi sont déductibles les dépenses liées à :

- la réalisation de travaux, dans les locaux de l'entreprise afin de faciliter l'accessibilité sous toutes ses formes des travailleurs handicapés ;
- la réalisation d'études et d'aménagements de postes de travail en liaison avec le médecin du travail et le comité d'hygiène, de sécurité et des conditions de travail (CHSCT), afin d'améliorer l'insertion professionnelle des travailleurs handicapés dans l'entreprise ;
- la mise en place de moyens de transport adaptés en fonction de la mobilité et des problèmes particuliers de chaque travailleur handicapé ;
- la mise en œuvre de moyens pour le maintien dans l'emploi et la reconversion professionnelle de travailleurs handicapés ;
- la mise en place d'actions pour aider au logement de travailleurs handicapés afin qu'ils puissent se rapprocher de leur lieu de travail ;
- la mise en place d'actions pour aider à la formation des travailleurs handicapés des entreprises adaptées et des établissements et services d'aides par le travail dans le cas d'adaptation de la qualification liée à l'achat d'une prestation ;
- des partenariats avec des associations ou organismes œuvrant pour l'insertion sociale et professionnelle des personnes handicapées à l'exclusion des actions financées dans le cadre du mécénat ;
- la mise en place d'actions d'aide à la création d'entreprise par des personnes handicapées ;

- la formation et la sensibilisation de l'ensemble des salariés de l'entreprise dans le cadre de l'embauche ou du maintien dans l'emploi des travailleurs handicapés ;
- la conception ou la réalisation de matériels ou d'aides techniques pour les travailleurs handicapés ;
- l'aide à l'équipement et à l'apport de compétences et de matériel aux organismes de formation pour accroître leur accueil de personnes handicapées ;
- la formation initiale et professionnelle en faveur des personnes handicapées au-delà de l'obligation légale en matière de formation professionnelle.

Remarque

Ne sont, en revanche, déductibles ni les dépenses engagées retenues par l'Agefiph pour accorder une reconnaissance à la lourdeur du handicap, ni les dépenses incombant à l'employeur en application d'une disposition législative ou réglementaire.

Le montant des dépenses déductible est plafonné à 10 % du montant de la contribution annuelle dont est redevable l'employeur. Selon le cas, il s'agit :

- du montant de la contribution modulée au titre, d'une part, des efforts consentis en matière de maintien dans l'emploi ou du recrutement direct de bénéficiaires de l'obligation d'emploi des travailleurs handicapés, d'autre part, des emplois exigeant des conditions d'aptitude particulières ;
- du montant de la contribution plancher ;
- pour les établissements qui ont un pourcentage d'Ecap égal ou supérieur à 80 % de l'effectif, de la contribution calculée en multipliant le nombre de bénéficiaires manquants pondérés par 40 fois le Smic horaire (voir exemple p. 51).

Quelles sont les pénalités encourues ?

Les employeurs qui ne respectent pas leur obligation d'emploi de travailleurs handicapés selon l'une des modalités prévues par la loi encourent une pénalité à verser au Trésor public. Cette pénalité est égale à la contribution due ou restant due, calculée en multipliant le nombre de bénéficiaires manquants par 1 500 fois le Smic horaire, et ce quel que soit l'effectif total des salariés de l'entreprise, majoré de 25 %. Sont également considérés comme n'ayant pas satisfait à leur obligation d'emploi, et donc soumis à la pénalité, les employeurs qui n'ont pas déposé la déclaration annuelle.

Exemple

Un établissement a déclaré qu'il manquait 6,33 bénéficiaires. L'entreprise dont il fait partie a un effectif total d'assujettissement de 177 salariés. La contribution Agefiph due est de :
6,33 x 400 x 9,53 = 24 129,96 €.
Après contrôle, l'Agefiph estime que le nombre de bénéficiaires manquants était de 10,57. Elle réclame donc le versement d'un supplément de contribution de (10,57 – 6,33) = 4,24 x 400 x 9,53 = 16 162,88 €.
Si l'établissement refuse de payer, la pénalité sera donc de :
4,24 x 1500 x 9,53 = 60 610,80 + (60 610,80 x 25 %) = 75 763,50 €.

Les entreprises assujetties à l'obligation d'emploi qui, au cours de l'année précédant celle pendant laquelle a eu lieu le lancement de la consultation n'ont pas souscrit la déclaration annuelle d'emploi de travailleurs handicapés ou n'ont pas versé la contribution annuelle à l'Agefiph dont elles étaient redevables, ne sont pas admises à concourir aux marchés publics (article 43 du Code des marchés publics).

Quelles sont les modalités de déclaration ?

L'obligation d'emploi des travailleurs handicapés fait l'objet d'une déclaration annuelle obligatoire (DOETH) que l'employeur adresse, par tout moyen permettant de rapporter la preuve de sa date de réception, à l'adresse de l'Agefiph indiquée en page 1 du formulaire au plus tard le 1er mars de l'année suivante. Si l'établissement a reçu le formulaire mais n'est pas assujetti, il est néanmoins demandé de le remplir, afin d'informer l'Agefiph de sa situation.

L'obligation d'emploi s'appréciant établissement par établissement :

- les entreprises qui comptent des établissements sans autonomie de gestion par rapport au siège social (voir précisions p. 30) doivent intégrer les effectifs de ces établissements dans ceux du siège social et le signaler sur la première page du formulaire. La déclaration commune doit être retournée à l'Agefiph ;
- les établissements, appartenant à des entreprises à établissements multiples, qui disposent de l'autonomie de gestion par rapport au siège social, doivent fournir une déclaration séparée. Sinon, ils doivent signaler le n° Siret du siège social sur la première page du formulaire, signer et envoyer celui-ci.

L'employeur n'a pas de pièces justificatives à envoyer avec sa déclaration ; il doit néanmoins conserver ces pièces pendant cinq ans : l'autorité compétente (Agefiph, Direccte ou Dieccte) étant susceptible de les lui demander à des fins de contrôle.

Les obligations déclaratives des employeurs sont précisées par les articles R. 5212-1 à R. 5212-4 du Code du travail. Le détail en est donné dans la notice explicative de la DOETH.

La DOETH, sa notice explicative et l'ensemble des documents relatifs à cette déclaration sont disponibles sur le site de l'Agefiph (www.agefiph.fr).

Remarque

Sous certaines conditions, la DOETH peut être effectuée en ligne, à partir d'un site sécurisé (www.teledoeth.travail.gouv.fr/teledoeth) : sur lequel tous les renseignements sur cette télédéclaration sont disponibles.

Textes de référence

Articles L. 5212-2 à L. 5212-12 du Code du travail
Loi n° 2015-990 du 6 août 2015 (JO du 7)

Exemple de calcul de la contribution Agefiph

Effectif de l'établissement et calcul du nombre de bénéficiaires manquants (voir p. 42)

L'établissement Y a un effectif, tel qu'il est défini pour l'application de l'obligation d'emploi de travailleurs handicapés, de 540 et emploie 7 bénéficiaires de l'OETH, dont :

- un qui, reconnu lourdement handicapé, est âgé de 53 ans ;
- un qui était au chômage de longue durée et qui vient d'être embauché ;
- et un qui sort d'une entreprise adaptée.

L'entreprise ayant conclu des contrats avec une entreprise adaptée, elle décompte, par équivalence, 3 bénéficiaires de l'OETH auxquels il faut ajouter un autre bénéficiaire, également par équivalence, mais au titre des stagiaires handicapés.

Cet établissement devrait avoir : 32,4 bénéficiaires de l'OETH arrondis à 32.

Or, il n'en compte que 11 (7 + 3 + 1).

Le nombre de bénéficiaires manquants est donc de 21.

Application des coefficients de minoration (voir p. 43)

Les coefficients de minoration s'élèvent à :

- pour le 1er bénéficiaire : 1 + 0,5 = 1,5 ;
- pour le 2e bénéficiaire : 1 ;
- pour le 3e bénéficiaire : 1 ;
- soit un total de : 3,5.

Le nombre de bénéficiaires manquants pondéré au titre des efforts consentis pour l'employeur est de 17,5 (= 21 – 3,5).

Prise en compte des « Écap » (voir p. 44)

Si l'on considère que 45 salariés de l'établissement Y occupent un Écap, le pourcentage d'Écap dans l'établissement est de : 8,33 % (= 45/540 x 100) et le taux de minoration de : 1 – (1,3 x 8,33 %) soit 0,89.

Le nombre de bénéficiaires manquants pondéré au titre des efforts consentis par l'employeur et au titre de la part des Écap dans l'effectif de l'établissement est donc de 17,5 x 0,89, soit 15,57.

Montant de la contribution et comparaison avec le plancher (voir p. 44 et 45)

L'établissement Y fait partie d'une entreprise dont l'effectif total est de 950 salariés.

Le Smic horaire pris en compte pour le calcul de la contribution au titre de l'année 2014 est celui en vigueur le 31 décembre 2014, soit 9,53 €.

■ Le nombre de bénéficiaires manquants pondéré au titre des efforts consentis par l'employeur et au titre de la part des Ecap dans l'effectif de l'établissement étant de 15,57 (voir p. 51), le montant de la contribution est de 15,57 x 600 x 9,53 soit 89 029,26 €.

■ Le plancher de la contribution est de 17,5 x 50 x 9,53 soit 8 338,75 €.

La contribution de l'établissement Y étant supérieure à la contribution plancher, l'employeur devra acquitter 89 029,26 €.

Déduction des dépenses (voir p. 46)

La contribution de l'établissement Y a été établie à 89 029,26 € (voir ci-dessus) et cet établissement a engagé :

- 5 200 € pour la formation et la sensibilisation de l'ensemble des salariés dans le cadre de l'embauche et du maintien dans l'emploi des travailleurs handicapés ;
- 6 500 € à l'aide à l'équipement et à l'apport de compétence et de matériel à un organisme de formation pour accroître leur accueil de personnes handicapées ;
- soit un total de dépenses de 11 700 €.

Le plafond de dépenses déductibles est égal à 10 % de 89 029,26 €, soit 8 902,92 €. C'est ce dernier chiffre qui va être retenu pour établir le montant final de la contribution : 89 029,26 € - 8 902,92 € = 80 126,34 €.

La prise en compte de la gravité du handicap

Avant l'intervention de la loi du 11 février 2005, il revenait à la Cotorep de prendre les décisions relatives à la reconnaissance de la qualité de travailleur handicapé et de « classer » ensuite le demandeur selon la gravité de son handicap dans l'une des trois catégories A, B, C. Jugé ni objectif ni pertinent au regard de l'emploi, ce classement a été supprimé par la loi du 11 février 2005 et remplacé par la notion de lourdeur du handicap.

Alors qu'auparavant le lien entre la nature, l'importance du handicap et la capacité de travail n'était pas objectivement établi, désormais la lourdeur du handicap est appréciée au regard d'un poste précis après aménagement optimum de ce dernier. Cette notion est retenue dans deux situations :

- pour moduler le montant de la contribution Agefiph (voir ci-dessus) ;
- pour obtenir l'aide à l'emploi en milieu ordinaire financée et versée par l'Agefiph (voir p. 185).

Comment se fait la reconnaissance de la lourdeur du handicap ?

La demande de reconnaissance de la lourdeur du handicap peut émaner des employeurs du secteur privé et du secteur public à caractère industriel et commercial et des travailleurs handicapés exerçant une activité professionnelle non salariée.

L'employeur doit être en mesure de justifier économiquement l'effort qu'il réalise pour employer un bénéficiaire de l'OETH présentant un handicap important dans l'emploi. Le médecin du travail, compte tenu de sa connaissance du poste de travail, a notamment

pour mission de se prononcer sur l'aptitude du salarié et sur la nécessité de prévoir des aménagements du poste de travail (aménagements matériels, horaires, organisationnels, etc.). Il doit éclairer l'employeur pour que ce dernier puisse l'adapter de manière optimale. Le médecin du travail intervient dans le cadre de l'examen médical d'embauche, des examens de reprise après un arrêt de travail (éventuellement précédé d'un examen de prereprise) et lors d'examens périodiques.
Le dossier de demande est composé du formulaire de demande de reconnaissance de la lourdeur du handicap (disponible sur le site www.agefiph.fr), dûment renseigné et signé. Ce formulaire comporte, ou est accompagné, d'un certain nombre d'éléments et pièces justificatives dont la liste figure à l'article R. 5213-42 du Code du travail ; le détail est donné dans la notice explicative (également disponible sur le site www.agefiph.fr) accompagnant le formulaire de demande (un projet de décret et un projet d'arrêté, qui pourraient être publiés fin 2015 pour une entrée en vigueur au 1er juillet 2016, prévoient diverses dispositions visant à simplifier la RLH et à modifier les modalités de calcul de l'aide à l'emploi. Toutes les précisions seront disponibles en temps utile sur le site www.travail-emploi.gouv.fr).

Une rubrique du formulaire de demande permet au salarié handicapé d'attester qu'il est bien informé de la démarche de reconnaissance de la lourdeur du handicap entreprise par son employeur en vue de bénéficier des compensations financières attachées à cette reconnaissance. Le salarié doit signer et dater cette attestation.
Dans le cas d'une première demande de reconnaissance de lourdeur du handicap pour un travailleur handicapé présentant un taux d'incapacité ou d'invalidité permanente d'au moins 80 %, il est possible, à titre dérogatoire, de faire état des aménagements prévus que l'entreprise s'engage à réaliser au cours de l'année suivant le dépôt de la demande. Dans ce cas, l'employeur doit indiquer les coûts prévisionnels et, si elle est déjà connue, l'aide éventuelle à recevoir de l'Agefiph.

Qui prend la décision et sur quels critères ?

La demande doit être adressée sous pli recommandé avec accusé de réception à la délégation régionale de l'Agefiph (coordonnées sur le site www.agefiph.fr) de la région où est situé l'établissement dans lequel travaille le travailleur handicapé concerné. Lorsqu'elle émane d'un travailleur indépendant, elle doit être effectuée auprès de la délégation régionale de l'Agefiph de la région où est exercée l'activité professionnelle. Dans tous les cas, elle doit être envoyée par pli recommandé avec demande d'avis de réception.

La demande est instruite par l'Agefiph. Est alors évalué le coût de l'emploi, au-delà de l'obligation légale, qui justifie une compensation soit par l'attribution d'une minoration de la contribution Agefiph, soit par le versement de l'aide à l'emploi. Pour cela sont examinées les charges pérennes induites par le handicap dans le cadre de l'activité professionnelle. Il peut s'agir, par exemple, des charges liées à l'accompagnement social ou professionnel mis en œuvre ou à un tutorat.

L'Agefiph instruit la demande et procède à l'étude des éléments qui lui ont été fournis par l'employeur ou la personne handicapée exerçant une activité indépendante. Si nécessaire, l'Agefiph peut missionner un expert pour éclairer et étayer les éléments présentés à l'appui de la demande.

La reconnaissance de la lourdeur du handicap est accordée si le montant du surcoût lié à l'incidence de la lourdeur du handicap est égal ou supérieur à 20 % du produit du salaire horaire minimum de croissance (Smic) par le nombre d'heures correspondant à la durée annuelle collective de travail applicable par l'établissement ou pour les travailleurs handicapés exerçant une activité non salariée, par la durée légale du travail (1 607 heures sur la base des 35 heures par semaine).

Quels sont les effets de la décision ?

Toute décision, acceptation ou refus, est notifiée à l'employeur ou au travailleur handicapé indépendant, par l'Agefiph. Il appartient à l'employeur d'en informer le salarié handicapé concerné.

La décision d'acceptation de la reconnaissance de la lourdeur du handicap prend effet à compter de la date du dépôt du dossier complet de la demande.

La notification de la décision de l'Agefiph mentionne les voies de recours offertes au demandeur. Si la demande est rejetée, le motif sera explicité.

Quelle est la durée de validité de la décision ?

La décision de reconnaissance de la lourdeur du handicap fait l'objet d'un examen tous les trois ans. Toutefois, dans le cadre de la présomption de handicap lourd du fait d'un taux d'invalidité ou d'incapacité permanente égal ou supérieur à 80 %, l'effet de la décision de reconnaissance de la lourdeur du handicap est limité à un an. À l'expiration de la décision, une demande de renouvellement peut être formulée (voir aussi p. 54).

Avant la fin des délais de trois ou d'un an, la décision d'acceptation doit faire l'objet d'une demande de révision dans les cas suivants :

- changement d'entreprise ;
- changement de poste de travail au sein de la même entreprise par le bénéficiaire de l'OETH ;
- évolution du handicap.

L'Agefiph examine la nouvelle situation sur la base des éléments fournis par l'employeur pour un nouveau chiffrage des charges.

L'employeur dispose-t-il d'une option ?

Dans le mois qui suit la notification de la décision de reconnaissance de la lourdeur du handicap, l'employeur assujetti à l'OETH doit indiquer au délégué régional de l'Agefiph s'il opte pour la modulation de la contribution Agefiph ou pour le versement de l'aide à l'emploi.

LISTE DES CATÉGORIES D'EMPLOIS EXIGEANT DES CONDITIONS D'APTITUDE PARTICULIÈRES (ARTICLE D. 5212-25 DU CODE DU TRAVAIL)

NUMÉRO DE NOMENCLATURE	INTITULÉ DES PROFESSIONS ET CATÉGORIES SOCIOPROFESSIONNELLES
389 b	Officiers et cadres navigants techniques et commerciaux de l'aviation civile
389 c	Officiers et cadres navigants techniques de la marine marchande
480 b	Maîtres d'équipage de la marine marchande et de la pêche
526 e	Ambulanciers
533 a	Pompiers
533 b	Agents techniques forestiers, gardes des espaces naturels (exclusivement pour les gardes-chasse et les gardes-pêche)
534 a	Agents civils de sécurité et de surveillance, excepté les gardiens d'usine et les gardiens de nuit
534 b	Convoyeurs de fonds, garde du corps, enquêteurs privés et métiers assimilés
546 a	Contrôleurs des transports (personnels roulants)
546 d	Hôtesse de l'air et stewards
546 e	Autres agents et hôtesses d'accompagnement (transport tourisme)
553 b	Vendeurs polyvalents des grands magasins
624 d	Monteurs qualifiés en structures métalliques
621 a	Chefs d'équipe du gros œuvre et des travaux publics
621 b	Ouvriers qualifiés du travail du béton
621 c	Conducteurs qualifiés d'engins de chantier du bâtiment et des travaux publics
621 e	Autres ouvriers qualifiés des travaux publics
621 g	Mineurs de fond qualifiés et autres ouvriers qualifiés des industries d'extraction (carrières, pétrole, gaz, etc.)
632 a	Maçons qualifiés
632 c	Charpentiers en bois qualifiés
632 e	Couvreurs qualifiés
641 a	Conducteurs routiers et grands routiers
641 b	Conducteurs de véhicules routiers de transport en commun

Numéro de nomenclature	Intitulé des professions et catégories socioprofessionnelles
643 a	Conducteurs, livreurs, coursiers
651 a	Conducteurs d'engins lourds de levage
651 b	Conducteurs d'engins lourds de manœuvre
652 b	Dockers
654 b	Conducteurs qualifiés d'engins de transport guidés (sauf remontées mécaniques)
654 c	Conducteurs qualifiés de systèmes de remontées mécaniques
656 b	Matelots de marine marchande
656 c	Capitaines et matelots timoniers de la navigation fluviale
671 c	Ouvriers non qualifiés des travaux publics et du travail du béton
671 d	Aides-mineurs, ouvriers non qualifiés de l'extraction
681 a	Ouvriers non qualifiés du gros œuvre du bâtiment
691 a	Conducteurs d'engins agricoles ou forestiers
692 a	Marins-pêcheurs et ouvriers de l'aquaculture

Textes de référence

Articles L. 5212-9 et R. 5213-39 à R. 5213-51 du Code du travail

Chapitre 3

La recherche et l'accès à l'emploi

mots clés

Service public de l'emploi • Cap emploi • Aides de l'Agefiph • Plan régional d'insertion des travailleurs handicapés • Contrat unique d'insertion • Contrat de professionnalisation

Les différents acteurs

Les travailleurs handicapés à la recherche d'un emploi en milieu ordinaire peuvent s'adresser au service public de l'emploi (SPE) ou à des structures spécifiques qui, associées le plus souvent à ce dernier, interviendront en complément ou en appui de celui-ci.

Qu'est-ce que le service public de l'emploi ?

Le SPE a pour mission l'accueil, l'orientation, la formation et l'insertion ; il comprend le placement, le versement d'un revenu de remplacement, l'accompagnement des demandeurs d'emploi et l'aide à la sécurisation des parcours professionnels de tous les salariés. Il est assuré par les services de l'État chargés de l'Emploi et de l'Égalité professionnelle, Pôle emploi, l'Afpa et, dans le cadre des dispositions légales qui lui sont propres, par l'organisme gestionnaire du régime d'assurance chômage (Unédic). Il fait également intervenir différents partenaires selon les problématiques, comme l'Agefiph ou les organismes de placement spécialisés (Cap emploi, voir p. 63) pour les personnes handicapées, l'Apec pour les cadres, les missions locales et les PAIO pour l'insertion des jeunes, les organismes publics ou privés de placement, le conseil départemental, le conseil régional, les DDCS, les DRJSCS, etc.

Remarque

La mission de Pôle emploi s'exerce tant auprès des demandeurs d'emploi ou des personnes en activité qui souhaitent évoluer dans leur projet professionnel qu'auprès des entreprises qui peuvent être accompagnées par cette institution dans tous leurs recrutements (analyse des besoins, sélection des candidats, information sur les mesures d'aide à l'embauche, etc.). Pôle emploi est ainsi chargé des principales missions suivantes : prospection du marché du travail ; collecte des offres d'emploi ; aides et conseils aux entreprises dans leur recrutement ; accueil, information, orientation et accompagnement des personnes, disposant ou non d'un emploi, à la recherche d'un emploi, d'une formation ou d'un conseil professionnel ; inscription sur la liste des demandeurs d'emploi, contrôle de la recherche d'emploi ; service des allocations de chômage pour le compte, selon le cas, de l'organisme gestionnaire du régime d'assurance chômage, ou de l'État, etc.

Qui est en charge du placement ?

Les activités de placement consistent à fournir à titre habituel des services visant à rapprocher offres et demandes d'emploi sans que la personne physique ou morale assurant cette activité ne devienne partie à la relation de travail qui liera l'employeur et le salarié. Les organismes assurant cette activité sont tenus de respecter les principes du libre accès et de la non-discrimination ; ainsi, aucun service de placement ne peut être refusé à un demandeur d'emploi ou à un employeur pour des raisons tenant notamment à un handicap.
L'activité de placement ne relève pas de la seule compétence de Pôle emploi. Des opérateurs privés peuvent également fournir des services de placement, ces opérateurs doivent exercer leur activité dans le respect des principes posés par le Code du travail (non-discrimination, gratuité des services offerts aux personnes à la recherche d'un emploi, etc.) et sont soumis au contrôle des fonctionnaires et agents chargés du contrôle de l'application du droit du travail. Le cas échéant, lorsque l'activité de placement est exercée en méconnaissance de ces principes ou en cas d'atteinte à l'ordre public, l'autorité administrative peut, après mise en demeure, ordonner la fermeture de l'organisme en cause pour une durée n'excédant pas trois mois.

Remarque

Les organismes de placement ne peuvent exiger aucune rétribution, directe ou indirecte, des personnes à la recherche d'un emploi en contrepartie de la fourniture de services de placement (sauf pour le placement des artistes du spectacle et celui opéré par les agents sportifs). Par ailleurs, aucun service de placement ne peut être refusé à une personne à la recherche d'un emploi ou à un employeur pour l'un des motifs énumérés à l'article L. 1132-1 du Code du travail (handicap, sexe, religion, etc., voir p. 171).

De même les communes peuvent recevoir des offres d'emploi et effectuer des opérations de placement en faveur de leurs administrés à la recherche d'un emploi, après avoir passé une convention, à cet effet, avec l'État et Pôle emploi.
Il n'en reste pas moins que Pôle emploi constitue un interlocuteur essentiel, sa mission étant d'assister les personnes à la recherche d'un emploi, d'une formation ou d'un conseil professionnel pour favoriser leur reclassement ou leur promotion professionnelle. Pour cela, il propose divers services aux travailleurs handicapés à la recherche d'un emploi (sélection d'offres d'emploi, mise en relation avec les entreprises, etc., mais aussi accès à l'ensemble des dispositifs de droit commun) et aux entreprises (informations sur les aides accompagnant l'embauche, etc.), et participe à la mise en œuvre des actions qui favorisent la mobilité géographique et professionnelle et l'adaptation aux emplois. L'orientation et le placement des travailleurs handicapés font également partie de ses obligations.

Remarque

L'offre de service de Pôle emploi doit, notamment, organiser l'accueil et l'accompagnement de l'ensemble des travailleurs handicapés, quels que soient la nature ou le niveau de leur handicap en partenariat avec les Cap emploi et l'Agefiph.

Quels sont les organismes spécialisés ?

Les organismes de placement spécialisés dans l'insertion professionnelle des personnes handicapées sont regroupés dans le réseau Cap emploi. Leur objectif est de faire converger les besoins des entre-

prises et les compétences des personnes handicapées et d'aider ces dernières à construire un parcours d'accès ou de retour à l'emploi.
Le réseau des Cap emploi comporte actuellement environ 110 structures qui, sous réserve d'être conventionnées, sont financées par l'Agefiph, le FIPHFP et Pôle emploi. Un réseau national des Cap emploi a été créé en 2013, sous l'appellation « CHEOPS » (Confédération nationale handicap et emploi des organismes de placement spécialisés).
Les Cap emploi s'adressent, d'une part, aux personnes handicapées bénéficiaires de l'obligation d'emploi (voir p. 27), engagées dans une démarche active d'accès ou de retour à l'emploi en milieu ordinaire de travail et, d'autre part, aux employeurs privés ou publics, quel que soit leur effectif.
Comme le prévoit l'article L. 5214-3-1 du Code du travail, ils sont plus particulièrement chargés :

- de la préparation, de l'accompagnement et du suivi durable dans l'emploi des personnes handicapées. Ils participent ainsi au dispositif d'insertion professionnelle et d'accompagnement spécifique prévu pour les travailleurs handicapés mis en œuvre par l'État,la Région, le service public de l'emploi, l'Agefiph (voir p. 67) et le FIPHFP (voir p. 313) ; à condition d'avoir conclu une convention à cet effet avec l'Agefiph et le FIPHFP, ils peuvent mobiliser les aides, actions et prestations proposées par ces institutions ;
- dans le cadre d'une convention conclue avec Pôle emploi, et en complémentarité avec cette institution, de la prise en charge adaptée des demandeurs d'emploi bénéficiaires de l'obligation d'emploi.

Remarque

Un accord-cadre couvrant la période 2015-2017 a été conclu entre l'État, Pôle emploi, l'Agefiph (voir p. 67), le FIPHFP (voir p. 313) et la Confédération CHEOPS (voir ci-dessus) en qualité de représentant du réseau des Cap emploi, visant, notamment, à renforcer la coopération opérationnelle entre le réseau Cap emploi et Pôle emploi. Cet accord correspond aux objectifs fixés par la feuille de route du Comité interministériel du handicap du 25 septembre 2013 au terme de laquelle « les critères d'orientation des personnes vers les Cap emploi évolueront afin de s'assurer qu'ils prennent en charge les personnes handicapées éloignées de l'emploi ». Il doit permettre à Pôle emploi et au réseau des Cap emploi de proposer une offre de service partenariale, en adéquation avec les besoins des demandeurs d'emploi handicapés, des employeurs et les évolutions du marché du travail. En tant que garant du Service public de l'emploi, l'État assure, dans ce cadre et en concertation avec les partenaires de l'accord, la cohérence entre ce partenariat, les orientations et mesures de l'emploi, de la formation et de l'orientation professionnelles, la convention tripartite État, Unedic, Pôle emploi (2015-2017) et veille à leur bonne déclinaison territoriale, notamment dans le cadre des Plans régionaux d'insertion des travailleurs handicapés (PRITH, voir p. 68) et des instances régionales de gouvernance des politiques de l'emploi et de la formation professionnelle. Cet accord cadre peut être consulté sur le site du ministère en charge du Travail : (www.emploi.gouv.fr/files/files/ACCORD-CADRE_10022015-1.pdf).

Ce réseau est présent sur tout le territoire national et travaille en liaison constante avec l'Agefiph, les CDAPH, Pôle emploi et autres partenaires, dans le cadre de la politique de l'emploi en faveur des travailleurs handicapés. La collaboration se fait également au travers des plans régionaux d'insertion des travailleurs handicapés (Prith, voir ci-dessous).
L'accès aux services de Cap emploi est gratuit tant pour les personnes handicapées que pour les entreprises. Leurs coordonnées sont disponibles sur le site www.agefiph.fr. ou sur le site www.capemploi.com/annuaire.

Remarque

Les conventions entre les organismes de placement spécialisés et l'Agefiph doivent être conformes aux orientations fixées par la convention d'objectifs conclue entre l'État et l'Agefiph. Les organismes de placement spécialisés passent également convention avec la maison départementale des personnes handicapées (MDPH) afin de coordonner leurs interventions auprès des personnes handicapées.

La MDPH est-elle un interlocuteur pour l'insertion ?

Parce qu'il s'agit d'un lieu où l'on peut accéder à toute l'information relative aux droits et aux prestations destinés aux personnes handicapées et à leur famille, il est évidemment possible de s'adresser à la maison départementale des personnes handicapées pour toute question relative à l'emploi et à la formation. Elle saura orienter le demandeur vers l'interlocuteur adapté à sa problématique.

On rappellera également qu'au sein de chaque MDPH doit être désigné un référent pour l'insertion professionnelle chargé des relations de la MDPH avec la Direccte pour toutes les questions relatives à l'insertion professionnelle des personnes handicapées. À ce titre :

- il participe à l'organisation et à la coordination des travaux de l'équipe pluridisciplinaire (voir p. 16) en matière d'évaluation et d'orientation professionnelle ;
- il fait le lien entre l'équipe pluridisciplinaire et les services de l'emploi (Pôle emploi et Cap emploi) et organise les modalités concrètes de participation des acteurs du service public de l'emploi (SPE) aux travaux de cette équipe (préparation et suivi des différentes conventions de coopération) ;
- il coordonne les actions d'accompagnement social ou médico-social avec le parcours d'accompagnement vers l'emploi mis en œuvre par les services de l'emploi ;
- il contribue à l'information des personnes handicapées au sein de la MDPH et fait valoir leurs besoins pour améliorer leur insertion professionnelle.

Remarque

La plupart des MDPH ont conclu des conventions avec les acteurs du SPE pour organiser une collaboration institutionnelle entre l'accompagnement des personnes handicapées par les MDPH, dans le cadre du plan personnalisé de compensation, et l'accompagnement vers l'emploi du SPE. Les équipes pluridisciplinaires, associant le médecin de la MDPH, le référent insertion professionnelle de la MDPH, des représentants de Pôle emploi et de Cap emploi, travaillent au sein de l'équipe pluridisciplinaire de la MDPH afin d'évaluer l'employabilité des personnes handicapées et de préparer les décisions de la CDAPH. Cet investissement en amont de la part des acteurs du placement permet un accompagnement vers l'emploi plus rapide et plus efficace des personnes handicapées. Sur l'association des MDPH à la convention pluriannuelle d'objectifs et de moyens est mentionnée à l'article L. 5214-1 B du Code du travail, on se reportera à la page 71.

Comment intervient l'Agefiph ?

Au service des personnes handicapées et des entreprises du milieu dit « ordinaire » de travail, l'Agefiph propose, en complément et en liaison avec les autres acteurs concernés (Pôle emploi, opérateurs locaux, organismes de placement, etc.) différentes interventions et aides (financières, techniques ou humaines) destinées à favoriser l'accès à l'emploi, le maintien dans l'emploi ou la création d'activité des personnes handicapées. L'Agefiph constitue donc un interlocuteur privilégié pour les entreprises du « milieu ordinaire » de travail (voir p. 171) assujetties ou non à l'obligation d'emploi, comme pour les personnes handicapées, auxquelles elle peut apporter une aide directe : conseil, aides à l'embauche, aides à la formation, diagnostic, aides à l'aménagement des lieux de travail et à l'adaptation des postes de travail, aides à l'apprentissage ou au contrat de professionnalisation, etc. Au stade de la recherche d'emploi, l'Agefiph et le Cap emploi peuvent également aider une personne handicapée à faire le point sur ses acquis afin de lui permettre d'élaborer son projet professionnel.

L'Agefiph peut également contribuer au financement d'actions menées par des opérateurs techniques d'insertion et de formation, pour des projets concernant l'insertion des personnes handicapées en milieu ordinaire de travail ou d'actions de formation professionnelle préqualifiantes et certifiantes des demandeurs d'emploi handicapés.

Pour mener à bien ces missions, l'Agefiph s'appuie sur un réseau de partenaires et de prestataires labellisés, notamment les Cap emploi, Sameth et Alther (voir le site www.agefiph.fr).

Remarque

Les aides et conseils de l'Agefiph sont destinés aux personnes handicapées, salariées, à la recherche d'un emploi ou désirant créer une entreprise, qui font partie des catégories de bénéficiaires de l'obligation d'emploi : travailleurs reconnus handicapés par la CDAPH, titulaires de l'AAH, de la carte d'invalidité, etc. (voir p. 27).

Sur le plan institutionnel, une convention d'objectifs est conclue tous les trois ans entre l'État et l'Agefiph.

Comment sont coordonnées toutes ces actions ?

Les actions des différents acteurs intervenant dans l'insertion professionnelle des personnes handicapées doivent être coordonnées, afin d'en assurer la cohérence et l'efficacité.

Le pilotage de la politique de l'emploi des personnes handicapées est assuré par l'État. C'est à lui que revient la responsabilité de fixer les objectifs et priorités de cette politique, en lien avec le service public de l'emploi, les régions chargées du service public régional de la formation professionnelle défini à l'article L. 6121-2 du Code du travail, l'Agefiph et le FIPHFP. Des conventions sont passées à cet effet (voir ci-dessous).

■ Le Plan régional pour l'insertion des travailleurs handicapés (Prith)

L'échelon régional est l'échelon stratégique de définition et de mise en cohérence des politiques d'emploi et de formation professionnelle des travailleurs handicapés. C'est à ce niveau que doit être pilotée cette politique et défini le diagnostic, les objectifs, ainsi que les actions à mettre en œuvre. Le Prith a vocation à être le plan d'action unique de la politique d'emploi et de formation des travailleurs handicapés ; à ce titre, l'article L. 5211-5 du Code du travail prévoit que ce plan est élaboré tous les cinq ans, par le service public de l'emploi (voir ci-dessous). Ce plan, coordonné avec le programme régional d'accès à la formation et à la qualification professionnelle des personnes handicapées, recense l'ensemble des actions de droit commun et spécifiques définies par les différents acteurs. Il intègre les engagements des différentes conventions bilatérales ou multilatérales existantes (État-Agefiph, État-Pôle emploi, Agefiph-conseils régionaux, etc.) ainsi que les autres plans d'action, en assurant une cohérence d'ensemble. Il comprend également les autres actions décidées par le comité de pilotage (voir ci-dessous) du Prith qui viennent compléter les actions des institutions.

Le Prith est élaboré par le service public de l'emploi sous l'autorité du préfet de région. C'est un document écrit, unique et partagé par tous les partenaires concourant à l'insertion professionnelle des travailleurs handicapés, et en premier lieu l'Agefiph, le FIPHFP, Pôle emploi et les conseils départementaux et régionaux.

Il doit comprendre :

- un diagnostic régional, englobant les diagnostics locaux établis avec la collaboration des référents pour l'insertion professionnelle des maisons départementales des personnes handicapées ;
- un plan d'action régional pour l'insertion des travailleurs handicapés comportant des axes d'intervention et des objectifs précis ;
- des indicateurs régionaux de suivi et d'évaluation des actions menées au niveau régional, sur ce point, on peut se reporter aux indicateurs définis en annexe 3 de la circulaire DGEFP n° 2009-15 du 26 mai 2009 disponible sur le site www.circulaires.gouv.fr.

Le comité de pilotage du Prith, présidé par le préfet de région (ou, par délégation, par le Direccte), arrête le Prith et s'assure de l'atteinte des objectifs qui sont fixés. C'est l'instance décisionnaire. À ce titre, il :

- élabore et valide le diagnostic emploi-formation unique et partagé ;
- définit les objectifs à atteindre par axe d'intervention ;
- arrête le plan d'action (annuel ou pluriannuel) à mettre en œuvre pour chaque axe ;
- définit les modalités d'animation territoriale du Prith ;
- établit en fin d'année un bilan des actions ;
- arrête les échelons infrarégionaux de déclinaison du Prith ainsi que les modalités d'organisation du travail afin d'assurer une mise en œuvre cohérente.

Le comité réunit, outre l'État et l'Agefiph, les membres du SPE (Pôle emploi, etc.) et ses partenaires (conseil départemental, MDPH, la région) ainsi que le représentant du FIPHFP pour intégrer la dimension fonction publique. Sont associées également, chaque fois que nécessaire, les DDCS et les DRJSCS pour assurer le lien avec l'accompagnement social. Il s'assure également de la coordination et de la cohérence de son action avec les autres instances chargées de la politique de l'emploi et de la formation professionnelle des travailleurs handicapés (comité de pilotage et comité de concertation régional des Cap emploi, comité de suivi régional de la convention État-Agefiph, etc.) en respectant les compétences et attributions de ces instances.

Au niveau territorial, le Prith peut être utilement décliné à travers des plans locaux d'insertion des travailleurs handicapés (Plith) ; une telle déclinaison doit permettre d'assurer une mise en œuvre opérationnelle, au plus proche des spécificités des territoires, des orientations stratégiques définies au niveau régional. Elle peut permettre également d'organiser une meilleure articulation notamment avec les missions des maisons départementales des personnes handicapées, des conseils départementaux et des maisons de l'emploi.

Qu'il s'agisse du diagnostic, des objectifs, des plans d'action et de l'évaluation, les Plith doivent être cohérents avec le Prith. Ainsi, les objectifs du Plith doivent être la déclinaison des objectifs régionaux

au regard des besoins locaux, complétés si nécessaire par des objectifs locaux spécifiques.
Il appartient au comité de pilotage de déterminer le niveau le plus pertinent (département, bassin d'emploi, etc.). Il peut ainsi décider de conserver les plans départementaux d'insertion des travailleurs handicapés (PDITH) si le niveau départemental est jugé pertinent.
Au plan départemental, les services de la Direccte, qui contribuent au fonctionnement des MDPH et assurent le pilotage de la politique de l'emploi et l'animation du service public de l'emploi, jouent un rôle privilégié dans la coordination des partenaires et des actions.

■ Une convention pluriannuelle d'objectifs et de moyens

Une convention pluriannuelle d'objectifs et de moyens (CPOM), assortie de déclinaisons régionales et locales doit être conclue, afin de définir le rôle de chaque acteur concerné par les questions liées à l'insertion professionnelle des personnes handicapées. Cette convention associe l'État, responsable du pilotage de la politique de l'emploi des personnes handicapées, Pôle emploi, l'Agefiph, le FIPHFP et la Caisse nationale de solidarité pour l'autonomie (CNSA).
Elle prévoit :

- les modalités de mise en œuvre par les parties à la convention des objectifs et priorités fixés en faveur de l'emploi des personnes handicapées ;
- les services rendus aux demandeurs d'emploi bénéficiaires de l'obligation d'emploi et aux employeurs privés et publics qui souhaitent recruter des personnes handicapées ;
- les modalités de mise en œuvre de l'activité de placement et les conditions du recours aux organismes de placement spécialisés mentionnés à l'article L. 5214-3-1 du Code du travail (c'est-à-dire les Cap emploi mentionnés p. 63), en tenant compte de la spécificité des publics pris en charge ;
- les actions, prestations, aides ou moyens mis à disposition du service public de l'emploi et des organismes de placement spécialisés par l'Agefiph et le FIPHFP ;

- les modalités du partenariat que les MDPH mettent en place avec le service public de l'emploi, l'Agefiph et le FIPHFP et les moyens qui leur sont alloués dans ce cadre pour leur permettre de s'acquitter de leur mission d'évaluation et d'orientation professionnelles ;
- les conditions dans lesquelles un comité de suivi, composé des représentants des parties à la convention, assure l'évaluation des actions dont elle prévoit la mise en œuvre.

Remarque

Pour son application, la convention fait l'objet de déclinaisons régionales associant les MDPH et l'ensemble des acteurs concourant à l'insertion des personnes les plus éloignées de l'emploi. Les organismes de placement spécialisés (Cap emploi, voir p. 63) sont consultés pour avis. Ces conventions régionales s'appuient sur les Prith mentionnés page 68.

Indépendamment de cette convention, mais en s'appuyant sur les objectifs et les moyens qu'elle aura définis, des conventions sont conclues entre les différents intervenants afin de permettre la coordination des actions menées en faveur de l'insertion professionnelle des personnes handicapées : convention État/Agefiph, convention Agefiph/Pôle emploi, etc. (voir aussi p. 65). Une convention régionale pluriannuelle de coordination de l'emploi, de l'orientation et de la formation doit également être conclue entre le président du conseil régional et le représentant de l'État et Pôle emploi, les représentants régionaux des missions locales et des organismes spécialisés dans l'insertion professionnelle des personnes handicapées ; ces conventions contribuent à la mise en œuvre du Prith mentionné page 68.

Textes de référence

Articles L. 5211-4, L. 5214-1 à L. 5214-3-1 et L. 5311-1 à L. 5324-1 du Code du travail
Article R. 146-30 du Code de l'action sociale et des familles

Les aides à l'emploi

Pour inciter les entreprises à embaucher des demandeurs d'emploi ayant des difficultés d'insertion ou de reclassement, les pouvoirs publics ont développé différents contrats de travail dits « aidés » grâce auxquels les employeurs obtiennent, selon les cas, des aides forfaitaires, des exonérations de certaines cotisations sociales, etc. Les personnes embauchées dans le cadre de ces dispositifs sont des salariés à part entière qui bénéficient de toutes les garanties attachées à ce statut et, le cas échéant, d'un accompagnement spécifique, voire d'une formation (sur les aides de l'Agefiph, on se reportera aux précisions figurant p. 185 et suivantes).

En quoi consiste le contrat unique d'insertion ?

Le contrat unique d'insertion (CUI) a pour objet de faciliter l'insertion professionnelle des personnes sans emploi rencontrant des difficultés sociales et professionnelles d'accès à l'emploi, notamment les bénéficiaires de l'AAH ou les personnes reconnues travailleurs handicapés.

■ Les employeurs concernés

Le CUI prend la forme :

- pour les employeurs du secteur non marchand mentionnés à l'article L. 5134-21 du Code du travail (collectivités territoriales et autres personnes morales de droit public, organismes de droit privé à but non lucratif, etc.), du contrat d'accompagnement dans l'emploi (CUI-CAE). Les structures d'insertion par l'activité économique, notamment les ateliers et chantiers d'insertion, peuvent également conclure des CUI-CAE, lorsqu'elles relèvent du secteur non marchand par leur statut juridique ;
- pour les employeurs du secteur marchand mentionnés à l'article L. 5134-66 du Code du travail (employeurs affiliés au régime

d'assurance chômage, groupements d'employeurs pour l'insertion et la qualification, etc.), du contrat initiative emploi (CUI-CIE). Les particuliers employeurs ne sont pas éligibles aux aides attribuées au titre d'un CUI-CIE.

Dans un souci de simplification, le CUI est soumis à un certain nombre de dispositions qui s'appliquent quelle que soit la forme, CUI-CIE ou CUI-CAE, sous laquelle il sera décliné.

Tout employeur intéressé par un recrutement dans le cadre d'un CUI doit se rapprocher, selon le profil de la personne qu'il souhaite recruter :

- du Cap emploi (recrutement d'un travailleur handicapé) ;
- de l'agence Pôle emploi ;
- de la mission locale (recrutement d'un jeune) de 16 à moins de 26 ans) ;
- ou du conseil départemental (recrutement d'un bénéficiaire du RSA).

Les emplois d'avenir (voir p. 90) s'inscrivent dans le cadre juridique du CUI.

Remarque

Le CUI est applicable en métropole, dans les Dom, à Saint-Barthélemy, à Saint-Martin et à Saint-Pierre-et-Miquelon. Dans ces départements et collectivités, il prend la forme du CUI-CAE pour les employeurs du secteur non marchand (avec les aménagements prévus par les articles L. 5522-2 à L. 5522-2-3 et R. 5522-11-1 du Code du travail) et du contrat d'accès à l'emploi pour les employeurs du secteur marchand (sur le CAE-Dom, voir le site www.travail-emploi.gouv.fr). À Mayotte, le CUI est applicable dans les conditions fixées par le Code du travail mahorais. Ce cadre juridique spécifique devrait toutefois être amené à évoluer dans le courant de l'année 2016, afin d'harmoniser les régimes applicables dans l'hexagone et outre-mer (toutes les précisions seront disponibles sur le site précité).

■ **La procédure**

Le CUI est un contrat de travail conclu entre un employeur et un salarié, au titre duquel est attribuée une aide à l'insertion professionnelle dans les conditions mentionnées ci-dessous.

La décision d'attribution de l'aide à l'insertion professionnelle est prise :

1° soit, pour le compte de l'État, par Pôle emploi, les Cap emploi ou les missions locales ;

2° soit par le président du conseil départemental lorsque cette aide concerne un bénéficiaire du RSA financé par le département ; le président du conseil départemental peut déléguer tout ou partie de cette décision d'attribution à Pôle emploi ou à tout autre organisme qu'il désigne à cet effet.

La demande d'aide est établie sur un formulaire réglementaire. L'employeur (ou son représentant) et le salarié signent la demande d'aide. Le prescripteur (l'État ou le conseil départemental, ou l'institution ou l'organisme qui les représente) signe ensuite le document, sa signature valant décision d'attribution.

Cette demande d'aide comporte les mentions prévues à l'article R. 5134-17 du Code du travail (indications relatives à l'employeur et au salarié, caractéristiques du contrat de travail, nature des actions prévues au cours du CUI-CAE ou du CUI-CIE, respectivement, en matière d'orientation et d'accompagnement professionnel, de formation professionnelle et de validation des acquis de l'expérience (VAE) et en matière d'accompagnement professionnel et, le cas échéant, de formation, etc.).

L'embauche ne peut avoir lieu avant l'attribution de l'aide.

Remarque

Si l'employeur a déjà bénéficié d'une aide à l'insertion au titre d'un contrat aidé antérieur, la décision d'attribution d'une nouvelle aide à l'insertion professionnelle sera subordonnée au bilan préalable des actions d'accompagnement et des actions visant à l'insertion durable des salariés, réalisées dans le cadre de ce contrat. Pour ce faire, l'employeur qui effectue une nouvelle demande d'aide à l'insertion professionnelle transmet à l'autorité appelée à attribuer cette aide les éléments nécessaires à l'établissement de ce bilan.

■ Le statut du salarié

Le salarié en CUI (sous sa forme CUI-CIE ou CUI-CAE) est un salarié à part entière ; il bénéficie des mêmes conditions de travail que les autres salariés de l'entreprise. Il bénéficie également de l'ensemble des dispositions des conventions et accords collectifs applicables dans l'entreprise. Il doit être rémunéré conformément aux dispositions conventionnelles applicables dans l'entreprise ou l'établissement. Cette rémunération est calculée, au minimum, sur la base du Smic.

■ Accompagnement du salarié

Le CUI, dans sa déclinaison CUI-CIE ou CUI-CAE, comporte des dispositions en matière d'accompagnement et de suivi, destinées à favoriser l'insertion durable dans l'emploi de ses bénéficiaires :

- le CUI-CAE comporte des actions d'accompagnement professionnel et prévoit obligatoirement des actions de formation professionnelle ou de validation des acquis de l'expérience nécessaires à la réalisation du projet professionnel de son titulaire. Pendant son exécution, une ou plusieurs conventions conclues en vertu de l'article L. 5135-4 du Code du travail (voir p. 80) peuvent prévoir une période de mise en situation en milieu professionnel (PMSMP) auprès d'un autre employeur ;
- le CUI-CIE comporte des actions d'accompagnement professionnel. Les actions de formation nécessaires à la réalisation du projet professionnel de son titulaire peuvent être mentionnées dans la demande d'aide à l'insertion professionnelle.

Les actions de formation sont menées dans le cadre des dispositifs de droit commun d'accès des salariés à des actions de formation

professionnelle continue (plan de formation, congé individuel de formation, compte personnel de formation, périodes de professionnalisation, etc.).
L'autorité qui attribue l'aide à l'insertion professionnelle désigne en son sein ou auprès d'un organisme chargé de l'accompagnement ou de l'insertion, en le mentionnant dans la décision d'attribution initiale de l'aide, un référent chargé d'assurer le suivi du parcours d'insertion professionnelle du salarié en CUI-CIE ou en CUI-CAE. Ce référent doit, notamment, suivre le parcours du salarié pendant toute la durée de l'aide, en veillant à ce que les actions d'accompagnement, de tutorat ou de formation professionnelle envisagées par l'employeur soient mises en œuvre.
Pour sa part, dès la transmission de la demande d'aide à l'insertion professionnelle, l'employeur doit désigner un tuteur parmi les salariés qualifiés et volontaires pour assumer cette fonction, justifiant d'au moins deux ans d'expérience professionnelle. Exceptionnellement, sur autorisation de l'autorité qui attribue l'aide, l'employeur peut assurer lui-même le tutorat. Le tuteur ne peut suivre plus de trois salariés en CUI-CIE ou en CUI-CAE ; il a notamment pour mission de participer à l'accueil, aider, informer et guider le salarié en CUI, de contribuer à l'acquisition des savoir-faire professionnels et d'assurer la liaison avec le référent.

Remarque

Une attestation d'expérience professionnelle, établie par l'employeur avec la participation du tuteur, est remise au salarié à sa demande ou au plus tard un mois avant la fin du CUI-CIE ou du CUI-CAE. Elle a pour objet de permettre la valorisation des compétences et qualifications acquises par le salarié durant le contrat aidé dans le cadre d'un autre emploi.
La prolongation de l'aide à l'insertion professionnelle est subordonnée à l'évaluation des actions réalisées au cours du contrat en vue de favoriser l'insertion durable du salarié. L'employeur qui souhaite bénéficier de

la prolongation de cette aide adresse à l'autorité qui a attribué l'aide initiale une demande préalable dans les conditions précisées par le Code du travail.

Suspension ou rupture du contrat : obligations de l'employeur

L'employeur doit signaler, dans un délai de sept jours, à l'Agence de services et de paiement (ASP) et, le cas échéant, à l'autre organisme chargé du versement de l'aide du conseil départemental, et à l'organisme prescripteur, toute suspension ou rupture du contrat de travail qui interviendrait avant la fin de la période sur laquelle porte l'aide et tout élément de nature à en justifier. Il doit transmettre cette information par voie électronique (voir le portail de gestion en ligne des contrats aidés : www.asp-public.fr/beneficiaire/sylae), sauf impossibilité technique. Lorsque le CUI est suspendu, sans maintien de la rémunération, l'aide afférente à cette période n'est pas versée.

Remarque

En cas de non-respect par l'employeur des dispositions de la décision d'attribution de l'aide à l'insertion professionnelle (en particulier des obligations relatives à l'accompagnement et à la formation du salarié), cette aide n'est pas due et les sommes versées font l'objet d'un remboursement. L'autorité attribuant l'aide informe l'employeur de son intention de procéder à la récupération de l'indu. L'employeur dispose d'un délai franc de sept jours pour faire connaître ses observations. Tout paiement indu donne lieu à remboursement par l'employeur de la totalité des aides perçues. L'autorité attribuant l'aide informe l'organisme de recouvrement des cotisations sociales de la procédure.

Suspension ou rupture du contrat : conséquences sur l'aide

En cas de rupture du contrat de travail à l'initiative de l'employeur avant la fin de la période sur laquelle porte l'aide à l'insertion professionnelle, le versement de celle-ci est interrompu de plein droit.

L'employeur reverse alors à l'ASP ou, le cas échéant, au département ou à l'organisme désigné par lui, l'intégralité des sommes déjà perçues au titre de l'aide à l'insertion professionnelle.
Toutefois, les montants perçus au titre de l'aide à l'insertion professionnelle ne font pas l'objet d'un reversement et l'employeur conserve le bénéfice des aides correspondant au nombre de jours travaillés par le salarié dont le CUI-CIE ou le CUI-CAE est un CDI dans les cas suivants :

- licenciement pour faute grave du salarié ;
- licenciement pour force majeure ;
- licenciement pour inaptitude médicalement constatée ;
- licenciement pour motif économique notifié dans le cadre d'une procédure de redressement ou de liquidation judiciaire ;
- rupture du contrat au cours de la période d'essai ;
- rupture conventionnelle intervenue dans le cadre de l'article L. 1237-11 du Code du travail.

De même, les montants perçus au titre de l'aide à l'insertion professionnelle ne font pas l'objet d'un reversement, et l'employeur conserve le bénéfice des aides correspondant au nombre de jours travaillés par le salarié dont le CUI-CAE ou le CUI-CIE est un CDD, en cas de :

- rupture anticipée résultant de la volonté claire et non équivoque des parties ;
- rupture anticipée pour faute grave ;
- rupture anticipée pour force majeure ;
- rupture anticipée au cours de la période d'essai.

Remarque

Le CUI-CAE ouvre droit à une exonération de cotisations sociales patronales (voir p. 88). En cas de rupture du CUI-CAE à l'initiative de l'employeur avant la fin de l'aide à l'insertion professionnelle dans un cas autre que ceux mentionnés ci-dessus, l'employeur verse le montant des cotisations et contributions sociales patronales dont il a été exonéré en application des dispositions qui précèdent. Ces cotisations et contributions sont versées au plus tard à la première date d'exigibilité des cotisations et contributions sociales qui suit la date d'effet de la rupture du contrat de travail.

■ Suspension du contrat à la demande du salarié

Le CUI, sous sa forme CUI-CIE ou CUI-CAE, peut être suspendu, à la demande du salarié, afin de lui permettre :

- en accord avec son employeur, d'effectuer une période de mise en situation en milieu professionnel ou une action concourant à son insertion professionnelle ;
- d'accomplir une période d'essai afférente à une offre d'emploi visant une embauche en CDI ou en CDD au moins égale à six mois.

En cas d'embauche à l'issue de cette période de mise en situation en milieu professionnel, d'une action concourant à son insertion professionnelle ou de cette période d'essai, le contrat est rompu sans préavis.

Remarque

Les périodes de mise en situation en milieu professionnel (PMSMP) sont régies par les articles L. 5135-1 à L. 5135-8, D. 5134-50-1 à D. 5134-50-3 (CUI-CAE) et D. 5134-71-1 à D. 5134-71-3 (CUI-CIE) du Code du travail. Elles ont pour objet de permettre à un travailleur, privé ou non d'emploi, ou à un demandeur d'emploi, soit de découvrir un métier ou un secteur d'activité, soit de confirmer un projet professionnel, soit d'initier une démarche de recrutement. Elles doivent être prescrites par l'un des organismes mentionnés à l'article L. 5135-2 du Code du travail, notamment Pôle emploi ou, s'agissant des travailleurs handicapés, les Cap emploi (voir p. 63). Une ou plusieurs de ces périodes peuvent être prescrites à un salarié en CUI, avec son accord et celui de son employeur. Chacune de ces périodes fait l'objet d'une convention et leur durée cumulée au cours du CUI ne peut représenter plus de 25 % de la durée totale du contrat.

■ Rupture anticipée à l'initiative du salarié

Le CUI, décliné en CUI-CIE ou en CUI-CAE, peut être conclu sous la forme d'un CDD. Dans ce cas, par dérogation aux dispositions relatives à la rupture avant le terme des CDD prévues à l'article L. 1243-2 du Code du travail, il pourra être rompu avant son terme, à l'initiative du salarié, lorsque la rupture aura pour objet de lui permettre :

- d'être embauché en CDD pour une durée d'au moins six mois ;
- d'être embauché en CDI ;
- de suivre une formation conduisant à une qualification telle que prévue à l'article L. 6314-1 du Code du travail.

En quoi consiste le CUI-CIE ?

Dans le secteur marchand, tel que défini page 73, le contrat unique d'insertion prend la forme du contrat initiative-emploi (CUI-CIE).
Le CUI-CIE peut être mobilisé différemment selon les régions, dans les conditions fixées par l'arrêté annuel du préfet de région, et appréciées par les acteurs du service public de l'emploi, notamment les services de Pôle emploi. Les emplois d'avenir (voir p. 90) sont conclus sous la forme d'un CUI-CIE lorsqu'ils sont créés par des employeurs relevant du secteur marchand.

Remarque

Dans les départements d'outre-mer (sauf Mayotte), à Saint-Barthélemy, à Saint-Martin et à Saint-Pierre-et-Miquelon, le CUI-CIE n'existe que lorsqu'il est conclu sous la forme d'un emploi d'avenir. Les autres contrats aidés conclus avec des employeurs du secteur marchand sont des contrats d'accès à l'emploi (voir le site www.travail-emploi.gouv.fr). À Mayotte, il est applicable dans les conditions fixées par le Code du travail applicable à Mayotte (voir aussi p. 74).

L'aide à l'insertion professionnelle associée au CUI-CIE (voir ci-dessous) n'est pas attribuée dans les cas suivants :

1° lorsque l'établissement a procédé à un licenciement économique dans les six mois précédant la date d'embauche ;
2° lorsque l'embauche vise à procéder au remplacement d'un salarié licencié pour un motif autre que la faute grave ou lourde. S'il apparaît que l'embauche a eu pour conséquence le licenciement d'un autre salarié, la décision d'attribution de l'aide peut être retirée par l'État ou par le président du conseil départemental. La décision de retrait de l'attribution de l'aide emporte obligation pour l'employeur de rembourser l'intégralité des sommes perçues ;
3° lorsque l'employeur n'est pas à jour du versement de ses cotisations et contributions sociales.

■ La durée de l'aide à l'insertion professionnelle attribuée au titre du CUI-CIE

La durée de l'aide à l'insertion professionnelle attribuée au titre du CUI-CIE ne peut excéder le terme du contrat de travail (sur le contrat, voir ci-dessous). L'attribution de l'aide peut être prolongée dans la limite d'une durée totale de 24 mois. Cette prolongation et, s'il est à durée déterminée, celle du contrat de travail, au titre duquel l'aide est attribuée, sont subordonnées à l'évaluation des actions réalisées au cours du contrat en vue de favoriser l'insertion durable du salarié. Par ailleurs, il peut être dérogé à la durée maximale pour laquelle est attribuée une aide à l'insertion professionnelle dans les cas visés à l'article L. 5134-67-1 du Code du travail, notamment lorsque celle-ci concerne un salarié âgé de 50 ans et plus rencontrant des difficultés particulières qui font obstacle à son insertion durable dans l'emploi ou une personne reconnue « travailleur handicapé ». La durée maximale de 24 mois de l'aide à l'insertion professionnelle peut alors être portée, par décisions de prolongation successives d'un an au plus, à 60 mois ; la condition d'âge s'apprécie à l'échéance de la durée maximale de l'aide.

■ Les caractéristiques du CUI-CIE

Le CUI-CIE est un contrat de travail de droit privé à durée indéterminée ou à durée déterminée.

Remarque

Lorsqu'il est conclu pour une durée déterminée, le CUI-CIE est régi par l'article L. 1242-3 du Code du travail et les règles de renouvellement prévues à l'article L. 1243-13 du même code ne lui sont pas applicables. Il en résulte notamment que les dispositions relatives au délai de carence entre deux contrats ne sont pas applicables, de même que l'obligation pour l'employeur de verser l'indemnité de fin de contrat (sauf disposition conventionnelle ou contractuelle plus favorable).

La durée du CUI-CIE ne peut être inférieure à six mois, ou trois mois pour les personnes ayant fait l'objet d'une condamnation et bénéficiant d'un aménagement de peine.

Le contrat de travail associé à une aide à l'insertion professionnelle attribuée au titre d'un CUI-CIE conclu pour une durée déterminée peut être prolongé dans la limite d'une durée totale de 24 mois, ou de 60 mois, notamment pour les salariés âgés de 50 ans et plus rencontrant des difficultés particulières qui font obstacle à leur insertion durable dans l'emploi, ainsi que pour les personnes reconnues « travailleurs handicapés ». La condition d'âge s'apprécie à l'échéance de la durée maximale de l'aide. À titre dérogatoire, pour les salariés âgés de 58 ans ou plus, ce contrat de travail peut être prolongé jusqu'à la date à laquelle ils sont autorisés à faire valoir leurs droits à la retraite.

Le CUI-CIE peut être à temps plein ou à temps partiel ; s'il est à temps partiel, la durée hebdomadaire du travail ne peut être inférieure à 20 heures sauf lorsque la décision d'attribution de l'aide le prévoit pour répondre aux besoins d'un salarié âgé de 60 ans ou plus et éligible à un dispositif d'intéressement à la reprise d'activité des bénéficiaires des allocations du régime de solidarité.

■ Aide financière pour l'employeur

L'aide à l'insertion professionnelle attribuée à l'employeur au titre du CUI-CIE peut être modulée en fonction des critères mentionnés à l'article L. 5134-72 du Code du travail (catégorie et secteur d'activité de l'employeur, actions d'accompagnement prévues, etc.).

L'aide ne peut excéder 47 % du montant brut du Smic par heure travaillée, dans la limite de la durée légale hebdomadaire du travail : les taux de prise en charge déterminant son montant sont fixés par un arrêté du préfet de région, en fonction des critères énumérés ci-dessus et compte tenu, le cas échéant, des statistiques publiques de l'emploi dans la région.
Les modalités de l'aide à l'insertion professionnelle sont précisées dans le formulaire de demande d'aide au titre d'un CUI.
L'aide est versée mensuellement :
- par l'Agence de services et de paiement pour le compte de l'État ;
- par le département ou par tout organisme qu'il mandate à cet effet, lorsque le salarié embauché dans le cadre du CUI-CIE est un bénéficiaire du RSA financé par le département.

■ Absence de prise en compte dans les effectifs

Pendant la durée d'attribution de l'aide à l'insertion professionnelle (voir p. 82), les bénéficiaires des CUI-CIE ne sont pas pris en compte dans le calcul de l'effectif pour l'application, à l'employeur, des dispositions législatives et réglementaires qui se réfèrent à une condition d'effectif minimum des salariés (par exemple, la mise en place des délégués du personnel). Cette règle n'est toutefois pas applicable pour la tarification des risques d'accidents du travail et des maladies professionnelles.
Cette disposition est sans incidence sur les droits du salarié.

■ Suspension du contrat et aides à l'employeur

Lorsque le CUI-CIE est suspendu sans que soit maintenue la rémunération du salarié, l'aide afférente à la période de suspension n'est pas versée.
Lorsqu'au cours de la période de suspension la rémunération est maintenue en totalité ou partiellement, l'aide afférente à la période de suspension est versée au *prorata* de la rémunération effectivement versée par l'employeur.

En quoi consiste le CUI-CAE ?

Dans le secteur non marchand tel que défini page 73, le contrat unique d'insertion prend la forme du contrat d'accompagnement dans l'emploi (CUI-CAE).

Les emplois d'avenir (voir p. 90) sont conclus sous la forme d'un CUI-CAE lorsqu'ils sont créés par des employeurs relevant du secteur non marchand.

Remarque

Le CAE comporte des actions d'accompagnement professionnel. Pendant l'exécution de ces contrats, une ou plusieurs conventions conclues en vertu de l'article L. 5135-4 du Code du travail peuvent prévoir une période de mise en situation en milieu professionnel (PMSMP, voir p. 80) auprès d'un autre employeur.

■ La durée de l'aide à l'insertion professionnelle attribuée au titre du CUI-CAE

La durée de l'aide à l'insertion professionnelle attribuée au titre du CUI-CAE ne peut excéder le terme du contrat de travail (sur la durée du contrat, voir p. 87). L'attribution de l'aide peut être prolongée dans la limite d'une durée totale de 24 mois.

Des dérogations à cette durée maximale sont admises, notamment lorsque l'aide à l'insertion professionnelle concerne un salarié âgé de 50 ans et plus rencontrant des difficultés particulières qui font obstacle à leur insertion durable dans l'emploi ou une personne reconnue « travailleur handicapé » ; la durée maximale de 24 mois peut être portée, par décisions de prolongation successives d'un an au plus, à 60 mois (soit cinq ans). La condition d'âge s'apprécie à l'échéance de la durée maximale de l'aide.

La prolongation de l'attribution de l'aide à l'insertion professionnelle au titre du CUI-CAE et, s'il est à durée déterminée, du contrat de travail au titre duquel l'aide est attribuée est subordonnée à l'évaluation des actions réalisées au cours du contrat en vue de favoriser l'insertion durable du salarié.

Remarque

Il ne peut être attribué d'aide à l'insertion professionnelle au titre d'un CUI-CAE dans les cas suivants :

1° lorsque l'embauche vise à procéder au remplacement d'un salarié licencié pour un motif autre que la faute grave ou lourde. S'il apparaît que l'embauche a eu pour conséquence le licenciement d'un autre salarié, la décision d'attribution de l'aide est retirée par l'État ou par le président du conseil départemental. La décision de retrait de l'attribution de l'aide emporte obligation pour l'employeur de rembourser l'intégralité des sommes perçues au titre de l'aide ;

2° lorsque l'employeur n'est pas à jour du versement de ses cotisations et contributions sociales.

■ Les actions d'accompagnement et de formation prévues

La demande d'aide à l'insertion professionnelle indique les modalités d'orientation et d'accompagnement professionnel de la personne sans emploi recrutée dans le cadre d'un CUI-CAE et prévoit des actions de formation professionnelle et de VAE nécessaires à la réalisation de son projet professionnel : actions de remobilisation vers l'emploi, aide à la prise de poste, élaboration du projet professionnel et appui à sa réalisation, actions d'adaptation au poste de travail, remise à niveau, formation qualifiante, etc.

L'État peut contribuer au financement des actions de formation professionnelle et de VAE prévues.

Les actions de formation peuvent être menées pendant le temps de travail ou en dehors de celui-ci.

Remarque

Dans le cadre du CUI-CAE comme du CUI-CIE, le salarié est accompagné par un référent et un tuteur (voir p. 76) et peut avoir accès aux différents dispositifs de formation mis en place dans l'entreprise ou dans la structure qui l'emploie.

■ La nature du contrat

Le contrat de travail, associé à une aide à l'insertion professionnelle attribuée au titre d'un contrat d'accompagnement dans l'emploi, est un contrat de travail de droit privé, soit à durée déterminée, soit à durée indéterminée. Le CUI-CAE porte sur des emplois visant à satisfaire des besoins collectifs non satisfaits et ne peut être conclu pour pourvoir des emplois dans les services de l'État.

Remarque

Lorsqu'il est conclu pour une durée déterminée, le CUI-CAE est régi par l'article L. 1242-3 du Code du travail : il en résulte que l'obligation pour l'employeur de verser l'indemnité de fin de contrat (ou indemnité de précarité) n'est pas applicable, sauf disposition conventionnelle ou contractuelle plus favorable. Les collectivités territoriales et les autres personnes morales de droit public ne peuvent recourir au CUI-CAE que dans le cadre de contrats de travail à durée déterminée.

■ Durée du contrat

La durée du CUI-CAE ne peut être inférieure à six mois, ou trois mois pour les personnes ayant fait l'objet d'une condamnation et bénéficiant d'un aménagement de peine.

Les dispositions relatives au nombre maximum des renouvellements des CDD, prévues par l'article L. 1243-13 du Code du travail, ne sont pas applicables au CUI-CAE.

S'il est conclu pour une durée déterminée, le contrat de travail, associé à l'attribution d'une aide à l'insertion professionnelle au titre d'un CUI-CAE, peut être prolongé dans la limite d'une durée totale de 24 mois ou de 60 mois pour les salariés âgés de 50 ans et plus rencontrant des difficultés particulières qui font obstacle à leur insertion durable dans l'emploi, ainsi que pour les personnes reconnues travailleurs handicapés.

En outre, à titre dérogatoire, ce contrat de travail peut être prolongé au-delà de la durée maximale prévue, en vue de permettre d'achever une action de formation professionnelle en cours de réalisation à l'échéance du contrat et prévue au titre de l'aide attribuée, sans que cette prolongation puisse excéder le terme de l'action concernée ou, pour les salariés âgés de 58 ans ou plus, jusqu'à la date à laquelle ils sont autorisés à faire valoir leurs droits à la retraite.

■ Durée du travail

La durée hebdomadaire du travail du titulaire d'un CUI-CAE ne peut être inférieure à 20 heures, sauf lorsque la décision d'attribution de l'aide le prévoit en vue de répondre aux difficultés particulièrement importantes de l'intéressé.

■ Aide à l'insertion professionnelle

L'aide à l'insertion professionnelle attribuée au titre d'un CUI-CAE ouvre droit à une aide financière dont le montant est modulé en fonction :

- de la catégorie et du secteur d'activité de l'employeur ;
- des actions prévues en matière d'accompagnement professionnel et des actions visant à favoriser l'insertion durable du salarié ;
- des conditions économiques locales ;
- des difficultés d'accès à l'emploi antérieurement rencontrées par le salarié.

Le montant de cette aide ne peut excéder 95 % du montant brut du Smic par heure travaillée, dans la limite de la durée légale hebdomadaire du travail : les taux de prise en charge déterminant son montant sont fixés par un arrêté du préfet de région, en fonction des critères énumérés ci-dessus et compte tenu, le cas échéant, des statistiques publiques de l'emploi dans la région.
L'aide est versée mensuellement par l'Agence de services et de paiement ; elle n'est soumise à aucune charge fiscale.

■ **Exonération de cotisations**

Les embauches réalisées en CUI-CAE donnent droit à l'exonération :

- des cotisations à la charge de l'employeur au titre des assurances sociales et des allocations familiales, pendant la durée d'attribution de l'aide à l'insertion professionnelle. Le montant de cette exonération est égal à celui des cotisations patronales au titre des assurances sociales et des allocations familiales correspondant à la fraction de la rémunération n'excédant pas le produit du Smic par le nombre d'heures rémunérées, dans la limite de la durée légale du travail calculée sur le mois ou, si elle est inférieure, de la durée conventionnelle applicable dans l'établissement ; les cotisations afférentes à la partie de la rémunération qui excède ce montant ne donnent pas lieu à exonération ;
- de la taxe sur les salaires ;
- de la taxe d'apprentissage ;
- des participations dues par les employeurs au titre de l'effort de construction.

Remarque

Les aides et les exonérations prévues au titre du CUI-CAE ne peuvent être cumulées avec une autre aide de l'État à l'emploi.

En cas de suspension du contrat de travail avec maintien total ou partiel de la rémunération mensuelle brute du salarié, le nombre d'heures rémunérées pris en compte pour le calcul de l'exonération est égal au produit de la durée de travail que le salarié aurait accomplie s'il avait continué à travailler et de la part de la rémunération restée à la charge de l'employeur et soumise à cotisation. Le nombre d'heures rémunérées ainsi déterminé ne peut excéder, au titre du mois civil considéré, la durée légale du travail calculée sur le mois ou, si elle est inférieure, la durée conventionnelle applicable dans l'établissement (sur les conséquences de la rupture du contrat sur les aides perçues par l'employeur et sur les exonérations dont il a bénéficié, on se reportera aux précisions figurant p. 79).

■ Suspension du contrat et aides à l'employeur

Lorsque le CUI-CAE est suspendu sans que soit maintenue la rémunération du salarié, l'aide afférente à la période de suspension n'est pas versée.

Lorsqu'au cours de la période de suspension la rémunération est maintenue en totalité ou partiellement, l'aide afférente à la période de suspension est versée au prorata de la rémunération effectivement versée par l'employeur.

■ Absence de prise en compte dans les effectifs

Pendant la durée d'attribution de l'aide à l'insertion professionnelle, les titulaires d'un CUI-CAE ne sont pas pris en compte dans le calcul des effectifs de l'entreprise, sauf pour l'application des dispositions légales relatives à la tarification des risques d'accidents du travail et de maladies professionnelles.

En quoi consistent les emplois d'avenir ?

Les emplois d'avenir sont destinés à proposer des solutions d'emploi aux jeunes sans emploi peu ou pas qualifiés, à leur ouvrir l'accès à une qualification et à une insertion professionnelle durable. Pour une présentation détaillée de ce dispositif, on se reportera au site www.travail-emploi.gouv.fr ou au site dédié à ce dispositif www.lesemploisdavenir.gouv.fr.

Remarque

Les employeurs et les jeunes intéressés par ce dispositif peuvent s'adresser à l'agence Pôle emploi ou à la mission locale la plus proche ; et, pour les jeunes reconnus travailleurs handicapés, à un organisme du réseau « Cap emploi ». Leur interlocuteur leur expliquera la procédure à suivre pour bénéficier de ce dispositif.

■ Les bénéficiaires des emplois d'avenir

Peuvent être recrutés en emploi d'avenir les jeunes sans emploi âgés de 16 à 25 ans et les personnes bénéficiant de la reconnaissance de

la qualité de travailleur handicapé (RQTH) âgées de moins de 30 ans, sans emploi, à la date de la signature du contrat, qui :
1° soit ne détiennent aucun diplôme du système de formation initiale ;
2° soit sont titulaires uniquement d'un diplôme ou d'un titre à finalité professionnelle enregistré au *Répertoire national des certifications professionnelles* et classé au niveau V de la nomenclature interministérielle des niveaux de formation (BEP ou CAP) et totalisent une durée de six mois minimum de recherche d'emploi au cours des 12 derniers mois sur appréciation des organismes prescripteurs des emplois d'avenir, cette durée peut être inférieure à six mois si le parcours de formation des intéressés, leurs perspectives locales d'accès à l'emploi au regard de leur qualification ou des difficultés sociales particulières le justifient ;
3° soit, à titre exceptionnel, s'ils résident dans les « quartiers prioritaires de la politique de la ville », dans une zone de revitalisation rurale (ZRR) ou dans un Dom, à Saint-Barthélemy, à Saint-Martin ou à Saint-Pierre-et-Miquelon, ont atteint au plus le niveau du 1er cycle de l'enseignement supérieur (jusqu'au niveau bac +3), et totalisent une durée de 12 mois minimum de recherche d'emploi au cours des 18 derniers mois sur appréciation des organismes prescripteurs des emplois d'avenir, cette durée peut être inférieure à 12 mois si le parcours de formation des intéressés, leurs perspectives locales d'accès à l'emploi au regard de leur qualification ou des difficultés sociales particulières le justifient.

Remarque

Les quartiers prioritaires de la politique de la ville sont des quartiers situés en territoire urbain et caractérisés, notamment, par un nombre minimal d'habitants et un écart de développement économique et social apprécié par un critère de revenu des habitants.
Les ZRR sont des zones qui regroupent des territoires ruraux qui rencontrent des difficultés particulières : faible densité démographique, handicap structurel sur le plan socio-économique.

Toutes les précisions sur le périmètre de ces quartiers et de ces zones sont accessibles depuis le site www.ville.gouv.fr.

■ Les employeurs et les secteurs d'activité concernés

Pour être éligible à l'aide à l'insertion professionnelle relative aux emplois d'avenir, l'employeur doit pouvoir justifier de sa capacité, notamment financière, à maintenir l'emploi au moins le temps de son versement et appartenir à l'une des catégories suivantes :

1° organismes de droit privé à but non lucratif (associations, fondations, etc.) ;

2° collectivités territoriales (communes, départements et régions) et leurs groupements ;

3° autres personnes morales de droit public (hôpitaux, établissements publics du secteur médico-social, etc.), à l'exception de l'État ;

4° groupements d'employeurs ;

5° structures d'insertion par l'activité économique mentionnées à l'article L. 5132-4 du Code du travail (entreprises d'insertion, entreprises de travail temporaire d'insertion, associations intermédiaires, ateliers et chantiers d'insertion, régies de quartier) ;

6° personnes morales de droit privé chargées de la gestion d'un service public (organismes de HLM, régies de transport, établissements de soins, etc.) ;

7° les sociétés coopératives d'intérêt collectif (ces sociétés sont définies par la loi n° 47-1775 du 10 septembre 1947).

Lorsqu'ils ne relèvent pas de l'une de ces catégories, sont également éligibles à l'aide à l'emploi d'avenir, dès lors qu'ils proposent une perspective de qualification et d'insertion professionnelle durable et qu'ils appartiennent à un secteur d'activité présentant un fort potentiel de création d'emplois ou offrant des perspectives de développement d'activités nouvelles (ces secteurs sont fixés par arrêté du préfet de région) :

- les employeurs privés (assujettis à l'assurance chômage) ;
- les entreprises contrôlées majoritairement par l'État ;

- les établissement publics à caractère industriel et commercial des collectivités territoriales pour les emplois ne visant pas à satisfaire des besoins collectifs non satisfaits ;
- les sociétés d'économie mixte à participation majoritaire des collectivités territoriales, qui ne sont pas en charge d'un service public ;
- les chambres des métiers, les chambres de commerce et d'industrie, les chambres d'agriculture.

Les particuliers employeurs ne sont pas éligibles à l'aide attribuée au titre d'un emploi d'avenir.

Remarque

Les emplois d'avenir sont développés dans des activités présentant un caractère d'utilité sociale ou environnementale ou ayant un fort potentiel de création d'emplois et susceptibles d'offrir des perspectives de recrutements durables. On peut citer, à titre d'illustration : les filières vertes et numériques, le secteur social et médico-social, le secteur des aides à la personne, le secteur de l'animation et des loisirs, le tourisme.

■ La forme et la durée du contrat de travail

Les emplois d'avenir s'inscrivent dans le cadre juridique du contrat unique d'insertion (CUI) et sont conclus sous la forme, selon le cas :
1° s'agissant des collectivités territoriales et leurs groupements, et des autres personnes morales de droit public, d'un contrat d'accompagnement dans l'emploi (CUI-CAE) à durée déterminée, d'au moins 12 mois et d'au plus 36 mois ;
2° s'agissant des autres employeurs susceptibles de recruter dans le cadre d'un emploi d'avenir (associations, groupements d'employeurs, personnes morales de droit privé chargées de la gestion d'un service public, etc., – voir ci-dessus), d'un contrat d'accompagnement dans l'emploi (CUI-CAE) si l'employeur appartient au secteur non marchand, ou d'un contrat initiative-emploi (CUI-CIE) si l'employeur appartient au secteur marchand. Dans ce cas, le contrat de travail associé à un emploi d'avenir peut être conclu pour une durée déter-

minée (voir précisions ci-contre) ou pour une durée indéterminée. Sous réserve des dispositions spécifiques mentionnées ci-contre, les dispositions relatives au CUI (voir p. 73), dans sa déclinaison CUI-CAE ou CUI-CIE, s'appliquent à l'emploi d'avenir : désignation d'un tuteur par l'employeur, désignation d'un référent par l'organisme chargé du suivi du salarié, obligation de signalement, par l'employeur de tout événement affectant l'exécution du contrat (suspension, rupture, modification de la durée du travail), possibilité d'effectuer une période de mise en situation en milieu professionnel (PMSMP, voir p. 80) chez un autre employeur, etc.

Remarque

Le titulaire d'un emploi d'avenir est un salarié à part entière ; il bénéficie de toutes les dispositions légales et conventionnelles attachées à ce statut (congés payés, congés pour événements familiaux, réglementation de la durée du travail, suivi médical, etc.). Il perçoit un salaire au moins égal au Smic, y compris pour les jeunes âgés de 16 et 17 ans au moment de la signature du contrat de travail. Pendant la durée d'attribution de l'aide à l'insertion professionnelle associée à ce contrat, il n'est pas pris en compte dans le calcul des effectifs de l'employeur, sauf pour l'application des dispositions légales relatives à la tarification des risques d'accidents du travail et de maladies professionnelles.

Lorsque le contrat de travail associé à un emploi d'avenir est à durée déterminée, le contrat est conclu pour une durée de 36 mois, sous réserve des possibilités d'aménagements suivantes :

- en cas de circonstances particulières liées soit à la situation ou au parcours du bénéficiaire, soit au projet associé à l'emploi, il peut être conclu initialement pour une durée inférieure, comprise entre 12 et 36 mois ;
- s'il a été initialement conclu pour une durée inférieure à 36 mois, il peut être prolongé jusqu'à cette durée maximale.

En outre, afin de permettre au bénéficiaire de l'emploi d'avenir d'achever une action de formation professionnelle, le prescripteur de l'aide à l'insertion professionnelle associée à ce contrat (voir ci-dessous) peut autoriser une prolongation du contrat au-delà de la durée maximale de 36 mois, sans que cette prolongation puisse excéder le terme de l'action de formation concernée. Dans ce cas, l'aide est également prolongée, dans cette même limite.

Remarques

- Lorsqu'il est à durée déterminée, le contrat associé à l'emploi d'avenir peut être rompu pour l'un des motifs mentionnés à l'article L. 1243-1 du Code du travail, ainsi que pour les motifs mentionnés à l'article L. 5134-28 pour le CUI-CAE et L. 5134-70 pour le CUI-CIE. Il peut également être rompu à l'expiration de chacune des périodes annuelles de son exécution à l'initiative du salarié, moyennant le respect d'un préavis de deux semaines, ou de l'employeur, s'il justifie d'une cause réelle et sérieuse, moyennant le respect d'un préavis d'un mois et de la procédure d'entretien préalable prévue à l'article L. 1232-2 du Code du travail.
- Le titulaire d'un emploi d'avenir en contrat à durée déterminée bénéficie d'une priorité d'embauche durant un délai d'un an à compter du terme de son contrat. L'employeur l'informe de tout emploi disponible et compatible avec sa qualification ou ses compétences. Le salarié ainsi recruté est dispensé de la période d'essai.

■ La durée de travail

En principe, le bénéficiaire d'un emploi d'avenir occupe un emploi à temps plein.

Par exception, lorsque le parcours ou la situation du bénéficiaire le justifient, notamment pour faciliter le suivi d'une action de formation, ou lorsque la nature de l'emploi ou le volume de l'activité ne permettent pas l'emploi d'un salarié à temps complet, la durée hebdomadaire de travail peut être fixée à temps partiel ; la durée du travail ne peut alors être inférieure à la moitié de la durée hebdomadaire de travail à temps plein. Cette possibilité de temps partiel suppose l'accord du salarié et l'autorisation du prescripteur de l'aide à l'insertion professionnelle (selon le cas, organismes de placement spécialisés dans l'insertion professionnelle des personnes handicapées – « Cap emploi » –, mission locale ou président du conseil départemental). En outre, dès lors que les conditions rendent possible une augmentation de la durée hebdomadaire de travail, le contrat ainsi que la demande associée peuvent être modifiés en ce sens avec l'accord du prescripteur de l'aide.

Remarque

Toute modification de la durée hebdomadaire du travail donne lieu à modification du contrat de travail du salarié et de la demande d'aide (voir ci-après).

■ L'aide à l'insertion professionnelle

L'embauche d'un salarié dans le cadre d'un emploi d'avenir ouvre droit à une aide financière (« aide à l'insertion professionnelle »), attribuée au vu des engagements pris par l'employeur, notamment en matière de formation du titulaire de l'emploi d'avenir.
L'embauche ne peut avoir lieu avant l'attribution de cette aide.

Les engagements de l'employeur

L'aide relative à l'emploi d'avenir est attribuée au vu des engagements de l'employeur mentionnés dans le dossier d'engagement et de suivi (disponible sur le site www.lesemploisdavenir.gouv.fr) établi entre l'employeur, le salarié et le prescripteur de l'aide.
Ces engagements portent sur le contenu du poste proposé et sa position dans l'organisation de la structure employant le bénéficiaire de l'emploi d'avenir, sur les conditions d'encadrement et de tutorat ainsi que sur la qualification ou les compétences dont l'acquisition est visée pendant la période en emploi d'avenir. Ils doivent comprendre des actions de formation, réalisées prioritairement pendant le temps de travail ou en dehors de celui-ci, qui concourent à l'acquisition de cette qualification ou de ces compétences et les moyens à mobiliser pour y parvenir. Ils précisent les modalités d'organisation du temps de travail envisagées afin de permettre la réalisation des actions de

formation. Ces actions de formation privilégient l'acquisition de compétences de base et de compétences transférables permettant au bénéficiaire de l'emploi d'avenir d'accéder à un niveau de qualification supérieur.

L'aide est également attribuée au vu des engagements de l'employeur sur les possibilités de pérennisation des activités et les dispositions de nature à assurer la professionnalisation des emplois.

Remarques

- L'exécution des engagements de l'employeur, notamment en matière de formation, est examinée par le prescripteur à chaque échéance annuelle. En cas de non-respect de ces engagements, l'aide fait l'objet d'un remboursement selon la procédure prévue par le Code du travail (article R. 5134-29 et R. 5134-54).
- La décision d'attribution d'une nouvelle aide à l'insertion professionnelle est subordonnée au contrôle du respect par l'employeur des engagements qu'il avait souscrits au titre d'une embauche antérieure en emploi d'avenir.

La décision d'attribution

La décision d'attribution de l'aide à l'insertion professionnelle associée aux emplois d'avenir est prise :

1° soit, pour le compte de l'État, par les missions locales ou un organisme de placement spécialisé dans l'insertion professionnelle des personnes handicapées (organisme du réseau « Cap emploi ») ;

2° soit par le président du conseil départemental lorsque cette aide concerne un bénéficiaire du revenu de solidarité active (RSA) financé par le département. Le président du conseil départemental peut déléguer tout ou partie de la décision d'attribution de l'aide à l'insertion professionnelle à une mission locale ou à un Cap emploi.

La durée de versement de l'aide

L'aide relative à l'emploi d'avenir est accordée pour une durée minimale de 12 mois et pour une durée maximale de 36 mois, sans

pouvoir excéder le terme du contrat de travail. Lorsque l'aide a été initialement accordée pour une durée inférieure à 36 mois, elle peut être prolongée jusqu'à cette durée maximale.
À titre dérogatoire, afin de permettre au bénéficiaire d'achever une action de formation professionnelle qu'il a engagée, et sur autorisation de l'autorité délivrant la décision d'attribution, une prolongation de l'aide au-delà de la durée maximale de 36 mois est possible, dans la limite d'une durée totale de 60 mois. La durée de cette prolongation ne peut excéder le terme de l'action concernée. La demande de prolongation est faite par l'employeur (voir les articles R. 5134-32 et R. 5134-57 du Code du travail).

Le montant de l'aide et les conditions de versement
Le montant de l'aide de l'État pour les emplois d'avenir est fixé, pour les emplois d'avenir conclus sous forme de contrats d'accompagnement dans l'emploi (CAE), à 75 % du taux horaire brut du Smic (taux porté à 90 % à la Réunion, pour toute aide à l'insertion professionnelle attribuée jusqu'au 31 décembre 2015).
Pour les emplois d'avenir conclus sous forme de contrats initiative-emploi (CIE), ce montant est fixé, dans le cas général, à 35 % du taux horaire brut du Smic ; toutefois, pour les groupements d'employeurs pour l'insertion et la qualification, et les entreprises d'insertion, qui sont éligibles au CIE, ce taux est fixé à 47 % du taux horaire brut du Smic.
L'aide de l'État est versée mensuellement par l'Agence de services et de paiement (ASP). Le conseil départemental ou tout autre organisme qu'il conventionne à cet effet verse mensuellement son aide, lorsque le salarié embauché dans le cadre d'un emploi d'avenir est un bénéficiaire du revenu de solidarité active (RSA).
L'employeur doit communiquer à l'ASP les justificatifs attestant l'effectivité de l'activité du salarié. Il remplit cette obligation mensuellement et par voie électronique (téléservice SYLAE www.asp-public.fr/beneficiaire/sylae), sauf impossibilité technique.

Remarque

D'autres aides peuvent être mobilisées au titre des emplois d'avenir. Ainsi :

- lorsque le contrat est conclu avec une personne reconnue travailleur handicapé, l'Agefiph peut attribuer aux employeurs du secteur marchand une aide financière d'un montant total de 10 300 € pour un contrat à temps plein. Le montant est proratisé pour un contrat à temps partiel. L'Agefiph finance également la formation du jeune, tout secteur confondu (marchand et non marchand, hors fonction publique), dès lors que cette formation vise un diplôme ou une certification. L'aide intervient en complément des autres cofinanceurs (OPCA) et son montant peut atteindre 80 % du coût pédagogique de la formation (voir le site www.agefiph.fr) ;
- certaines aides de Pôle emploi peuvent être attribuées à des personnes non inscrites comme demandeurs d'emploi qui, soit vont reprendre une activité dans le cadre d'un emploi d'avenir, soit sont en cours d'activité dans le cadre d'un emploi d'avenir (dans la perspective de leur sortie de ce dispositif ; voir le site www.pole-emploi.fr).

■ Le suivi du bénéficiaire

Pendant le temps de travail, un suivi personnalisé professionnel et, le cas échéant, social du bénéficiaire d'un emploi d'avenir est assuré par le prescripteur de l'aide (selon le cas, la mission locale, le Cap emploi ou le président du conseil départemental). Ce suivi personnalisé consiste en des entretiens réguliers permettant au jeune bénéficiaire d'échanger avec son référent au sein de l'organisme chargé de son suivi sur les conditions dans lesquelles se déroulent son expérience professionnelle, les actions de formation qu'il suit et les évolutions éventuelles de son parcours d'insertion et de qualification au regard de l'expérience vécue en emploi d'avenir.

Un bilan relatif au projet professionnel du bénéficiaire et à la suite donnée à l'emploi d'avenir est obligatoirement réalisé au plus tard deux mois avant l'échéance de l'aide relative à l'emploi d'avenir.

Remarque

L'employeur (ou le tuteur qu'il a désigné) ou le jeune peuvent à tout moment solliciter le référent chargé du suivi personnalisé du jeune pour toute question relative au projet professionnel de ce dernier.

■ La reconnaissance des compétences acquises

Les compétences acquises dans le cadre de l'emploi d'avenir sont reconnues par une attestation de formation, une attestation d'expérience professionnelle ou une validation des acquis de l'expérience (VAE) prévue à l'article L. 6411-1 du Code du travail. Elles peuvent également faire l'objet d'une certification inscrite au *Répertoire national des certifications professionnelles* (RNCP).

Remarque

La présentation à un examen pour acquérir un diplôme ou à un concours doit être favorisée pendant ou à l'issue de l'emploi d'avenir.

À l'issue de son emploi d'avenir, le bénéficiaire qui souhaite aboutir dans son parcours d'accès à la qualification peut prétendre aux contrats d'apprentissage, aux contrats de professionnalisation, ainsi qu'aux actions de formation professionnelle continue mentionnées à l'article L. 6313-1 du Code du travail, selon des modalités définies dans le cadre d'une concertation annuelle du comité de coordination régional de l'emploi et de la formation professionnelle.

En quoi consiste l'aide « contrat de génération » ?

Ce dispositif poursuit un triple objectif :
- faciliter l'insertion durable des jeunes dans l'emploi par leur accès à un contrat à durée indéterminée ;
- favoriser l'embauche et le maintien dans l'emploi des salariés âgés ;
- assurer la transmission des savoirs et des compétences.

Remarque

Le contrat de génération n'est pas un nouveau type de contrat de travail, mais un dispositif mis en œuvre, en fonction de la taille des entreprises, dans les conditions prévues par le Code du travail (notamment ses articles L. 5121-6 à L. 5121-21). Pour une présentation détaillée, on se reportera au site dédié à ce dispositif www.contrat-generation.gouv.fr.

■ Les employeurs concernés

Les entreprises employant moins de 300 salariés (ou appartenant à un groupe de moins de 300 salariés) peuvent bénéficier de l'aide « contrat de génération » dès lors qu'elles embauchent un jeune en CDI et maintiennent dans l'emploi un senior.

Remarque

Les entreprises comptant au moins 300 salariés (ou appartenant à un groupe d'au moins 300 salariés) ne sont pas concernées par l'aide financière. Elles doivent négocier un accord ou, à défaut, établir un plan d'action sur le contrat de génération portant sur des engagements en matière d'emploi des jeunes et des seniors et de transmission des savoirs et des compétences. À défaut d'accord ou de plan d'action, elles seront assujetties à une pénalité : pour toutes précisions sur les dispositions applicables à ces entreprises, on se reportera au site www.contrat-generation.gouv.fr.

■ La procédure

Un formulaire de demande d'aide, accompagné d'une notice explicative détaillée, peut être téléchargé sur le site dédié à ce dispositif : www.contrat-generation.gouv.fr.

La demande d'aide au titre du contrat de génération est déposée par l'employeur auprès de Pôle emploi services dans les trois mois suivant le premier jour d'exécution du contrat de travail du jeune recruté.

L'aide est versée, chaque trimestre, par Pôle emploi, après actualisation de ses données.

Remarque

Dans le cadre d'un CDI d'apprentissage, le bénéfice de l'aide « contrat de génération » ne peut être accordé qu'à l'issue de la période d'apprentissage, au moment où débute le CDI de droit commun ; la demande d'aide est à adresser exclusivement par courrier à Pôle emploi services (Pôle emploi services TSA 80114 - 92891 Nanterre Cedex 9) dans les trois mois suivant la fin de la période d'apprentissage.

■ Les caractéristiques de l'aide

Montant

Le montant de l'aide est de 4 000 € par an, soit 12 000 € sur trois ans. Une aide est versée au titre de chaque « binôme » (voir ci-contre) constitué.

Remarque

Dans le cadre d'un recrutement simultané d'un jeune et d'un senior, l'aide financière est doublée si l'employeur embauche un jeune au plus tard dans les six mois qui suivent l'embauche d'un senior (soit une aide de 8 000 € par an et pendant trois ans, soit 24 000 €). Le senior devra être âgé d'au moins 55 ans au moment de son embauche.

Le montant de l'aide est proratisé en fonction de la durée du travail du jeune (dans la limite mentionnée p. 104) et du salarié âgé (ou du chef d'entreprise en cas de transmission d'entreprise).

Date d'effet et durée de versement

L'entreprise bénéficie de l'aide pendant trois ans au maximum à compter du premier jour d'exécution du contrat de travail à durée indéterminée du jeune ou à compter du 1er mars 2013 (date de promulgation de la loi n° 2013-185 portant création du contrat de génération) pour les embauches effectuées entre le 1er janvier 2013 et cette même date.

Les conditions d'interruption de l'aide en cas de rupture d'un des contrats de travail du binôme du contrat de génération ou de départ du chef d'entreprise sont précisées dans la notice mentionnée ci-dessus.

■ Les conditions pour bénéficier de l'aide

Conditions tenant au binôme « jeune/senior »

Pour bénéficier de l'aide, l'embauche d'un jeune doit être associée au maintien dans l'emploi d'un salarié âgé.

L'entreprise doit ainsi :

1° embaucher en CDI à temps plein et maintenir dans l'emploi pendant la durée de l'aide un jeune âgé d'au moins 16 ans et de moins de 26 ans (30 ans s'il est reconnu travailleur handicapé, voir p. 18). L'âge du salarié est apprécié au 1er jour d'exécution du contrat de travail quel que soit le type de contrat (CDI de droit commun, CDI de professionnalisation ou CDI d'apprentissage). Ainsi, par exemple, le jeune embauché en CDI d'apprentissage le 20 mars 2015 à l'âge de 25 ans et demi, et qui termine sa période d'apprentissage le 20 mars 2016 à l'âge de 26 ans et demi, pourra ouvrir droit au bénéfice de l'aide « contrat de génération » à l'issue de sa période d'apprentissage alors même qu'il est âgé de plus de 26 ans ;

2° maintenir dans l'emploi en CDI, pendant la durée de l'aide ou jusqu'à son départ en retraite :

a) un salarié âgé d'au moins 57 ans,

b) ou un salarié âgé d'au moins 55 ans au moment de son embauche (cette embauche peut intervenir en même temps que celle du jeune),

c) ou un salarié âgé d'au moins 55 ans reconnu travailleur handicapé.

Remarque

Dans les entreprises dont l'effectif est inférieur à 50 salariés, l'aide peut être accordée même en l'absence d'un salarié senior, lorsque le chef d'entreprise, âgé d'au moins 57 ans, embauche un jeune âgé de moins de moins de 30 ans dans la perspective de lui transmettre l'entreprise.

L'embauche (nature du contrat de travail – CDI –, durée du travail) doit répondre aux conditions mentionnées ci-dessus. L'aide a une durée maximale de trois ans et s'interrompt au départ du chef d'entreprise dans les six mois suivant le 1er jour d'exécution du CDI du jeune recruté, au départ du jeune ou lorsque la condition relative à la durée minimale hebdo-madaire de travail n'est plus remplie (voir ci-dessus).

Par exception, l'embauche du jeune peut être réalisée à temps partiel, avec l'accord du jeune, lorsque son parcours ou sa situation le justifie. La durée hebdomadaire du travail du jeune ne peut alors être inférieure à 80 % de la durée hebdomadaire du travail à temps plein. Le montant de l'aide versée au titre de l'embauche du jeune est alors proratisé en fonction de sa durée de travail. Ainsi, par exemple, si le jeune travaille à 80 %, l'entreprise percevra pour l'année 80 % de 2 000 € (soit 1 600 €) au titre de l'embauche du jeune et 2 000 € au titre du maintien dans l'emploi du salarié âgé.

Conditions spécifique aux entreprises de 50 à moins de 300 salariés

Pour ouvrir droit à l'aide au titre du contrat de génération, les autres conditions suivantes doivent également être remplies :

- le jeune et le salarié âgé doivent être en poste dans l'entreprise lorsque l'entreprise formalise sa demande d'aide auprès de « Pôle emploi services » (voir p. 102) ;
- l'employeur ne doit pas avoir procédé dans les six mois qui précèdent l'embauche du jeune à un licenciement pour motif économique sur les postes relevant de la catégorie professionnelle dans laquelle est prévue l'embauche ou à une rupture conventionnelle homologuée ou à un licenciement pour un motif autre que la faute grave ou lourde ou à un licenciement pour inaptitude sur le poste pour lequel est prévue l'embauche ;
- l'employeur doit être à jour de ses obligations déclaratives et de paiement à l'égard des organismes de recouvrement des cotisations et des contributions de sécurité sociale ou d'assurance chômage (ou avoir souscrit un plan d'apurement).

Règles de cumul

L'aide « contrat de génération » ne peut se cumuler avec une autre aide de l'État à l'insertion, à l'accès ou au retour à l'emploi à l'exception du contrat de professionnalisation (en cas de CDI). Ainsi, l'aide associée au contrat de génération n'est pas compatible avec l'embauche du jeune ou du senior en contrat unique d'insertion. En revanche, le cumul est possible avec les exonérations générales de cotisations patronales de sécurité sociale ou avec le crédit d'impôt compétitivité-emploi.

Qu'est-ce que le contrat de professionnalisation ?

Le contrat de professionnalisation est ouvert aux jeunes âgés de 16 à 25 ans révolus qui souhaient compléter leur formation initiale ainsi qu'aux demandeurs d'emploi âgés de 26 ans et plus. Il est également accessible aux bénéficiaires de l'AAH, du RSA, de l'ASS ou aux personnes ayant bénéficié d'un CUI. Il s'agit d'un contrat de travail recourant à la pédagogie de l'alternance. Associant des périodes d'expérience pratique en entreprise et des enseignements généraux, professionnels et technologiques dispensés dans des organismes de formation publics ou privés (ou par l'entreprise si celle-ci dispose de son propre service de formation), il vise à obtenir une qualification mentionnée à l'article L. 6314-1 du Code du travail (qualification enregistrée dans le *Répertoire national des certifications professionnelles*, qualification reconnue dans les classifications d'une convention collective nationale de branche, etc.).

Remarque

Un contrat de professionnalisation est, en principe, conclu avec un employeur pour l'acquisition d'une qualification. Toutefois, dans les conditions précisées à l'article L. 6325-4-1 du Code du travail, et pour l'exercice d'activités saisonnières, deux employeurs peuvent conclure conjointement un contrat de professionnalisation à durée déterminée avec un jeune âgé de 16 à 25 ans mentionné ci-dessus, en vue de l'acquisition d'une ou, le cas échéant, de deux qualifications mentionnées à l'article L. 6314-1 précité.

Le contrat de professionnalisation est un contrat de travail écrit, à durée déterminée ou à durée indéterminée :
- dans le premier cas, il a pour durée celle de l'action de professionnalisation envisagée (voir ci-dessous) ;
- dans le second cas, l'action de professionnalisation se déroule en début de contrat.

Le contrat de professionnalisation à durée déterminée n'ouvre pas droit à l'indemnité de précarité (ou indemnité de fin de contrat), sauf dispositions conventionnelles plus favorables. Il peut être renouvelé une fois si :
- le bénéficiaire, ayant obtenu la qualification visée, prépare une qualification supérieure ou complémentaire ;
- le bénéficiaire n'a pu obtenir la qualification visée pour cause d'échec aux épreuves d'évaluation de la formation suivie, de maternité, de maladie, d'accident du travail, de maladie professionnelle ou de défaillance de l'organisme de formation.

L'action de professionnalisation comporte des périodes de travail en entreprise et des périodes de formation. Sa durée minimale est comprise entre 6 et 12 mois. Elle peut être allongée jusqu'à 24 mois pour les personnes mentionnées à l'article L. 6325-1-1 du Code du travail, notamment les bénéficiaires de l'AAH.

Remarque

Les jeunes âgés de 16 à 25 ans révolus qui concluent un contrat de professionnalisation se voient remettre, par l'organisme ou le service chargé de leur formation, une carte portant la mention « Étudiant des métiers » dès lors que les conditions suivantes sont réunies (article L. 6325-6-2) :

- leur contrat de professionnalisation a pour objet d'acquérir une qualification enregistrée dans le *Répertoire national des certifications professionnelles* (RNCP) ;
- l'action de professionnalisation a une durée minimale de 12 mois.

Cette carte est remise gratuitement à son titulaire, dans les 30 jours suivant la conclusion du contrat ; elle lui permet de faire valoir sur l'ensemble du territoire national la spécificité de son statut auprès des tiers, notamment en vue d'accéder à des réductions tarifaires identiques à celles dont bénéficient les étudiants de l'enseignement supérieur.

Formation

La durée minimale des actions de formation est comprise entre 15 et 25 % de la durée totale du contrat pour un CDD ou de la durée de la période de professionnalisation pour un CDI. Elle ne peut en aucun cas être inférieure à 150 heures.

Le salarié est suivi par un tuteur chargé, notamment, d'accueillir, d'aider, d'informer et de guider le titulaire du contrat, d'assurer la liaison avec l'organisme de formation et de participer à l'évaluation du suivi de la formation. Un accord de branche peut porter au-delà de 25 % la durée des actions mentionnées ci-dessus, pour certaines catégories de bénéficiaires d'un contrat de professionnalisation, notamment pour les bénéficiaires de l'AAH.

Remarque

Les bénéficiaires de l'AAH bénéficient de deux dispositions particulières :

- des forfaits horaires spécifiques de prise en charge par les OPCA des actions d'évaluation, d'accompagnement et de formation suivies par des bénéficiaires de l'AAH dans le cadre d'un contrat de professionnalisation. Le forfait horaire est renforcé pour ce public (15 €) et est appliqué en l'absence de décision de la branche professionnelle concernée ;
- un plafond spécifique de prise en charge par les OPCA des coûts liés à l'exercice du tutorat interne pour les salariés bénéficiaires de l'AAH.

Le plafond est majoré (345 €) lorsque le tuteur suit un bénéficiaire de l'AAH.

Rémunération

La rémunération perçue est fixée en pourcentage du Smic et varie en fonction de l'âge de l'intéressé et de son niveau de qualification au moment de l'embauche.

Âge	Qualification	
	Titre ou diplôme non professionnel de niveau IV ou titre ou diplôme professionnel inférieur au bac **	Titre ou diplôme professionnel égal ou supérieur au bac ou diplôme de l'enseignement supérieur *
16 à 21 ans	55 % du Smic	65 % du Smic
21 à 25 ans	70 % du Smic	80 % du Smic
26 ans et +	100 % du Smic ***	

* Tous les diplômes inférieurs au niveau IV ainsi que les baccalauréats généraux ne donnent pas lieu à l'augmentation de la rémunération de 10 points, c'est-à-dire due au passage de 55 à 65 % du Smic ou de 70 à 80 % du Smic mentionné dans le tableau ci-dessus.

** Tous les diplômes supérieurs au niveau IV donnent lieu à l'augmentation de 10 points.

*** Ou 85 % du salaire minimum conventionnel si plus favorable.

Remarque

Les titulaires des contrats de professionnalisation ne sont pas pris en compte dans le calcul de l'effectif du personnel des entreprises dont ils relèvent pour l'application des dispositions législatives ou réglementaires qui se réfèrent à une condition d'effectif minimum de salariés, exception faite de celles qui concernent la tarification des risques d'accidents du travail et de maladies professionnelles. Cette disposition s'applique jusqu'au terme du contrat s'il a été conclu pour une durée déterminée, ou jusqu'à la fin de l'action de professionnalisation lorsque le contrat est à durée indéterminée.

■ Aides de l'État

L'embauche d'un salarié en contrat de professionnalisation ouvre droit, pour l'employeur, à une exonération de cotisations patronales d'assurances sociales dans les conditions et limites suivantes :

- les embauches en contrat professionnalisation ouvrent droit à une exonération de cotisations patronales d'assurances sociales (assurance maladie, maternité, invalidité, vieillesse-décès) et d'allocations familiales, lorsque le contrat est conclu avec un demandeur d'emploi âgé de 45 ans et plus ; le bénéfice de cette exonération ne peut être cumulé avec celui d'une autre exonération totale ou partielle de cotisations patronales ou l'application de taux spécifiques, d'assiettes ou de montants forfaitaires de cotisations, à l'exception de l'exonération visée ci-dessous et de la déduction forfaitaire au titre des heures supplémentaires ;
- les embauches en contrat de professionnalisation effectuées par les groupements d'employeurs pour l'insertion et la qualification qui organisent des parcours d'insertion et de qualification au profit soit de jeunes âgés de 16 à 25 ans révolus sortis du système scolaire sans qualification ou rencontrant des difficultés particulières d'accès à l'emploi, soit de demandeurs d'emploi âgés de 45 ans et plus, ouvrent droit à une exonération des cotisations à la charge de l'employeur au titre des accidents du travail et des maladies professionnelles. Cette exonération s'applique aux groupements d'employeurs bénéficiant de l'aide prévue aux articles D. 6325-23 et D. 6325-24 du Code du travail, c'est-à-dire l'aide aux groupements d'employeurs qui organisent des parcours d'insertion et de qualification au profit de certains titulaires de contrats de professionnalisation. Le bénéfice de cette exonération est cumulable avec la réduction générale de cotisations (réduction dite « Fillon »).

Pour l'application des dispositions qui précèdent :

- le montant de l'exonération est égal à celui des cotisations afférentes à la fraction de la rémunération n'excédant pas le produit du Smic par le nombre d'heures rémunérées, dans la limite de la durée légale du travail calculée sur le mois, ou, si elle est inférieure, la durée conventionnelle applicable dans l'établissement ;
- l'exonération est applicable aux cotisations afférentes aux rémunérations dues jusqu'à la fin du contrat de professionnalisation lorsque le contrat est à durée déterminée, ou de l'action de professionnalisation lorsque le contrat est à durée indéterminée.

Remarque

L'exonération de cotisations patronales de Sécurité sociale est subordonnée au respect par l'employeur de l'ensemble des obligations mises à sa charge au titre des contrats de professionnalisation. À défaut, le Direccte peut, par décision motivée, prononcer le retrait du bénéfice de cette exonération.

Une aide de l'État est également prévue au profit des employeurs qui embauchent, en contrat de professionnalisation, un demandeur d'emploi de 45 ans et plus ; cette aide est cumulable avec l'aide forfaitaire à l'employeur mentionnée ci-dessous.

Sur le régime de ces aides (bénéficiaires, conditions d'attribution, montant, procédure), on peut se reporter aux précisions figurant sur le site www.travail-emploi.gouv.fr.

■ Aide de Pôle emploi

Une « aide forfaitaire à l'employeur » (AFE) peut être attribuée aux employeurs qui procèdent à l'embauche, en contrat de professionnalisation, d'un demandeur d'emploi inscrit sur la liste des demandeurs d'emploi, âgé de 26 ans ou plus à la date de début d'exécution du contrat, et ayant des difficultés d'insertion dans un emploi durable (difficultés appréciées par Pôle emploi).

Pour pouvoir bénéficier de l'aide, l'employeur doit, en outre :

- ne pas avoir procédé, dans les six mois qui précèdent l'embauche, à un licenciement économique sur le poste pourvu par le recrutement ;
- ne pas conclure le contrat de professionnalisation avec un salarié ayant appartenu à l'effectif de l'entreprise au cours des six derniers mois précédant la date de début du contrat ;
- être à jour de ses obligations déclaratives et de paiement à l'égard des organismes de recouvrement des cotisations et des contributions de sécurité sociale et d'assurance chômage. L'employeur dispose d'un délai de 15 mois à partir du début de l'exécution du contrat pour se mettre en conformité avec les obligations précitées ; à défaut l'aide n'est plus due ;
- conclure une convention avec Pôle emploi.

L'AFE ne peut être cumulée avec aucune autre aide à l'embauche sauf avec l'aide de l'État pour l'embauche des demandeurs d'emploi de 45 ans et plus en contrat de professionnalisation (voir ci-contre) ; le formulaire de demande de l'AFE permet de solliciter les deux aides. Le cumul est également possible avec l'exonération de cotisations patronales mentionnée page 109 et avec les aides versées par l'Agefiph (voir p. 113).

Remarque

L'aide forfaitaire à l'employeur est attribuée sous réserve que l'enveloppe financière allouée à ce dispositif par Pôle emploi ne soit pas épuisée. Pour une présentation détaillée de cette aide, on peut se reporter au site www.pole-emploi.fr ou au site www.travail-emploi.gouv.fr.

Le montant de l'aide forfaitaire à l'employeur est plafonné à 2 000 €. Lorsque le salarié est à temps partiel, le montant de l'aide est calculé à due proportion du temps de travail effectif déclaré par l'employeur dans la déclaration d'actualisation mentionnée page 112.

L'aide fait l'objet de deux versements par Pôle emploi :

- le premier d'un montant de 1 000 € est dû à l'issue du troisième mois d'exécution du contrat de professionnalisation à durée déterminée ou de l'action de professionnalisation du contrat à durée indéterminée ;
- le second d'un montant de 1 000 € est dû, le cas échéant, à l'issue du dixième mois d'exécution du contrat ou de l'action de professionnalisation.

Un avis de paiement précisant à l'employeur le montant de l'aide versée pour chaque salarié concerné est adressé, en parallèle, à l'employeur.

Remarque

Si le contrat ou l'action de professionnalisation est arrivé à échéance ou a été interrompu avant l'une des échéances mentionnées ci-dessus, l'aide correspondant à la période considérée n'est pas due.

Avant la fin du troisième et du dixième mois d'exécution du contrat de professionnalisation, Pôle emploi adresse une déclaration d'actualisation permettant à l'employeur d'attester que le contrat ou l'action de professionnalisation est toujours en cours à l'échéance de versement. Cette déclaration d'actualisation permet également à l'employeur de déclarer toute modification de sa situation ou de celle du salarié concerné ; elle doit être retournée à Pôle emploi dûment complétée et signée par l'employeur, dans les meilleurs délais et au plus tard dans les trois mois suivants chacune des échéances.

Remarque

Le versement de l'aide est suspendu dans certaines situations, et notamment lorsque l'employeur n'a pas retourné la déclaration d'actualisation ou lorsqu'il n'est pas à jour de ses obligations déclaratives et de paiement à l'égard des organismes de recouvrement des cotisations et des contributions de sécurité sociale ou d'assurance chômage.

■ Aides de l'Agefiph

L'Agefiph accorde des aides spécifiques pour tout travailleur handicapé embauché sous contrat de professionnalisation, ou dont l'emploi est perennisé, dès lors que certaines conditions sont réunies.

L'employeur peut ainsi prétendre à une aide financière d'un montant de :

- 1 500 € pour un contrat de professionnalisation de six à 11 mois ;
- 3 000 € pour un contrat de professionnalisation de 12 mois ;
- 4 500 € pour un contrat de professionnalisation supérieur à 12 mois et inférieur ou égal à 18 mois ;
- 6 000 € pour un contrat de professionnalisation supérieur à 18 mois et inférieur ou égal à 24 mois ;
- 7 500 € pour un contrat de professionnalisation en CDI.

L'employeur peut aussi bénéficier d'une aide financière en cas de pérennisation suite à un contrat de professionnalisation. Cette aide est d'un montant de :

- 4 000 € pour un CDI à temps plein ;
- 2 000 € pour un CDI à temps partiel supérieur ou égal à 16 heures hebdomadaire ;
- 2 000 € pour un CDD supérieur ou égal à 12 mois à temps plein ;
- 1 000 € pour un CDD supérieur ou égal à 12 mois à temps partiel supérieur ou égal à 16 heures hebdomadaire.

L'Agefiph peut également attribuer une aide financière à la personne handicapée qui conclut un contrat de professionnalisation. Cette aide est d'un montant de :

- 1 500 € pour un contrat de professionnalisation de six à 11 mois. Le montant est doublé (3 000 €) si le salarié est âgé de 45 ans et plus ;
- 3 000 € pour un contrat de professionnalisation de 12 mois et plus. Le montant est doublé (6 000 €) si le salarié est âgé de 45 ans et plus.

Remarque

La demande d'aide est faite à l'Agefiph (pour les adresses, voir le site www.agefiph.fr) directement par l'employeur et le salarié ou avec l'aide du conseiller Cap emploi, Pôle emploi ou de la mission locale ; elle doit intervenir dans les trois mois suivant la date d'embauche.
Pour plus de précisions sur la procédure à suivre, on peut également se reporter aux précisions figurant sur le site www.agefiph.fr ou s'adresser à la délégation régionale de l'Agefiph.

L'Agefiph propose également une aide financière pour les contrats d'apprentissage et la pérennisation de ces contrats (voir p. 162 et suivantes).

Textes de référence

Articles L. 5134-19-1 à L. 5134-19-5 (CUI), L. 5134-20 à L. 5134-34 (CUI-CAE), L. 5134-65 à L. 5134-73 (CUI-CIE), L. 5134-110 à L. 5134-119 (emplois d'avenir) et L. 6325-1 à L. 6325-24 (contrat de professionnalisation) du Code du travail
Loi n° 2015-994 du 17 août 2015 (JO du 18)

Chapitre 4

La formation professionnelle

mots clés

Égalité de traitement • Accès à la formation • Congé individuel de formation • Périodes de professionnalisation • Compte personnel de formation • Bilan de compétences • Rééducation professionnelle • Contrat d'apprentissage • Aides à la formation

Les droits à formation des personnes handicapées

En application du principe général d'égalité de traitement entre tous les salariés relevant du milieu ordinaire de travail, la loi prévoit que les bénéficiaires de l'obligation d'emploi des travailleurs handicapés doivent avoir accès aux dispositifs de formation professionnelle de droit commun. Compte tenu de leur situation, ces personnes peuvent également bénéficier d'actions spécifiques menées par les différents prestataires de formation spécialisée, en collaboration avec des organismes tels que l'Afpa ou Pôle emploi.

Comment se concrétise l'égalité de traitement ?

Comme le précise l'article L. 6112-3 du Code du travail, « les personnes handicapées et assimilées, mentionnées à l'article L. 5212-13 (c'est-à-dire les bénéficiaires de l'obligation d'emploi visée p. 27), notamment les personnes handicapées, ont accès à l'ensemble des dispositifs de formation prévus dans le présent livre dans le respect du principe d'égalité de traitement, en prenant les mesures appropriées ». Ainsi, en application de ce principe de portée générale, les personnes handicapées et les autres bénéficiaires de l'obligation d'emploi doivent pouvoir accéder à l'ensemble des dispositifs qui constituent ce qu'il est convenu d'appeler « la formation professionnelle tout au long de la vie », qu'il s'agisse de la formation initiale ou de la formation professionnelle continue. Cette dernière a pour objet de favoriser l'insertion ou la réinsertion professionnelle des travailleurs, de permettre leur maintien dans l'emploi, de favoriser le développement de leurs compétences et l'accès aux différents niveaux de la qualification professionnelle, de contribuer au développement

économique et culturel à la sécurisation des parcours professionnels et à leur promotion sociale.
Les types d'actions de formation qui entrent dans son champ d'application sont les suivants :

- les actions de préformation et de préparation à la vie professionnelle. Elles ont pour objet de permettre à toute personne, sans qualification professionnelle et sans contrat de travail, d'atteindre le niveau nécessaire pour suivre un stage de formation professionnelle proprement dit ou pour entrer directement dans la vie professionnelle ;
- les actions d'adaptation et de développement des compétences des salariés. Elles ont pour objet de favoriser l'adaptation des salariés à leur poste de travail, à l'évolution des emplois, ainsi que leur maintien dans l'emploi, et de participer au développement des compétences des salariés ;
- les actions de promotion de la mixité dans les entreprises, de sensibilisation à la lutte contre les stéréotypes sexistes et pour l'égalité professionnelle entre les femmes et les hommes ;
- les actions de promotion professionnelle, c'est-à-dire celles ayant pour objet de permettre à des travailleurs d'acquérir une qualification plus élevée ;
- les actions de prévention dont l'objet est de réduire les risques d'inadaptation de qualification à l'évolution des techniques et des structures des entreprises, en préparant les travailleurs dont l'emploi est menacé à une mutation d'activité, soit dans le cadre, soit en dehors de leur entreprise ;
- les actions de conversion. Elles ont pour objet de permettre à des travailleurs salariés dont le contrat de travail est rompu d'accéder à des emplois exigeant une qualification différente ou à des travailleurs non salariés d'accéder à de nouvelles activités professionnelles ;
- les actions d'acquisition, d'entretien ou de perfectionnement des connaissances. Elles ont pour objet d'offrir aux travailleurs les moyens d'accéder à la culture, de maintenir ou de parfaire leur qualification et

leur niveau culturel ainsi que d'assumer des responsabilités accrues dans la vie associative ;

- les actions de formation continue relative à la radioprotection des personnes prévues à l'article L. 1333-11 du Code de la santé publique ;
- les actions de lutte contre l'illettrisme et d'apprentissage de la langue française ;
- les actions d'accompagnement, d'information et de conseil dispensées aux créateurs ou repreneurs d'entreprises artisanales, commerciales ou libérales, exerçant ou non une activité ;
- les actions de formation relatives à l'économie et à la gestion de l'entreprise. Elles ont notamment pour objet la compréhension par les salariés du fonctionnement et des enjeux de l'entreprise ;
- les actions de formation relatives à l'intéressement, à la participation et aux dispositifs d'épargne salariale et d'actionnariat salarié ;
- les actions permettant de réaliser un bilan de compétences ;
- les actions permettant aux travailleurs de faire valider les acquis de leur expérience.

Entre également dans le champ d'application des dispositions relatives à la formation professionnelle continue la participation à un jury d'examen ou de VAE mentionné à l'article L. 3142-3-1 du Code du travail lorsque ce jury intervient pour délivrer des certifications professionnelles inscrites au *Répertoire national des certifications professionnelles* dans les conditions prévues à l'article L. 335-6 du Code de l'éducation.

Quelles sont les adaptations prévues ?

La loi du 11 février 2005 « pour l'égalité des droits et des chances, la participation et la citoyenneté des personnes handicapées » oblige les divers acteurs concourant à la formation professionnelle à adapter leur politique aux besoins spécifiques des personnes handicapées.

■ La coordination des différents intervenants

Dans le cadre du service public régional de la formation professionnelle, la région est chargée de l'accès à la formation et à la qualification professionnelle des personnes handicapées. Elle définit et met en œuvre un programme régional d'accès à la formation et à la qualification professionnelle des personnes handicapées en concertation avec l'État, le Service public de l'emploi (voir p. 61), l'Agefiph, le FIPHFP, les organismes de protection sociale et les organisations syndicales et associations représentatives des personnes handicapées.

Ce programme a pour objectif de répondre aux besoins de développement de compétences des personnes handicapées afin de faciliter leur insertion professionnelle. Il recense et quantifie les besoins et favorise l'utilisation efficiente des différents dispositifs en facilitant la coordination entre les organismes de formation ordinaires et les organismes spécialement conçus pour la compensation des conséquences du handicap ou la réparation du préjudice.

Une programmation pluriannuelle de l'accueil en formation est prévue en vue de garantir une gamme complète de services aux personnes handicapées tenant compte de l'analyse des besoins – en respectant notamment la possibilité de libre choix de ces personnes – et de la proximité des lieux de formation.

Remarque

Tous les cinq ans, le service public de l'emploi élabore, sous l'autorité du représentant de l'État dans la région, un plan régional pour l'insertion des travailleurs handicapés (voir précisions p. 68).

■ Les adaptations individuelles et collectives

Afin de tenir compte des contraintes particulières des personnes handicapées mentionnées à l'article L. 5212-13 du Code du travail (c'est-à-dire les bénéficiaires de l'obligation d'emploi, voir p. 27), à l'article L. 114 du Code de l'action sociale et des familles (voir ci-contre), ou présentant un trouble de santé invalidant, les divers acteurs de la formation (organismes de formation, État, collectivités locales, organisations professionnelles, établissements d'enseignement et entreprises, etc.) doivent mettre en œuvre, au profit de ces personnes et au titre de la formation professionnelle continue, les adaptations nécessaires qui peuvent consister en :

- un accueil à temps partiel ou discontinu ;
- une durée adaptée de la formation ;
- des modalités adaptées de validation de la formation.

Remarque

L'article L. 114 du Code de l'action sociale et des familles définit le handicap comme « toute limitation d'activité ou restriction de participation à la vie en société subie dans son environnement par une personne en raison d'une altération substantielle, durable ou définitive d'une ou plusieurs fonctions physiques, sensorielles, mentales, cognitives ou psychiques, d'un polyhandicap ou d'un trouble de santé invalidant ».

Ces adaptations peuvent être individuelles ou collectives pour un groupe de personnes ayant des besoins similaires. Elles portent également sur les méthodes et les supports pédagogiques et peuvent recourir aux technologies de l'information et de la communication.

L'adaptation de la validation de la formation professionnelle porte sur les aménagements des modalités générales d'évaluation des connaissances et des compétences acquises au cours de la formation. Ces aménagements sont mis en œuvre par les organismes dispensant des formations professionnelles et les institutions délivrant des diplômes, titres professionnels ou certificats de qualification professionnelle, notamment par l'évolution de leur propre réglementation.

Ces adaptations sont mises en œuvre sur la base des informations fournies par la personne handicapée, le service public de l'emploi, les organismes qui l'accompagnent dans son parcours d'accès à l'emploi, ainsi que les organismes qui participent à l'élaboration de son projet d'insertion sociale et professionnelle : institutions spécialisées de formation des jeunes, centres de pré-orientation, UEROS, services d'accompagnement à la vie sociale (SAVS), MDPH, Commission des droits et de l'autonomie, etc. Les dispositions prévues ci-dessus ont vocation à s'appliquer dans leurs principes à l'ensemble des organismes dispensant des formations professionnelles ou délivrant des certifications professionnelles. Les institutions délivrant des diplômes, titres professionnels ou certificats de qualification professionnelle doivent décliner ces principes dans leur propre système de validation.

Quels sont les droits spécifiques des personnes handicapées ?

Les personnes handicapées et les autres bénéficiaires de l'obligation d'emploi ont accès aux dispositifs de formation de droit commun (voir p. 123 et suivantes). Elles bénéficient également, le cas échéant, d'actions spécifiques de formation ayant pour objet leur insertion ou leur réinsertion professionnelle, de permettre leur maintien dans l'emploi, de favoriser le développement de leurs compétences et l'accès aux différents niveaux de la qualification professionnelle et de contribuer au développement économique et culturel et à la promotion sociale.

Textes de référence

Articles L. 5211-1 à L. 5211-4 et D. 5211-1 à D. 5211-6
du Code du travail

La formation des salariés handicapés dans l'entreprise

Les salariés reconnus travailleurs handicapés doivent avoir accès à tous les dispositifs de formation prévus au profit du personnel de l'entreprise. Ils peuvent également bénéficier de mesures spécifiques, au titre des obligations particulières qui pèsent sur l'employeur à leur égard. Pour aider à la mise en œuvre de ces actions, l'Agefiph peut accorder des aides à tous les intervenants concernés, travailleurs handicapés eux-mêmes, employeurs et organismes de formation (sur la négociation obligatoire, on se reportera aux précisions figurant p. 214).

Quelles sont les obligations de l'employeur ?

■ Obligations d'ordre général

L'employeur a l'obligation d'assurer l'adaptation des salariés à leur poste de travail. Il doit veiller au maintien de leur capacité à occuper un emploi, au regard notamment de l'évolution des emplois, des technologies et des organisations. Cette obligation générale, qui s'impose évidemment à l'égard de tous les salariés de l'entreprise, peut conduire l'employeur à décider l'envoi en formation de tel ou tel salarié, le plus souvent dans le cadre du plan de formation.

Remarque

Selon la Cour de cassation (arrêt du 5 juin 2013), un salarié peut prétendre au versement de dommages et intérêts par son employeur, pour violation de l'obligation de formation. En l'espèce, en 16 ans d'exécution du contrat de travail, l'employeur n'avait fait bénéficier le salarié, dans le cadre du plan de formation de l'entreprise, d'aucune formation permettant de maintenir sa capacité à occuper un emploi au regard de l'évolution des emplois, des technologies et des organisations.

■ Obligations spécifiques

Afin de garantir le respect du principe d'égalité de traitement à l'égard des travailleurs handicapés, mentionnés à l'article L. 5212-13 du Code du travail, les employeurs doivent prendre, en fonction des besoins dans une situation concrète, les mesures appropriées pour qu'une formation adaptée à leurs besoins soit dispensée aux travailleurs bénéficiaires de l'obligation d'emploi mentionnés aux 1°, 2°, 3°, 4°, 9°, 10° et 11° de l'article L. 5212-13 (voir p. 27). Le refus de prendre de telles « mesures appropriées » peut être constitutif d'une discrimination au sens de l'article L. 1133-3 du Code du travail ; sur cette question, on se reportera aux précisions figurant en page 171.

■ Entretien professionnel

A l'occasion de son embauche, le salarié est informé qu'il bénéficie tous les deux ans d'un entretien professionnel avec son employeur consacré à ses perspectives d'évolution professionnelle, notamment en termes de qualifications et d'emploi. Cet entretien ne porte pas sur l'évaluation du travail du salarié. Il doit être proposé systématiquement au salarié qui reprend son activité à l'issue d'un congé de maternité, d'un congé parental d'éducation (ou d'un temps partiel), d'un congé de soutien familial, d'un congé d'adoption, d'un congé sabbatique, d'une période de mobilité volontaire sécurisée, d'un arrêt longue maladie prévu à l'article L. 324-1 du Code de la sécurité sociale ou à l'issue d'un mandat syndical.
Cet entretien professionnel donne lieu à la rédaction d'un document dont une copie est remise au salarié.
Tous les six ans, il fait un état des lieux récapitulatif du parcours professionnel du salarié. Cette durée s'apprécie par référence à l'ancienneté du salarié dans l'entreprise. Cet état des lieux, qui engendre à la rédaction d'un document dont une copie est remise au salarié,

permet de vérifier que ce dernier a bénéficié, au cours des six dernières années, des entretiens professionnels, et d'apprécier s'il a :

1° Suivi au moins une action de formation.

2° Acquis des éléments de certification par la formation ou par une validation des acquis de son expérience.

3° Bénéficié d'une progression salariale ou professionnelle.

Dans les entreprises d'au moins 50 salariés, lorsque, au cours de ces six années, le salarié n'a pas bénéficié des entretiens prévus et d'au moins deux des trois mesures mentionnées ci-dessus :

- 100 heures de formation supplémentaires sont inscrites au compte personnel de formation (CPF, voir p. 133) du salarié (130 heures pour un salarié à temps partiel) ;
- et l'entreprise verse à l'OPCA une somme forfaitaire correspondant au nombre d'heures ainsi ajoutées multiplié par un montant forfaitaire de 30 euros (par exemple, pour un salarié à temps partiel, ce versement forfaitaire correspondra à 3 900 €).

Quelles sont les possibilités de se former ?

L'accès des salariés à des actions de formation professionnelle continue est assuré :

- à l'initiative de l'employeur dans le cadre du plan de formation ;
- à l'initiative du salarié notamment par la mobilisation du compte personnel de formation (voir p. 133) et dans le cadre du congé individuel de formation (voir p. 129) ;
- dans le cadre des contrats de professionnalisation (voir p. 105).

Remarque

Toute personne peut bénéficier tout au long de sa vie professionnelle d'un conseil en évolution professionnelle, dont l'objectif est de favoriser l'évolution et la sécurisation de son parcours professionnel. Ce conseil gratuit vise, notamment, à faciliter l'accès à la formation, en identifiant les qualifications et les formations répondant aux besoins exprimés par la personne et les financements disponibles. Divers organismes peuvent être sollicités à ce titre, dont Pôle emploi et les Cap emploi mentionnés page 63.

Qu'est-ce que le plan de formation ?

Le plan de formation est un document élaboré sous la responsabilité de l'employeur, au terme d'un processus faisant intervenir les représentants du personnel. Soumis pour avis au comité d'entreprise (ou, à défaut, délégués du personnel) et prenant en compte, le cas échéant, le résultat des négociations obligatoires menées au niveau de la branche ou de l'entreprise, il comporte l'ensemble des formations retenues pour les salariés de l'entreprise. Il doit distinguer deux types d'actions :

- actions visant à assurer l'adaptation du salarié au poste de travail ou liées à l'évolution ou au maintien dans l'emploi dans l'entreprise ;
- actions ayant pour objet le développement des compétences des salariés.

Il peut également prévoir des actions de bilan de compétences et de validation des acquis de l'expérience professionnelle et des périodes de professionnalisation.

■ Les bénéficiaires

Tous les salariés de l'entreprise ont vocation à bénéficier du plan de formation, mais l'employeur est libre de choisir, parmi son personnel, ceux qu'il souhaite envoyer en stage. Il ne peut cependant pas écarter un salarié en raison de son handicap, ce qui constituerait une discrimination prohibée, et sanctionnable à ce titre (voir p. 171).

Le salarié ne peut en principe refuser de suivre la formation proposée par son employeur dans le cadre du plan de formation, sauf si celle-ci doit se dérouler en dehors de son temps de travail ou encore s'il s'agit d'un bilan de compétences ou d'une action de validation de l'expérience (un refus ne constitue ni une faute ni un motif de licenciement).

■ Le déroulement de la formation

La formation mise en œuvre dans le cadre du plan de formation a lieu en principe durant le temps de travail. Toutefois, elle peut se dérouler en tout ou partie en dehors de ce temps de travail, dans des conditions différentes selon le type d'actions de formation mis en œuvre :

- les actions d'adaptation ou liées à l'évolution ou au maintien dans l'emploi suivies par un salarié pour assurer son adaptation au poste de travail ou liées à l'évolution ou au maintien dans l'emploi dans l'entreprise constituent un temps de travail effectif et donnent lieu pendant leur réalisation au maintien par l'entreprise de la rémunération ;
- les actions de développement des compétences peuvent, en application d'un accord écrit entre le salarié et l'employeur, qui peut être dénoncé dans les huit jours de sa conclusion, se dérouler hors du temps de travail effectif dans la limite de 80 heures par an et par salarié ou, pour les salariés dont la durée de travail est fixée par une convention de forfait (en jours ou en heures) sur l'année, dans la limite de 5 % de leur forfait.

Remarque

> Le refus du salarié de participer à des actions de formation en dehors du temps de travail ou la dénonciation de son accord dans les huit jours ne constitue ni une faute ni un motif de licenciement.

Lorsqu'elles sont ainsi réalisées en dehors du temps de travail, les heures de formation donnent lieu au versement par l'entreprise d'une allocation de formation d'un montant égal à 50 % de la rémunération nette de référence du salarié concerné (cette allocation est exonérée de cotisations sociales, de CSG et de CRDS). Les modalités de détermination du salaire horaire de référence pour l'allocation de formation sont fixées par l'article D. 6321-6 du Code du travail. Pendant la durée de la formation, le salarié bénéficie de la législation de la Sécurité sociale relative à la protection en matière d'accidents du travail et de maladies professionnelles. En outre, lorsque le salarié suit une action de formation dans le cadre du plan de formation ayant pour objet le développement des compétences, l'entreprise doit définir avec le salarié, avant son départ en formation, la nature des engagements auxquels elle souscrit dès lors que l'intéressé aura suivi avec assiduité la formation et satisfait aux évaluations prévues. Ces engagements portent :

- sur les conditions dans lesquelles le salarié accède en priorité dans un délai d'un an à l'issue de la formation aux fonctions disponibles correspondant aux connaissances ainsi acquises et sur l'attribution de la classification correspondant à l'emploi occupé ;
- et sur les modalités de prise en compte des efforts accomplis par le salarié.

Remarque

Lorsqu'un accord de branche le prévoit, une majoration d'au moins 10 % de l'allocation de formation est accordée au salarié qui engage des frais supplémentaires de garde d'enfant afin de suivre une action de formation en dehors de son temps de travail. Comme l'allocation de formation, cette majoration est exonérée de cotisations sociales, de CSG et de CRDS.

Quels sont les différents congés de formation ?

Le salarié peut suivre une formation à son initiative, dans le cadre du congés individuel de formation. Il peut également prendre un congé pour établir un bilan de compétences ou un congé pour faire valider son expérience professionnelle.

■ **Le congé individuel de formation (CIF)**

Les salariés ayant exercé une activité salariée pendant au moins 24 mois (36 mois dans les entreprises artisanales de moins de 10 salariés), dont 12 mois dans l'entreprise, peuvent demander un congé afin de suivre, à leur initiative, une formation de leur choix, distincte de celles comprises dans le plan de formation de l'entreprise.

Remarque

Dans les entreprises (et les groupes d'entreprises au sens de l'article L. 2331-1 du Code du travail) d'au moins 300 salariés, tout salarié justifiant d'une ancienneté minimale de 24 mois, consécutifs ou non, peut, avec l'accord de son employeur, bénéficier d'une période de mobilité volontaire sécurisée afin d'exercer une activité dans une autre entreprise, au cours de laquelle l'exécution de son contrat de travail est suspendue. Cette période de mobilité volontaire sécurisée s'effectue dans les conditions fixées par les articles L. 1222-13 à L. 1222-16 du Code du travail. Si l'employeur oppose deux refus successifs à la demande de mobilité, l'accès au CIF est de droit pour le salarié, sans que puissent lui être opposées la durée d'ancienneté mentionnée à l'article L. 6322-4 du Code du travail (voir ci-dessus) ou les dispositions de l'article L. 6322-7 du Code du travail relatif à l'effectif simultanément absent.

Le congé individuel de formation peut être accordé pour suivre une action visant à accéder à un niveau supérieur de qualification professionnelle, à changer d'activité ou de profession ou à s'ouvrir plus largement à la culture, à la vie sociale ou à l'exercice des responsabilités associatives bénévoles ou encore pour préparer et passer un examen en vue d'obtenir un titre ou un diplôme de l'enseignement technologique.

Le stage doit entrer dans l'une des catégories prévues par l'article L. 6313-1 du Code du travail (formation professionnelle continue, voir p. 118) et ne peut, en règle générale, dépasser un an s'il s'agit d'un stage à temps plein ou 1 200 heures s'il s'agit de stages discontinus ou à temps partiel.

Le salarié doit présenter une demande écrite à son employeur au plus tard 60 jours à l'avance pour un stage de moins de six mois et 120 jours à l'avance pour un stage d'une durée supérieure.
Le congé ne peut être refusé par l'employeur. Celui-ci peut cependant différer le départ en congé dans certains cas (en cas d'absences simultanées de salariés en CIF ou lorsque l'absence du salarié aurait des conséquences préjudiciables à la bonne marche de l'entreprise).
L'employeur n'est pas tenu de rémunérer le salarié en congé de formation sur ses fonds propres. Ce dernier peut cependant demander la prise en charge de son congé à l'organisme paritaire agréé pour la prise en charge du congé individuel de formation (Opacif) ; pour les salariés des entreprises non assujetties à l'obligation de financement des actions de formation (entreprises de moins de 10 salariés), l'organisme compétent est celui de la branche professionnelle ou du secteur d'activité dont relève l'entreprise ou, s'il n'existe pas, l'organisme interprofessionnel régional.

Le salarié dont la prise en charge est acceptée peut alors prétendre à une rémunération égale :
- à 90 % de son salaire antérieur pour les actions définies comme prioritaires et à 80 % pour les autres, dans la limite d'un an ou de 1 200 heures de stage ;
- à 60 % de son salaire antérieur au-delà d'un an ou de 1200 heures de stage.

Cette rémunération ne peut par ailleurs être inférieure soit au salaire antérieur lorsque celui-ci n'atteint pas deux fois le Smic, soit à deux fois le Smic dans le cas contraire.
C'est l'employeur qui devra faire l'avance de cette rémunération. Il lui appartiendra d'en demander le remboursement auprès de l'organisme qui l'a prise en charge.
Tout ou partie des frais de formation, de transport et d'hébergement peuvent également être pris en charge.

Remarque

Dès lors que le salarié dispose d'une ancienneté d'un an dans l'entreprise et qu'il en fait la demande, l'organisme collecteur paritaire agréé au titre du congé individuel de formation (Opacif) peut assurer la prise en charge de tout ou partie des frais (c'est-à-dire les coûts pédagogiques de la formation) liés à la réalisation d'une formation se déroulant en dehors du temps de travail (donc sans obligation de congé), selon les mêmes modalités que celles prévues dans le cadre du CIF. Pendant la durée de cette formation, le salarié bénéficie de la législation de la Sécurité sociale relative à la protection en matière d'accidents du travail et de maladies professionnelles.

Cette disposition vise à élargir les opportunités d'accès des salariés à des formations dont ils prennent l'initiative, en instaurant une possibilité de prise en charge par les Opacif des frais pédagogiques de formations réalisées hors temps de travail. L'article D. 6322-79 du Code du travail fixe à 120 heures la durée minimum de la formation ouvrant droit à une telle prise en charge.

Les conditions d'accès au CIF ont été aménagées pour permettre aux anciens titulaires de contrat à durée déterminée de bénéficier du dispositif.

Le salarié sous contrat à durée déterminée doit avoir travaillé :

- 24 mois, consécutifs ou non, en qualité de salarié, au cours des cinq dernières années ;
- dont quatre mois, consécutifs ou non, sous contrat de travail à durée déterminée, au cours des 12 derniers mois.

Le CIF se déroule en dehors de la période d'exécution du contrat de travail à durée déterminée. L'action de formation doit débuter au plus tard 12 mois après le terme du contrat. Cependant, à la demande du salarié, la formation peut être suivie, après accord de l'employeur, en tout ou partie, avant le terme du CDD.

Remarque

Afin de faciliter l'accès des salariés de moins de 30 ans en CDD au bénéfice d'un CIF, les deux conditions cumulatives mentionnées ci-dessus seront ramenées, pour les intéressés, à une seule condition de quatre mois de travail consécutifs ou non en CDD au cours des 28 derniers mois (décret à paraître ; pour plus de précisions, voir le site www.travail-emploi.gouv.fr).

■ Le congé de bilan de compétences

Objet

Le bilan de compétences permet à un salarié de faire le point sur ses compétences, aptitudes et motivations et de définir un projet professionnel ou de formation. Réalisé par un prestataire extérieur à l'entreprise, selon des étapes bien précises, le bilan de compétences peut être décidé par l'employeur dans le cadre du plan de formation, avec l'accord du salarié, ou mis en œuvre à l'initiative du salarié, dans le cadre d'un congé spécifique.

Bénéficiaires

Toute personne ayant au moins cinq ans d'ancienneté en tant que salarié (dont un an dans l'entreprise) peut demander un congé de 24 heures de temps de travail (soit trois jours), consécutifs ou non, pour réaliser un bilan de compétences. Pour ce faire, le salarié doit faire parvenir sa demande à son employeur au plus tard 60 jours avant le début du bilan en indiquant la date et la durée du bilan ainsi que l'organisme choisi.

Le salarié ayant déjà bénéficié d'un tel congé ne peut plus prétendre à un nouveau congé de ce type dans la même entreprise, avant l'expiration d'un délai de cinq ans.

Le salarié bénéficiaire d'un congé de bilan de compétences peut présenter une demande de prise en charge des dépenses afférentes à ce congé à l'organisme collecteur (Fongecif, ou dans certains cas OPCA de branche) auquel l'employeur verse la contribution destinée

au financement des CIF. L'organisme collecteur est susceptible de refuser le financement du congé, notamment lorsque les demandes de prise en charge ne peuvent être toutes simultanément satisfaites, ou lorsque l'organisme chargé de la réalisation de ce bilan de compétences ne figure pas sur la liste arrêtée par l'organisme paritaire.
La rémunération du salarié est égale à celle qu'il aurait perçue s'il était resté à son poste de travail (dans la limite de 24 heures). Elle lui est versée par l'employeur, lequel est remboursé par l'organisme collecteur.

■ **Le congé pour validation des acquis de l'expérience (VAE)**
Tout salarié peut bénéficier d'un congé de 24 heures de temps de travail pour faire valider les acquis de son expérience en vue d'acquérir un titre ou un diplôme certifié, et ce, quelle que soit son ancienneté. La demande de congé doit être adressée à l'employeur au moins 60 jours à l'avance. Le maintien de la rémunération a lieu dans les mêmes conditions que pour le congé de bilan de compétences.

Qu'est-ce que le compte personnel de formation ?

Le compte personnel de formation (CPF) est une nouvelle modalité d'accès à la formation créée par la loi n° 2014-288 du 5 mars 2014 mentionnée page 148. Ce nouveau dispositif a pour ambition d'accroître le niveau de qualification de chacun et d'aider ainsi à l'employabilité des salariés, à la sécurisation des parcours professionnels et à la compétitivité des entreprises. Ouvert dès 16 ans (voire 15 ans pour les jeunes qui concluent un contrat d'apprentissage dès cet âge, voir p. 134), il suit la personne pendant toute sa carrière, même au chômage ou après un changement d'entreprise.

Remarque

Le dispositif du droit individuel à la formation (DIF) a été supprimé à compter du 1er janvier 2015, avec possibilité de mobiliser les droits acquis au titre du DIF, et non utilisés, dans le cadre du nouveau compte personnel de formation, jusqu'au 31 décembre 2020. Les employeurs avaient l'obligation d'informer par écrit, avant le 31 janvier 2015, chaque salarié du nombre total d'heures acquises et non utilisées au titre du DIF au 31 décembre 2014. Sur cette question, il convient de se reporter aux informations diffusées sur le site www.moncompteformation.gouv.fr.

■ Les bénéficiaires

Depuis le 1er janvier 2015, toute personne âgée d'au moins 16 ans (15 ans dans le cas mentionné ci-dessous) en emploi ou à la recherche d'un emploi ou accompagnée dans un projet d'orientation et d'insertion professionnelles ou accueillie dans un établissement et service d'aide par le travail (Ésat, anciennement « centre d'aide par le travail - CAT) dispose d'un compte personnel de formation. Toutes les personnes engagées dans la vie active, indépendamment du statut, ont donc vocation à être titulaires d'un compte personnel de formation : salariés du privé, personnes sans emploi, jeunes sortis du système scolaire en recherche d'emploi, etc. Toutefois, seules les personnes salariées de droit privé alimentent leur compte personnel de formation.

Ce compte sera fermé lorsque la personne sera admise à faire valoir l'ensemble de ses droits à la retraite.

Remarque

Un compte personnel de formation est ouvert dès l'âge de 15 ans pour le jeune ayant signé un contrat d'apprentissage dès cet âge.

■ Les modalités de mise en œuvre

Le compte personnel de formation est comptabilisé en heures et mobilisé par la personne, qu'elle soit salariée (voir p. 136) ou à la recherche d'un emploi (voir p. 137), afin de suivre, à son initiative, une formation.

Le compte ne peut être mobilisé qu'avec l'accord exprès de son titulaire. Le refus du titulaire du compte de le mobiliser ne constitue pas une faute. Ainsi, par exemple, un salarié ne peut être sanctionné pour avoir refusé d'utiliser les droits inscrits sur son CPF pour suivre une formation. Pour la même raison, un demandeur d'emploi indemnisé ne pourrait se voir priver du bénéfice de ses allocations chômage.

■ **Les formations éligibles**

Les formations éligibles au CPF sont obligatoirement des formations qualifiantes correspondant aux besoins de l'économie prévisibles à court ou moyen terme. Ces formations doivent ainsi permettre aux personnes d'acquérir des compétences attestées (qualification, certification, titre, diplôme, habilitation) contribuant à la sécurisation des parcours professionnels des salariés. L'objectif est de faciliter la réalisation d'un projet d'évolution professionnelle, au sein ou en dehors de l'entreprise, ou un projet d'accès ou de retour à l'emploi.

Sont ainsi éligibles au CPF :

1° Les formations permettant d'acquérir le socle de connaissances et de compétences défini par les articles D. 6113-1 et D. 6113-2 du Code du travail (la communication en français, l'utilisation des règles de base de calcul et du raisonnement mathématique, l'utilisation des techniques usuelles de l'information et de la communication numérique, l'aptitude à travailler dans le cadre de règles définies d'un travail en équipe, etc.).

2° L'accompagnement à la validation des acquis de l'expérience (VAE), dans les conditions définies par le décret n° 2014-1354 du 12 novembre 2014.

3° Sous réserve qu'elles figurent sur la liste des formations éligibles (voir ci-dessous), les autres formations suivantes :

- les formations sanctionnées par une certification enregistrée dans le *Répertoire national des certifications professionnelles* (RNCP) ou permettant d'obtenir une partie identifiée de certification professionnelle, classée au sein du répertoire, visant à l'acquisition d'un bloc de compétences ;
- les formations sanctionnées par un certificat de qualification professionnelle (CQP), y compris les CQP interbranche (CQPI). Les CQP sont des certifications créées et délivrées par les branches

professionnelles ; un CQP est pris en compte par toutes les entreprises qui relèvent de la branche concernée en terme de positionnement de son titulaire dans la grille de classification des emplois ;

- les formations sanctionnées par les certifications inscrites à l'inventaire mentionné au dixième alinéa du II de l'article L. 335-6 du Code de l'éducation. Sont visées les « certifications et habilitations correspondant à des compétences transversales exercées en situation professionnelle » [qui] « peuvent être recensées dans un inventaire spécifique établi par la Commission nationale de la certification professionnelle » ; cet inventaire est établi selon les modalités définies par un arrêté du 31 décembre 2014 (JO du 10 janvier 2015) ; sur cet inventaire, voir le site :www.moncompteformation.gouv.fr ou le site : www.cncp.gouv.fr/inventaire ;
- les formations concourant à l'accès à la qualification des personnes à la recherche d'un emploi et financées par les régions, Pôle emploi et, s'agissant des personnes reconnues handicapées, par l'Agefiph.

Remarque

Sur le site Internet dédié au CPF, un outil permet de rechercher les formations éligibles, en fonction du statut (salarié, demandeur d'emploi) de la personne (www.moncompteformation.gouv.fr/recherche_formations_eligibles).

■ Les modalités d'alimentation du compte pour les salariés

Tous les salariés, quelle que soit la nature de leur contrat de travail (CDI, CDD, contrat d'apprentissage, contrat de professionnalisation, etc.) ou le volume d'activité (temps plein ou temps partiel) ont droit au compte personnel de formation. Celui-ci est alimenté en heures de formation à la fin de chaque année et, le cas échéant, par des abondements supplémentaires. Il peut également s'articuler avec d'autres modes d'accès des salariés à la formation, qu'il s'agisse du plan de formation de l'entreprise, du CIF ou encore des périodes de professionnalisation.

L'alimentation du compte se fait, pour une personne salariée travaillant à temps complet, à raison de 24 heures par an jusqu'à l'acquisition d'un crédit de 120 heures, puis de 12 heures par an dans la limite d'un plafond total de 150 heures. Pour un salarié travaillant à temps partiel, l'alimentation se fait au prorata du temps de travail effectué ; pour plus de précisions, on se reportera aux informations diffusées sur le site dédié à ce dispositif (www.moncompteformation.gouv.fr).

■ La situation des demandeurs d'emploi

Pendant leur période de chômage, les demandeurs d'emploi peuvent mobiliser les droits crédités sur leur CPF, notamment ceux qu'ils ont acquis lorsqu'ils étaient salariés ou ceux issus de leur ancien DIF. Si le demandeur d'emploi bénéficie d'un nombre d'heures inscrites sur son CPF suffisant pour suivre une formation, son projet est réputé validé au titre du projet personnalisé d'accès à l'emploi (PPAE) ; son projet de formation, choisie sur la liste des formations éligibles au CPF, ne doit donc pas faire l'objet d'une validation par Pôle emploi (renseignements complémentaires sur le site www.moncompteformation.gouv.fr). Dans le cas contraire, Pôle emploi ou l'une des autres institutions chargées du conseil en évolution professionnelle (par exemple, les Cap emploi) mobilise, après validation du projet de formation, les financements complémentaires disponibles mentionnés page 138 (financements de la Région, de l'État, de l'Agefiph, etc.). Contrairement à ce qui est prévu pour les salariés, le CPF d'un demandeur d'emploi n'est pas crédité d'un nombre d'heures chaque année, sauf si l'intéressé exerce une activité réduite (cette activité lui ouvre alors les droits mentionnés ci-dessus).

Remarque

Le demandeur d'emploi qui suit une formation en mobilisant les droits acquis sur son compte personnel de formation peut, lorsque les conditions sont réunies, être indemnisé au titre de l'allocation d'aide au retour à l'emploi « formation » (AREF) ou de la Rémunération Formation de Pôle

Emploi (RFPE). Sur ce point, il convient de se renseigner auprès de son agence Pôle emploi.

Le CPF peut également être mobilisé par le salarié qui a choisi de bénéficier d'un contrat de sécurisation professionnelle (CSP).

■ Les possibilités de compléter les droits inscrits sur le CPF

Dispositions générales

Les heures inscrites sur le compte permettent à son titulaire de financer une formation éligible au compte, telles que définies ci-dessus. Lorsque la durée de cette formation est supérieure au nombre d'heures inscrites sur le compte, ce dernier peut faire l'objet, à la demande de son titulaire, d'abondements complémentaires pour assurer le financement de cette formation. Ces heures complémentaires sont mentionnées dans le dossier de formation au moment de la constitution de celui-ci. Les abondements peuvent être financées par :

- l'employeur, lorsque le titulaire du compte est salarié. L'abondement peut résulter d'une décision unilatérale de l'employeur ou être prévu par un accord collectif ;
- le titulaire du compte ;
- un organisme collecteur paritaire agréé (OPCA) ;
- un organisme paritaire agréé au titre du congé individuel de formation (Opacif) ;
- l'organisme chargé de la gestion du compte personnel de prévention de la pénibilité (la Caisse nationale d'assurance vieillesse), à la demande de la personne ;
- l'État ;
- les régions ;
- Pôle emploi ;
- l'Agefiph.

Ces heures complémentaires ne sont pas prises en compte pour le calcul du plafond de 150 heures mentionné à l'article L. 6323-11 du Code du travail (voir p. 137).

Remarques

- Le CPF des travailleurs handicapés accueillis dans un Ésat fait l'objet d'abondements en heures complémentaires dans les conditions spécifiques fixées par décret (à paraître ; toutes les précisions seront disponibles sur le site : www.moncompteformation.gouv.fr ou www.travail-emploi.gouv.fr).
- Les points inscrits au compte personnel de prévention de la pénibilité (sur ce compte, voir le site www.preventionpenibilite.fr) mobilisés pour la formation professionnelle sont convertis en heures de formation et constituent un abondement du CPF. Ouvert à compter du 1er janvier 2015, le CPPP pourra être mis en œuvre à compter du début de l'année 2016, une fois crédité de ses premiers points.

Dispositions spécifiques aux salariés

En plus des abondements mentionnés ci-dessus, qui peuvent être sollicités lorsque la durée de la formation visée par le titulaire du compte (qu'il soit salarié ou non) est supérieure au nombre d'heures inscrites sur son CPF, la loi a prévu deux possibilités d'abondement supplémentaires ouvertes aux seuls salariés :

- pour les salariés à temps partiel, le compte personnel de formation peut être abondé en application d'un accord d'entreprise ou de groupe, un accord de branche ou un accord conclu par les organisations syndicales de salariés et d'employeurs signataires de l'accord constitutif d'un organisme collecteur paritaire agréé interprofessionnel ;
- pour le salarié dont l'employeur n'a pas respecté les obligations mises à sa charge au titre de l'entretien professionnel (sur cet abondement, voir p. 125).

Remarque

Les abondements mentionnés ci-dessus n'entrent pas en compte dans les modes de calcul des heures qui sont créditées sur le compte du salarié chaque année (voir p. 137) et du plafond total de 150 heures.

■ La situation du salarié à l'égard de son employeur

Deux situations doivent être distinguées sachant que, dans tous les cas, la formation doit être choisie parmi les formations éligibles au CPF (voir p. 135) :

- la formation financée dans le cadre du CPF n'est pas soumise à l'accord de l'employeur lorsqu'elle est suivie, pour sa totalité, en dehors du temps de travail ;
- lorsqu'elle est suivie en tout ou partie, pendant le temps de travail, le salarié doit demander l'accord préalable de l'employeur sur le contenu et le calendrier de la formation.

La demande du salarié doit intervenir au minimum 60 jours avant le début d'une formation d'une durée inférieure à six mois et au minimum 120 jours pour une formation d'une durée de six mois ou plus. À compter de la réception de la demande, l'employeur dispose d'un délai de 30 jours calendaires pour notifier sa réponse au salarié. L'absence de réponse de l'employeur dans ce délai vaut acceptation de la demande.

Remarque

Si le salarié souhaite bénéficier d'une formation suivie en tout ou partie pendant le temps de travail, financée au titre des heures créditées sur le CPF pour non-respect par l'employeur des dispositions relatives à l'entretien professionnel (voir p. 125), d'une formation visant à l'acquisition du socle de connaissances et de compétences (voir p. 135) ou d'un accompagnement à la VAE (voir p. 135), ainsi que dans les cas éventuellement prévus par accord de branche, d'entreprise ou de groupe, la demande d'accord préalable de l'employeur ne porte que sur le calendrier de la formation. Dans ces hypothèses, le salarié est donc libre du choix du contenu de la formation dès lors que celle-ci fait partie des formations éligibles au CPF.

■ La rémunération du salarié pendant la formation

Lorsqu'elles se déroulent pendant le temps de travail, les heures consacrées à la formation constituent un temps de travail effectif

(elles seront donc prises en compte, par exemple, pour la détermination des droits à congés payés) et donnent lieu au maintien par l'employeur de la rémunération du salarié (avec des possibilités de prise en charge de cette rémunération par l'OPCA ; renseignements complémentaires sur le site : www.moncompteformation.gouv.fr).
En revanche, il n'y a pas de rémunération spécifique pour le salarié lorsque la formation suivie au titre du CPF est effectuée en dehors du temps de travail.

■ La prise en charge des frais de formation

Pour les salariés

Font l'objet d'une prise en charge dans les limites et conditions mentionnées ci-dessous les frais pédagogiques et les frais annexes (frais de transport, de repas et d'hébergement) occasionnés par la formation suivie par le salarié qui mobilise son compte personnel de formation pendant son temps de travail ou hors temps de travail.
Peuvent également être pris en charge les frais de garde d'enfant ou de parent à charge occasionnés par la formation suivie par le salarié qui mobilise son compte personnel de formation en tout ou partie hors temps de travail. Pour ces frais, la prise en charge n'est qu'une possibilité pour l'OPCA ou l'employeur en présence d'un accord conclu sur le fondement de l'article L. 6331-10 du Code du travail, contrairement à la prise en charge des frais pédagogiques et des frais annexes, qui est posée en principe.
La prise en charge des frais de formation est effectuée au regard du coût réel de la formation. Toutefois, cette prise en charge peut faire l'objet d'un plafond déterminé, selon le cas, soit par le conseil d'administration de l'OPCA, soit par l'accord conclu sur le fondement de l'article L. 6331-10 du Code du travail.

Pour les demandeurs d'emploi

Les frais pédagogiques et les frais annexes afférents à la formation du demandeur d'emploi qui mobilise son CPF sont pris en charge par le fonds paritaire de sécurisation des parcours professionnels (FPSPP), dans la limite du nombre d'heures inscrites sur le CPF du demandeur d'emploi. Ces financements prennent en considération les modalités de financement appliquées d'une part par les Opacif, d'autre part par Pôle emploi et les régions. Le niveau de prise en charge peut être plafonné. Si la formation ne peut pas être totalement prise en charge, d'autres financements peuvent être recherchés au travers des abondements mentionnés page 138.

Remarque

Le conseiller en évolution professionnelle (CEP, voir p. 137) peut accompagner les salariés comme les demandeurs d'emploi dans l'élaboration de leur projet de formation.

■ La situation en cas de changement de situation

Les heures de formation inscrites sur le compte demeurent intégralement acquises en cas de changement de situation professionnelle ou de perte d'emploi (démission, fin de CDD, rupture conventionnelle, licenciement - y compris pour faute lourde, etc.) de son titulaire. Le CPF est ainsi attaché à la personne et non plus au contrat de travail ou au statut de son titulaire, c'est-à-dire qu'il va suivre l'individu tout au long de sa vie professionnelle jusqu'à sa retraite, en lui permettant d'acquérir des heures de formation financées, sans limite de temps, quels que soient les changements dans sa situation professionnelle.

■ Les modalités d'information du titulaire du compte personnel de formation

Chaque titulaire d'un compte a connaissance du nombre d'heures créditées sur ce compte en accédant à un service dématérialisé gratuit, disponible à l'adresse Internet suivante : www.moncompte-

formation.gouv.fr, géré par la Caisse des dépôts et consignations. Chaque personne dispose sur ce site, d'un espace personnel sécurisé lui permettant d'accéder aux informations qui le concernent.
Ce service dématérialisé donne également des informations sur les formations éligibles et sur les abondements complémentaires susceptibles d'être sollicités (sur les abondements, voir p. 138).
En outre, chaque titulaire du CPF disposera, à l'avenir, d'un « passeport d'orientation, de formation et de compétences ». Ce passeport, que seul son titulaire pourra consulter et mettre à jour, permettra de noter les formations et les qualifications suivies dans le cadre de la formation initiale ou continue, les acquis de l'expérience professionnelle mais également les compétences acquises tout au long de sa carrière.

Remarque

La gestion du CPF a été confiée à la Caisse des dépôts et consignations (CDC). Les employeurs n'ont donc plus à gérer en interne les compteurs du CPF comme ils étaient tenus de le faire pour le DIF, et ne sont plus tenus d'informer, chaque année, les salariés de leurs droits dans ce domaine. C'est à partir des informations mentionnées par les employeurs dans la déclaration annuelle des données sociales (DADS) puis, à terme, dans la déclaration sociale nominative (DSN), que la CDC établira et mettra à jour les droits de chaque titulaire d'un CPF.

En quoi consistent les périodes de professionnalisation ?

■ Bénéficiaires et objet

Les périodes de professionnalisation ont pour objet de favoriser, par des actions de formation alternant enseignements théoriques et pratiques, le maintien dans l'emploi de certaines catégories de salariés. Sont concernés les salariés qui font partie de l'effectif de l'entreprise et qui sont titulaires :

- d'un contrat de travail à durée indéterminée ;
- ou d'un contrat de travail à durée déterminée conclu en application de l'article L. 1242-3 du Code du travail (contrat à durée déterminée d'insertion - CDDI) avec un employeur relevant du secteur de l'insertion par l'activité économique (entreprises d'insertion, entreprises de travail temporaire d'insertion, associations intermédiaires, ateliers et chantiers d'insertion) ;
- ou d'un contrat à durée déterminée ou indéterminée conclu en application de l'article L. 5134-19-1 du Code du travail (contrat unique d'insertion).

Remarque

Les périodes de professionnalisation peuvent abonder le compte personnel de formation (CPF, voir p. 133) du salarié.

Les périodes de professionnalisation associent des enseignements généraux, professionnels et technologiques dispensés dans des organismes publics ou privés de formation, ou, lorsqu'elle dispose d'un service de formation, par l'entreprise et l'acquisition d'un savoir-faire par l'exercice en entreprise d'une ou plusieurs activités professionnelles en relation avec les qualifications recherchées.

Le parcours de professionnalisation doit être personnalisé en fonction des connaissances et des expériences de son bénéficiaire et doit se terminer par une évaluation des compétences acquises.

Les actions de formation qui peuvent être suivies par les salariés au titre des périodes de professionnalisation dans le but de favoriser leur maintien dans l'emploi sont :

1° Des formations qualifiantes mentionnées à l'article L. 6314-1 du Code du travail (formation permettant d'acquérir une qualification enregistrée dans le *Répertoire national des certifications professionnelles*, ou reconnue dans les classifications d'une convention collective nationale de branche, ou ouvrant droit à un certificat de qualification professionnelle de branche ou interbranche - CQP ou CQPI).

2° Des actions permettant l'accès au socle de connaissances et de compétences défini par les articles D. 6113-1 et D. 6113-2 du Code du travail (voir p. 135).
3° Des actions permettant l'accès à une certification inscrite à l'inventaire spécifique établi par la Commission nationale de la certification professionnelle.

Remarque

Les formations relatives à l'acquisition des compétences et connaissances peuvent être proposées indépendamment les unes des autres. Elles peuvent comprendre une évaluation préalable des compétences et des connaissances des bénéficiaires de l'action de formation. La modularisation des formations et l'évaluation préalable visent, par une bonne utilisation des acquis de la personne, à permettre l'adaptation de l'action de formation aux besoins de celle-ci.

■ La durée des périodes de professionnalisation

La durée minimale de la formation reçue dans le cadre de la période de professionnalisation est fixée, pour chaque salarié bénéficiaire, à 70 heures, réparties sur une période maximale de 12 mois calendaires.
Cette durée minimale ne s'applique pas :

- aux actions permettant aux travailleurs de faire valider les acquis de leur expérience ;
- aux formations financées dans le cadre d'un abondement du compte personnel de formation (voir p. 133) par la période de professionnalisation ;
- aux formations sanctionnées par les certifications inscrites à l'inventaire de la Commission nationale de la certification professionnelle (CNCP).

■ La possibilité de désigner un tuteur

Le salarié peut être suivi par un tuteur pendant sa période de professionnalisation.

Celui-ci est choisi parmi les salariés de l'entreprise qui justifient d'une expérience professionnelle de deux ans minimum dans une qualification en rapport avec l'objectif visé par la formation. La formation des tuteurs peut être prise en charge par l'OPCA dans la limite de 15 € par heure de formation et pour une durée maximale de 40 heures. L'employeur peut également assurer cette mission de tutorat s'il remplit les conditions de qualification
et d'expérience.

■ Modalités des actions de formation

Les actions de formation effectuées dans le cadre de la période de professionnalisation se déroulent en principe pendant le temps de travail. Elles peuvent toutefois également se dérouler, pour tout ou partie, en dehors du temps de travail, à l'initiative :

- du salarié dans le cadre du compte personnel de formation ;
- de l'employeur, avec l'accord écrit du salarié, dans la limite de 80 heures par an et par salarié ou, pour les salariés dont la durée de travail est fixée par une convention de forfait en jours ou en heures sur l'année, dans la limite de 5 % du forfait.

Lorsque des actions de formation se déroulent, pour tout ou partie, en dehors du temps de travail, l'employeur doit définir avec le salarié, avant son départ en formation, la nature des engagements auxquels l'entreprise souscrit si le salarié suit avec assiduité la formation et satisfait aux évaluations prévues. Par ailleurs, par accord écrit entre le salarié et l'employeur, les heures de formation effectuées en dehors du temps de travail dans le cadre de la période de professionnalisation peuvent excéder le montant des droits ouverts par le salarié au titre du compte personnel de formation, dans la limite de 80 heures sur une même année civile.

Dans ce cas, les engagements de l'entreprise mentionnés ci-dessus portent sur :

- les conditions dans lesquelles le salarié accède en priorité, dans un délai d'un an à l'issue de la formation aux fonctions disponibles

correspondant aux connaissances ainsi acquises et sur l'attribution de la classification correspondant à l'emploi occupé ;
- les modalités de prise en compte des efforts accomplis par le salarié.

■ Rémunération

Les actions de formation mises en œuvre pendant la période de professionnalisation et pendant le temps de travail donnent lieu au maintien par l'employeur de la rémunération du salarié. Si la formation a lieu en dehors du temps de travail, l'employeur doit verser au salarié une allocation de formation (voir p. 127).

Quelles sont les aides accordées par l'Agefiph ?

L'Agefiph peut attribuer des aides spécifiques aux personnes handicapées (salariées, mais également demandeurs d'emploi) suivant une formation, ainsi qu'aux employeurs envoyant leurs salariés handicapés en formation.

Ces aides sont définies par le conseil d'administration de l'Agefiph et sont périodiquement adaptées aux besoins identifiés et aux priorités définies. Elles sont présentées en détail (bénéficiaires, procédure, etc.) sur le site www.agefiph.fr. Dans le domaine de la formation professionnelle, l'intervention de l'Agefiph pourra, par exemple, prendre la forme d'une aide à la formation des salariés dans le cadre du maintien dans l'emploi. Cette aide s'adresse aux employeurs de personnes reconnues handicapées ou en voie de l'être et vise à permettre à une personne handicapée d'acquérir les compétences nécessaires à son maintien dans l'emploi. Elle consiste en une participation au financement du coût pédagogique d'une formation s'inscrivant dans un projet de maintien dans l'emploi et doit être prescrite par le conseiller Sameth (service d'appui au maintien dans l'emploi des travailleurs handicapés) en contact avec l'employeur. Les coordonnées des Sameth sont disponibles sur le site de l'Agefiph (www.agefiph.fr/annuaire).

Remarque

L'attribution des aides de l'Agefiph n'est pas automatique : chaque demande fait l'objet d'une évaluation par l'Agefiph, en fonction, notamment, du respect des critères d'éligibilité, de la complémentarité avec les aides publiques existantes, des priorités fixées (par exemple, la prise en compte de la situation des personnes handicapées les plus éloignées de l'emploi en raison de leur qualification, de leur âge ou de leur handicap) et des ressources disponibles. Tous les renseignements peuvent être obtenus sur le site de l'Agefiph ou auprès de la délégation régionale compétente (leurs coordonnées figurent sur le site www.agefiph.fr).

Textes de référence

Loi n° 2014-288 du 5 mars 2014 « relative à la formation professionnelle, à l'emploi et à la démocratie sociale » (JO du 6 mars)
Articles L. 6311-1 et suivants du Code du travail

Les centres de préorientation

Les personnes handicapées dont l'orientation professionnelle présente des difficultés particulières peuvent être accueillies dans un centre de préorientation, sur décision de la CDAPH. L'objectif de cet accueil est, à travers notamment des mises en situation de travail, d'élaborer un projet professionnel préalable à une insertion dans le milieu du travail.

Quel est le rôle des centres de préorientation ?

Les centres de préorientation sont des organismes spécialisés qui ont pour mission de contribuer à l'orientation professionnelle des travailleurs handicapés.

Ils ont une vocation interdépartementale ou régionale et peuvent être rattachés à des établissements de réadaptation fonctionnelle ou de rééducation professionnelle.

Ils passent une convention avec les MDPH afin de coordonner leurs interventions auprès des personnes handicapées.

Les centres de préorientation sont des établissements et services sociaux et médico-sociaux agréés par arrêté du préfet de région et non pas des entreprises ; à ce titre, leur fonctionnement est régi principalement par les dispositions figurant dans le Code de l'action sociale et des familles.

Qui peut être admis en centre de préorientation ?

Les centres de préorientation accueillent, sur décision motivée de la CDAPH, les travailleurs reconnus handicapés dont l'orientation professionnelle présente des difficultés particulières qui n'ont pu être résolues par l'équipe pluridisciplinaire de cette commission.

L'entrée en centre de préorientation se fait sur une base volontaire : la personne handicapée doit donc en faire la demande par courrier auprès du secrétariat de la CDAPH dont elle relève.

Quelles sont les actions menées ?

Les intéressés sont accueillis au centre pour une période relativement courte (de 8 à 12 semaines). Pendant leur séjour, ils sont mis dans des situations de travail caractéristiques de catégories de métiers nettement différentes les unes des autres. Ils sont informés des perspectives professionnelles que leur offrent ces métiers et mis en état de pouvoir élaborer un projet professionnel en liaison avec les services de Pôle emploi.

À l'issue de la période de préorientation, le centre adresse à la CDAPH un rapport détaillé sur les souhaits et les capacités d'adaptation intellectuelle et physique de la personne observée. Celle-ci peut ensuite, selon les résultats obtenus, être orientée vers :

- une formation professionnelle complémentaire, éventuellement dans un centre de rééducation professionnelle ;
- un emploi dans un établissement et service d'aide par le travail (Ésat, anciennement CAT, voir p. 287) ;
- un emploi en milieu ordinaire de travail, éventuellement au sein d'une entreprise adaptée (voir p. 171 et suivantes).

Quel est le statut des personnes en centre de préorientation ?

Les personnes en centre de préorientation bénéficient du statut de stagiaire de la formation professionnelle. Leur rémunération varie selon leur situation antérieure (voir p. 157).

Textes de référence

Articles R. 5213-2 à R. 5213-8 du Code du travail

La rééducation professionnelle

La rééducation professionnelle a pour but de réinsérer dans l'emploi les personnes handicapées devenues inaptes à exercer leur profession. Elle peut se dérouler au sein d'une structure spécialisée (les centres de rééducation professionnelle) sous forme de stage ou en entreprise ordinaire par le biais du contrat de rééducation professionnelle.

En quoi consiste la rééducation en CRP ?

Dans la majorité des cas, les centres de rééducation professionnelle (CRP) sont des établissements privés regroupés, pour la plupart, au sein de la Fédération des associations gestionnaires des établissements de réadaptation pour handicapés (Fagerh). Quelques-uns sont publics, tel l'Office national des anciens combattants et invalides de guerre (Onac).

Coordonnées de la Fagerh :
8 impasse Druinot, 75012 PARIS
Tél. : 01 44 74 34 40
www.fagerh.fr

■ Bénéficiaires

Les CRP accueillent les personnes reconnues comme travailleurs handicapés par la Commission des droits et de l'autonomie des personnes handicapées (CDAPH). Pour entrer en CRP, les intéressés doivent déposer une demande écrite préalable auprès de leur CDAPH. La commission se prononce sur les établissements vers lesquels elle oriente la personne, laquelle peut faire connaître ses préférences.
La CDAPH peut demander à la personne handicapée de participer à

un bilan de préorientation et d'orientation professionnelle ou à une remise à niveau préalable dans un centre de préorientation (voir p. 149).

Remarque

Les personnes handicapées ayant fait l'objet d'une décision d'orientation de la CDAPH qui n'ont pas droit, à quelque titre que ce soit, aux prestations en nature de l'assurance maladie, ont droit et ouvrent droit, dès leur entrée en centre de préorientation ou de rééducation professionnelle, aux prestations en nature de l'assurance maladie-maternité, c'est-à-dire au remboursement de leurs dépenses de santé, dans les limites fixées par les tarifs de la Sécurité sociale.

■ Durée et objet de la formation

La formation dispensée en CRP vise le retour à l'emploi en milieu ordinaire de travail grâce à l'acquisition de nouvelles compétences professionnelles.

La majorité des formations proposées débouchent sur des diplômes homologués par l'État (200 formations qualifiantes du niveau V au niveau III dans 24 secteurs d'activité). Il s'agit de formations professionnelles de longue durée (de 10 à 30 mois).

Elles permettent l'adaptation à un nouveau milieu professionnel grâce à des périodes d'application en entreprise.

Un suivi médical, social et psychologique ainsi qu'un accompagnement à l'emploi des stagiaires sont assurés.

■ Rémunération des stagiaires

Les personnes handicapées accueillies en CRP ont le statut de stagiaire de la formation professionnelle. Leur rémunération varie selon leur situation antérieure (voir p. 157).

Si, lors de l'entrée en stage, la personne est en arrêt de travail (maladie, accident du travail ou maladie professionnelle), elle continue à percevoir les indemnités journalières versées par la Sécurité sociale.

La rémunération du stagiaire est cumulable avec la rente versée par la Sécurité sociale et, dans la limite d'un plafond, avec la pension d'invalidité servie par la Sécurité sociale ainsi qu'avec l'allocation aux adultes handicapés (AAH).
Le coût de la formation et les frais de séjour en centre de rééducation sont pris en charge par la Caisse primaire d'assurance maladie. Un ticket modérateur et une participation aux frais de repas restent à la charge du stagiaire, sauf pour les personnes prises en charge au titre d'un accident du travail ou d'une maladie professionnelle.

■ Aides financières

À la fin du stage, le travailleur handicapé peut bénéficier d'une prime de reclassement d'un montant forfaitaire de 100 €.
Cette prime doit servir à l'achat de fournitures nécessaires à la reprise de l'activité (vêtements, instruments de travail, etc.).
Elle est attribuée par l'Agefiph dans la limite des crédits budgétaires disponibles et doit être demandée au moyen d'un formulaire réglementaire disponible auprès de l'Agefiph à transmettre impérativement avec le dossier de subvention Agefiph complété et signé.
Le travailleur handicapé doit, pour bénéficier de cette prime, avoir suivi l'intégralité du stage, dans des conditions jugées satisfaisantes par le directeur du centre de rééducation professionnelle (CRP).
La préconisation de la prime sera validée par l'Agefiph :

- sous réserve de la production et de la conformité d'un document attestant de la perspective d'une insertion professionnelle, ainsi que de l'intégralité des pièces justificatives requises, telles que mentionnées dans le dossier de demande de subvention (copie du justificatif de la qualité de bénéficiaire de l'obligation d'emploi, formulaire de prescription, complété et signé par la personne handicapée et par le CRP, etc.) ;
- sous réserve de dépôt du dossier de subvention, complété et signé par la personne handicapée, auprès de la délégation régionale Agefiph dans un délai maximal d'un mois après la sortie du CRP.

Les personnes prises en charge par l'assurance maladie au titre d'un accident du travail ou d'une maladie professionnelle peuvent obtenir de leur caisse de sécurité sociale :

- une « prime de fin de rééducation » d'un montant compris entre trois et huit fois le plafond du salaire de base de l'indemnité journalière (soit entre 951,76 € et 2 538,02 € en 2015) ;
- un « prêt d'honneur » d'un montant maximal égal à 180 fois le plafond du salaire de base de l'indemnité journalière (soit 57 105,65 € en 2015). Ce prêt est consenti pour une durée maximale de 20 ans et porte intérêt à un taux fixé à 2 %.

Ces deux aides doivent également être sollicitées dans le mois suivant la fin du stage.

Qu'est-ce que le contrat de rééducation professionnelle ?

Destiné aux assurés sociaux qui, du fait d'un handicap, ont perdu la possibilité d'exercer leur emploi ou ne peuvent le reprendre qu'après une nouvelle adaptation, ce contrat a pour objectif de leur permettre de se réaccoutumer à leur profession ou d'exercer un nouveau métier.

■ Caractéristiques du contrat

Le contrat de rééducation est un CDD, renouvelable, qui se déroule en entreprise ordinaire. Conclu pour une durée de trois mois à un an selon les besoins du bénéficiaire, le contrat est signé par l'organisme de sécurité sociale, l'employeur et le salarié.

Pendant la durée du contrat, la personne handicapée bénéficie d'une formation pratique, éventuellement complétée par une formation théorique, lui permettant de se réaccoutumer à son ancienne profession ou d'apprendre un nouveau métier.

Le contrat peut être conclu chez l'employeur habituel (dans le cas d'une réadaptation à son ancienne profession) ou chez un autre employeur (en cas de formation à un nouveau métier).

■ **Rémunération**

Pendant la durée du contrat, le titulaire du contrat perçoit au minimum la rémunération prévue par la convention collective applicable correspondant au premier échelon de la catégorie professionnelle pour laquelle il est formé.

En fin de contrat, le salaire doit être égal à celui fixé pour la qualification atteinte.

La rémunération est financée par l'employeur et par l'organisme d'assurance sociale dont dépend la personne handicapée.

Textes de référence

Articles L. 5213-3 à L. 5213-5, R. 5213-9 à R. 5213-14 et D. 5213-15 à D. 5213-21 du Code du travail
Articles L. 311-5-1, L. 432-9 et suivants, L. 481-1 et suivants et R. 481-1 et suivants du Code de la sécurité sociale

Les stages de formation agréés

Les stages de formation professionnelle agréés par l'État ou la région permettent aux personnes handicapées de percevoir une rémunération, même si elles ne sont pas salariées au moment de leur entrée en stage.

En quoi consistent ces stages ?

Les stages de formation agréés par l'État ou la région (conseil régional) s'adressent aux personnes qui désirent s'insérer dans la vie professionnelle, accéder à des emplois exigeant une qualification ou se préparer à une nouvelle activité professionnelle. Ils peuvent comporter une période d'application pratique en entreprise.

L'offre au niveau national est extrêmement large et prépare à pratiquement tous les métiers. Celle des régions peut être centrée sur les formations en rapport avec les emplois à pourvoir à ce niveau.

Les personnes qui suivent de telles actions de formation ont le statut de « stagiaires de la formation professionnelle » ; à ce titre, elles sont susceptibles de recevoir une rémunération et peuvent bénéficier d'une protection sociale (voir ci-dessous).

Remarque

L'agrément de l'État ou de la région se fait au niveau du stage et non de l'organisme de formation : tous les stages proposés par un même organisme ne sont donc pas forcément agréés. De même, l'agrément peut être limité à un certain quota de places : toutes les places d'un même stage ne sont donc pas non plus forcément agréées.

La liste des stages agréés par l'État peut être obtenue auprès des Direccte. Celle des stages agréés par la région est publiée au Bulletin officiel de la région ; elle peut être consultée auprès des services emploi du conseil régional ; elle est en outre, le plus souvent, disponible sur le site Internet de la région concernée. Les candidats à un tel stage peuvent consulter le site de l'Afpa (www.afpa.fr) ou le site www.intercariforef.org, se renseigner directement auprès de l'organisme de formation choisi ou auprès de la MDPH de leur lieu de résidence.

Quelle est la rémunération des stagiaires ?

Les personnes handicapées qui suivent un stage agréé perçoivent une rémunération qui varie selon leur situation.

■ Salariés

La rémunération est fonction du cadre dans lequel se déroule la formation : plan de formation, compte personnel de formation, etc. (on se reportera donc aux précisions figurant p. 123 et suivantes).

Lorsque le salarié suit un stage agréé par l'État, l'employeur peut obtenir le remboursement d'une partie du salaire maintenu. Le taux de remboursement ne peut dépasser :

- 50 % dans le cas de création d'emplois ou de modification du processus de production ;
- 70 % dans le cas de réduction d'effectif ou de cessation d'activité.

Dans le cas des conventions prévoyant le financement d'une action d'adaptation au poste de travail ou d'une action de formation par le Fonds national pour l'emploi (FNE), le taux de remboursement ne peut dépasser :

- 50 % pour les actions d'adaptation ;
- 70 % pour les actions de formation.

Les stages organisés par les employeurs ne peuvent être agréés que dans le cas où leur création est motivée par une création d'emploi, une modification du processus de production, une réduction de l'effectif ou par une cessation d'activité.

■ Salariés en arrêt de travail suite à un accident du travail ou une maladie professionnelle

Les salariés en arrêt de travail suite à un accident du travail ou une maladie professionnelle et qui suivent un stage agréé par l'État ou la région en vue de leur réinsertion ou de leur reclassement ont droit au maintien de leur salaire antérieur dans la limite de 1 932,52 € par mois. La rémunération ainsi maintenue ne peut être inférieure à 644,17 € par mois.

■ Demandeurs d'emploi

Les demandeurs d'emploi (reconnus travailleurs handicapés, ou non) indemnisés par l'assurance chômage (ARE) et qui suivent une formation inscrite dans leur projet personnalisé d'accès à l'emploi continuent à percevoir leur allocation dans la limite de leur durée d'indemnisation. Le montant de l'ARE perçu pendant la formation (Aref) ne peut être inférieur à 20,54 € par jour.
Par ailleurs, une aide, dénommée « rémunération de fin de formation » (R2F), est accordée aux demandeurs d'emploi inscrits sur la liste des demandeurs d'emploi, auxquels Pôle emploi prescrit une action de formation. Celle-ci doit permettre à la fois d'acquérir une qualification reconnue au sens de l'article L. 6314-1 du Code du travail et d'accéder à un emploi pour lequel sont identifiées des difficultés de recrutement, dans la région du lieu de la formation et/ou dans la région du lieu de prescription de la formation. La liste de ces emplois est fixée par arrêté du préfet de région ; elle est disponible dans les agences Pôle emploi. Pour l'essentiel, les règles applicables sont les suivantes (pour plus de précisions, on peut se reporter au site www.travail-emploi.gouv.fr) :

- la R2F est versée mensuellement, à l'expiration des droits du demandeur d'emploi à l'allocation d'assurance chômage et pendant la durée de la formation. Toutefois, la durée cumulée de versement au demandeur d'emploi en formation de l'allocation d'assurance chômage et de la rémunération de fin de formation ne peut excéder la durée maximum de formation mentionnée à l'article R. 6341-15 du Code du travail, c'est-à-dire trois ans. L'aide peut également être attribuée à l'expiration des droits à l'allocation spécifique de reclassement (versée aux bénéficiaires d'une convention de reclassement personnalisé), à l'allocation de transition professionnelle (versée aux bénéficiaires d'un contrat de transition professionnelle) ou à l'allocation de sécurisation professionnelle (versée aux bénéficiaires d'un contrat de sécurisation professionnelle) ;
- quel que soit le volume horaire hebdomadaire de la formation entreprise, le montant de la R2F est égal au dernier montant journalier de l'allocation d'assurance chômage perçu par l'intéressé à la date d'expiration de ses droits à cette allocation sans pouvoir excéder 652,02 € par mois et sous réserve de l'assiduité du bénéficiaire dans le suivi de la formation. Elle est entièrement cumulable avec les rémunérations issues d'une activité professionnelle, compatible avec le suivi assidu de la formation.

Les demandeurs d'emploi peuvent également choisir de percevoir la rémunération accordée par l'État ou la région (voir ci-après) si celle-ci se révèle plus intéressante.
Les travailleurs handicapés indemnisés au titre du régime de solidarité ou non indemnisés peuvent également recevoir une rémunération versée par l'État ou la région s'ils suivent un stage agréé à temps complet :

- s'ils justifient au cours des cinq ans précédant l'entrée en stage, de six mois (910 heures) de travail sur une période de 12 mois, ou 12 mois (1 820 heures) sur une période de 24 mois, l'État ou la région leur assure une rémunération égale à 100 % de leur salaire

antérieur ; cette rémunération ne peut être inférieure à 644,17 € par mois ni supérieure à 1 932,52 € ;
- à défaut, ou s'il s'agit de jeunes handicapés à la recherche d'un premier emploi, ils peuvent prétendre à une rémunération forfaitaire de 652,02 € par mois.

La rémunération perçue au titre d'un stage de formation professionnelle peut se cumuler avec les pensions et les rentes versées aux travailleurs reconnus handicapés ou avec la rémunération perçue pour une activité salariée à temps partiel.

Lorsque le stage se déroule à temps partiel, le stagiaire perçoit, pour chaque heure de formation, un salaire égal à la rémunération à temps complet divisée par 151,67.

Les frais de formation, de dossier, d'inscription, de transport, de repas et d'hébergement peuvent également être pris en charge en totalité ou en partie.

C'est l'organisme de formation qui propose le stage qui se charge de la demande de rémunération en faisant remplir un dossier au stagiaire le premier jour du stage au plus tard.

Pour les stages à temps complet, le versement du salaire est effectué à la fin de chaque mois. Pour un stage à temps partiel, la rémunération n'est versée que par périodes minimales de 40 heures.

Remarque

L'abandon de la formation en cours de stage sans motif légitime implique le remboursement de la rémunération perçue. Une remise totale ou partielle peut être accordée si le motif de l'abandon est jugé légitime (maladie, erreur d'orientation ou embauche avant la fin du stage, par exemple).

De même, les absences non justifiées font l'objet de retenues proportionnelles à leur durée (1/20e de la rémunération mensuelle par jour d'absence).

■ **Travailleurs non salariés**

Les travailleurs non salariés qui suivent un stage agréé par l'État et la région perçoivent, lorsqu'ils ont exercé une activité professionnelle, salariée ou non, durant 12 mois, dont six consécutifs, dans les trois années qui précèdent l'entrée en stage, une rémunération mensuelle fixée à 708,59 €.

Quelle est la protection sociale des stagiaires ?

Les stagiaires de la formation professionnelle continue sont obligatoirement affiliés à un régime de sécurité sociale. Ceux qui relevaient d'un régime de sécurité sociale avant leur entrée en stage restent affiliés à ce régime pendant toute la durée de leur stage. Ceux qui ne relevaient d'aucun régime sont affiliés au régime général des salariés.
Les cotisations sociales continuent à être acquittées par l'employeur lorsque c'est lui qui a envoyé un salarié en stage. Pour les salariés en congé de formation, elles sont prises en charge par l'organisme paritaire qui a pris en charge la rémunération. L'État prend en charge les cotisations des autres stagiaires.
Les stagiaires ont droit aux prestations de l'assurance maladie, maternité, invalidité et décès.
Pour les périodes de stage effectuées à partir de 2015, chaque période de 50 jours de formation professionnelle permet de valider un trimestre d'assurance vieillesse (dans la limite de quatre trimestres par année).
Enfin, toutes les personnes suivant un stage de la formation professionnelle continue, qu'elles soient ou non rémunérées, sont protégées contre les accidents du travail qui peuvent survenir pendant leur stage. Les indemnités journalières sont calculées sur la base du Smic au minimum.

Textes de référence

Articles L. 6341-1 et suivants et R. 6341-1
et suivants du Code du travail
Décret n° 88-368 du 15 avril 1988 modifié

L'apprentissage aménagé

L'apprentissage a pour but de donner aux jeunes travailleurs une formation générale, théorique et pratique en vue d'obtenir une qualification professionnelle sanctionnée par un diplôme ou un titre certifié. Il se déroule pour partie en entreprise et pour partie en centre de formation des apprentis (CFA). Les jeunes reconnus travailleurs handicapés peuvent bénéficier d'aménagements particuliers destinés à leur en faciliter l'accès ainsi qu'à en assurer le bon déroulement. Pour leur part, les employeurs qui recrutent des jeunes handicapés peuvent bénéficier d'avantages spécifiques, consistant notamment en une majoration du « crédit d'impôt apprentissage ».

Quelles sont les dispositions particulières applicables ?

■ Âge

En principe, l'apprenti doit avoir moins de 26 ans au moment de la conclusion du contrat d'apprentissage. Aucune limite d'âge ne s'applique toutefois pour les personnes auxquelles la qualité de travailleur handicapé a été reconnue par la CDAPH.

■ Durée du contrat

La durée du contrat d'apprentissage est au moins égale à celle du cycle de formation faisant l'objet du contrat : elle peut varier entre un et trois ans selon le type de profession et le niveau de qualification préparés.

Cette durée peut être portée à quatre ans pour les apprentis handicapés. Par ailleurs, lorsque l'état de santé de la personne handicapée (orientée vers l'apprentissage par la CDAPH) l'exige, l'enseignement théorique, dispensé en CFA ou en section d'apprentissage, peut être prolongé d'un an au plus, soit dès le début du contrat, soit en cours d'apprentissage. Dans ce cas, la durée normale du contrat (entre un et trois ans) est prolongée d'un an au plus.

En cas de suspension du contrat d'apprentissage due à la maladie ou à un accident compromettant sa formation, l'apprenti peut également demander à ce que le contrat soit prolongé jusqu'au terme du cycle suivant de formation (Cass. soc., 1er juillet 1998).

Remarque

Le contrat d'apprentissage peut être conclu pour une durée indéterminée. Dans ce cas, il débute par la « période d'apprentissage », pendant laquelle il est régi par les dispositions du Code du travail relatives au contrat d'apprentissage. À l'issue de cette période, la relation contractuelle entre l'employeur et le salarié sera régie par les dispositions du Code du travail relatives au CDI de droit commun, à l'exception de celles relatives à la période d'essai.

■ Rémunération

Le salaire minimum des apprentis, calculé en pourcentage du Smic, varie en fonction de leur âge et de l'ancienneté du contrat de la manière suivante :

Année d'exécution du contrat	Âge de l'apprenti		
	Moins de 18 ans	De 18 ans à moins de 21 ans	21 ans et plus
1re année	25 %*	41 %	53 %*
2e année	37 %	49 %	61 %*
3e année	53 %	65 %	78 %*

* Ou en pourcentage du minimum conventionnel si son montant est plus favorable que le Smic.

Le salaire minimum versé pendant la période de prolongation d'un an accordée aux apprentis handicapés est majoré de 15 points par rapport au pourcentage du Smic applicable à la dernière année de la durée normale du contrat.

■ Visite médicale

Le jeune handicapé doit subir une visite d'embauche avant son entrée dans l'entreprise.

■ Enseignement au CFA

Le cycle de formation en CFA (ou en section d'apprentissage) peut être prolongé d'un an pour les apprentis handicapés (voir ci-dessus). L'enseignement dispensé dans le CFA peut être aménagé en faveur des jeunes handicapés, sur autorisation. L'aménagement peut porter sur le matériel pédagogique (publication en braille, outillage adapté, etc.) ou sur les équipements collectifs (adaptation des locaux aux personnes circulant en fauteuil roulant, par exemple).

Remarque

Les services de l'État chargés de leur contrôle doivent veiller à ce que les CFA respectent le principe de non-discrimination lors du recrutement des apprentis (voir p. 171).

Lorsque le jeune n'est pas en mesure, en raison de son handicap, de fréquenter le CFA, il peut être autorisé à suivre un enseignement similaire par correspondance. Cette disposition concerne notamment les handicapés moteurs ayant des difficultés pour se déplacer, les aveugles ou les malentendants. L'enseignement est alors dispensé par un CFA spécialisé dans l'enseignement à distance ou par un organisme ayant passé une convention tel que le Centre national d'enseignement à distance (Cned).
Dans les deux cas, l'autorisation requise est donnée par le recteur d'académie (ou le directeur régional de l'agriculture et de la forêt en cas d'enseignement agricole), après avis motivé de la CDAPH. La décision est prise en accord avec les intéressés (apprenti, employeur et directeur du CFA).

Les jeunes handicapés peuvent également suivre leur formation théorique dans une section de CFA ou dans un CFA adapté (CFAS), après avis motivé de la CDAPH.

Quelles sont les aides accordées pour les apprentis handicapés ?

En plus des aides accordées à tous les employeurs telles qu'elles sont exposées sur le site www.travail-emploi.gouv.fr (par exemple, exonération de cotisations sociales, dans certaines limites et à l'exclusion de la cotisation accidents du travail, aide « TPE jeunes apprentis »), les employeurs d'apprentis peuvent bénéficier d'aides spécifiques ou de majoration des aides existantes.

■ Prime d'apprentissage

Les employeurs formant des apprentis handicapés peuvent obtenir sous certaines conditions une prime destinée à compenser les dépenses supplémentaires ou le manque à gagner pouvant en résulter.
Le montant de la prime est égal à 520 fois le Smic horaire.
Elle est payée en deux fois :

- une première fraction à l'issue de la première année d'apprentissage ;
- la seconde fraction à la fin de la seconde année du contrat.

La demande de prime se fait sur un formulaire type disponible auprès de la Direccte. Elle est accompagnée d'une attestation d'assiduité délivrée par l'organisme qui assure l'enseignement théorique à l'apprenti (plus de précisions sur le site www.travail-emploi.gouv.fr).
La décision d'attribution est prise dans un délai maximum de deux mois suivant la demande.

Remarque

Cette prime est cumulable avec les aides consenties pour l'embauche de personnes handicapées et avec les aides de l'Agefiph.

■ Crédit d'impôt

Les entreprises imposées d'après leur bénéfice réel ou exonérées en application de dispositions particulières (entreprises nouvelles, jeunes entreprises innovantes, entreprises implantées en zones franches urbaines – ZFU – ou en Corse) peuvent bénéficier d'un crédit d'impôt égal au produit du montant de 1 600 € par le nombre moyen annuel d'apprentis qu'elles emploient (pour plus de précisions sur ce crédit d'impôt, on peut se reporter aux informations diffusées sur le site : www.travail-emploi.gouv.fr ou www.impots.gouv.fr).

■ Aides de l'Agefiph

Sous certaines conditions, l'Agefiph peut accorder des aides financières tant aux entreprises qui recrutent des apprentis handicapés qu'aux personnes handicapées embauchées sous contrat d'apprentissage.

Ces aides sont définies par le conseil d'administration de l'Agefiph et sont périodiquement adaptées aux besoins identifiés et aux priorités définies. En l'état de la réglementation applicable, il pourra s'agir, par exemple, de l'aide au contrat d'apprentissage destinée à la personne handicapée et à l'employeur.

Pour l'employeur, l'aide est d'un montant fixé à :

- 1 500 € pour un contrat d'apprentissage de six à 11 mois ;
- 3 000 € pour un contrat d'apprentissage égal à 12 mois ;
- 4 500 € pour un contrat d'apprentissage supérieur à 12 mois et inférieur à 18 mois ;
- 6 000 € pour un contrat d'apprentissage supérieur à 18 mois et inférieur à 24 mois ;
- 7 500 € pour un contrat d'apprentissage supérieur à 24 mois et inférieur à 30 mois ;
- 9 000 € pour un contrat d'apprentissage supérieur à 30 mois et inférieur ou égal à 36 mois ;.
- 13 000 € pour un contrat d'apprentissage en contrat à durée indéterminé (CDI).

Pour la personne handicapée recrutée dans le cadre d'un contrat d'apprentissage, le montant de l'aide est fixé à :

- 1 500 € pour un contrat d'apprentissage de six à 11 mois. Le montant est doublé (3 000 €) si le salarié est âgé de 45 ans et plus ;
- 3 000 € pour un contrat d'apprentissage de 12 mois et plus. Le montant est doublé (6 000 €) si le salarié est âgé de 45 ans et plus.

Les aides doivent être demandées auprès de l'Agefiph soit directement par l'apprenti et son employeur, soit avec l'aide du conseiller Cap emploi, Pôle emploi ou mission locale, dans les trois mois suivant la date d'embauche. Elles font l'objet d'une présentation détaillée (bénéficiaires, procédure, etc.) sur le site www.agefiph.fr.

Remarque

Une aide à la pérennisation suite à un contrat d'apprentissage peut être versée à l'employeur d'un salarié handicapé à l'issue d'un contrat d'apprentissage.

L'aide est d'un montant de :

- 4 000 € pour un CDI à temps plein ;
- 2 000 € pour un CDI à temps partiel supérieur ou égal à 16 heures hebdomadaire ;
- 2 000 € pour un CDD supérieur ou égal à 12 mois à temps plein ;
- 1 000 € pour un CDD supérieur ou égal à 12 mois à temps partiel supérieur ou égal à 16 heures hebdomadaire.

Textes de référence

Article L. 6222-2 du Code du travail
Articles R. 6222-45 à R. 6222-58 du Code du travail
Article D. 6222-1 du Code du travail

Chapitre 5

Travailler en milieu ordinaire

mots clés

Non-discrimination ◆ Aides à l'emploi ◆ Conditions d'emploi ◆ Aménagement des lieux de travail ◆ Rémunération, Inaptitude ◆ Médecine du travail ◆ Entreprise adaptée ◆ Retraite anticipée des travailleurs handicapés ◆ Télétravail ◆ Travail indépendant ◆ Création d'entreprise

Le principe de non-discrimination

Le principe de non-discrimination offre une protection fondamentale aux salariés handicapés, qu'il s'agisse de leur recrutement, de leur maintien ou de leur évolution dans l'emploi. Le non-respect de cette règle expose l'employeur à des sanctions tant civiles que pénales.

Que recouvre la notion de « discrimination » ?

Au terme de la loi n° 2008-496 du 27 mai 2008 modifiée :

- constitue une discrimination directe la situation dans laquelle, sur le fondement de son appartenance ou de sa non-appartenance, vraie ou supposée, à une ethnie ou une race, sa religion, ses convictions, son âge, son handicap, son orientation ou identité sexuelle, son sexe ou son lieu de résidence, une personne est traitée de manière moins favorable qu'une autre ne l'est, ne l'a été ou ne l'aura été dans une situation comparable ;
- constitue une discrimination indirecte une disposition, un critère ou une pratique neutre en apparence mais susceptible d'entraîner, pour l'un des motifs mentionnés ci-dessus, un désavantage particulier pour des personnes par rapport à d'autres personnes, à moins que cette disposition, ce critère ou cette pratique ne soit objectivement justifié par un but légitime et que les moyens pour réaliser ce but ne soient nécessaires et appropriés.

La discrimination inclut :

- tout agissement lié à l'un des motifs mentionnés ci-dessus et tout agissement à connotation sexuelle, subis par une personne et ayant pour objet ou pour effet de porter atteinte à sa dignité ou de

créer un environnement intimidant, hostile, dégradant, humiliant ou offensant ;
- le fait d'enjoindre à quiconque d'adopter un comportement discriminatoire.

En quoi consiste le principe de non-discrimination ?

Le principe de non-discrimination est consacré par l'article L. 1132-1 du Code du travail : « aucune personne ne peut être écartée d'une procédure de recrutement ou de l'accès à un stage ou à une période de formation en entreprise, aucun salarié ne peut être sanctionné, licencié ou faire l'objet d'une mesure discriminatoire, directe ou indirecte » (voir définition ci-dessus), « notamment en matière de rémunération au sens de l'article L. 3221-3, de mesures d'intéressement ou de distribution d'actions, de formation, de reclassement, d'affectation, de qualification, de promotion professionnelle, de mutation ou de renouvellement de contrat en raison de son origine, de son sexe, de ses mœurs, de son orientation ou identité sexuelle, de son âge, de sa situation de famille ou de sa grossesse, de ses caractéristiques génétiques, de son appartenance ou de sa non-appartenance, vraie ou supposée, à une ethnie, une nation ou une race, de ses opinions politiques, de ses activités syndicales ou mutualistes, de ses convictions religieuses, de son apparence physique, de son nom de famille, de son lieu de résidence ou en raison de son état de santé ou de son handicap ».
Selon ce principe, l'employeur ne peut donc opérer une différence de traitement défavorable à l'égard d'un de ses salariés sous prétexte qu'il est handicapé. Il ne peut également lui infliger une sanction disciplinaire ou le licencier pour ce motif. La protection contre les discriminations ne protège pas seulement des traitements défavorables, mais tend également à assurer aux travailleurs handicapés des conditions d'emploi adaptées à leur situation. Le fait pour l'employeur de ne pas prendre de mesures appropriées en faveur de son personnel handicapé peut, en effet, être considéré comme discriminatoire.

L'article L. 1133-3 du Code du travail précise, par ailleurs, que les différences de traitement fondées sur l'inaptitude constatée par le médecin du travail en raison du handicap ne constituent pas une discrimination lorsqu'elles sont objectives, nécessaires et appropriées. Il en est de même des mesures appropriées prises par l'employeur en faveur des handicapés (voir p. 199).

Remarque

Le principe posé par l'article L. 1133-3 du Code du travail institue donc un droit de discrimination « positive » en faveur des handicapés. Ainsi, un salarié valide ne peut poursuivre un employeur pour discrimination parce qu'il ne bénéficie pas des mêmes avantages qu'un de ses collègues handicapés (aménagement d'horaires, par exemple), lorsque lesdits avantages ont été accordés en raison du handicap de l'intéressé.

Sont également prohibées les discriminations à l'égard des victimes et témoins de harcèlement sexuel ou moral. Ainsi :

- aucun salarié, aucune personne en formation ou en stage, aucun candidat à un recrutement, à un stage ou à une formation en entreprise ne peut être sanctionné, licencié ou faire l'objet d'une mesure discriminatoire, directe ou indirecte, notamment en matière de rémunération, de formation, de reclassement, d'affectation, de qualification, de classification, de promotion professionnelle, de mutation ou de renouvellement de contrat pour avoir subi ou refusé de subir des faits de harcèlement sexuel tels que définis à l'article L. 1153-1 du Code du travail y compris, dans le cas mentionné par ce même article, si les propos ou comportements n'ont pas été répétés ;
- aucun salarié, aucune personne en formation ou en stage ne peut être sanctionné, licencié ou faire l'objet d'une mesure discriminatoire, directe ou indirecte, notamment en matière de rémunération, de formation, de reclassement, d'affectation, de qualification, de classification, de promotion professionnelle, de mutation ou de

renouvellement de contrat pour avoir subi ou refusé de subir des agissements répétés de harcèlement moral ou pour avoir témoigné de tels agissements ou les avoir relatés.

Dans quels domaines ce principe s'applique-t-il ?

Le principe de non-discrimination s'applique tout au long de la carrière professionnelle, du recrutement jusqu'à la rupture du contrat. Un employeur ne peut notamment pas prendre en compte le handicap d'un salarié en matière :

- d'embauche : un refus d'embauche, quelle que soit la nature du contrat proposé (CDI, CDD, contrat de travail temporaire, contrat d'apprentissage ou de professionnalisation, etc.) ne peut reposer sur un motif discriminatoire prohibé par la loi. Il en est de même d'un refus d'accès à un stage ou à une période de formation en entreprise. Ce principe s'applique non seulement en cas d'embauche directe effectuée par l'employeur, mais également en cas d'embauche par l'intermédiaire d'un cabinet de recrutement. Il vise également les entreprises de travail temporaire (sur les règles particulières applicables à la période d'essai, on se reportera aux précisions figurant p. 197) ;

Remarque

Aucun service de placement ne peut être refusé à une personne à la recherche d'un emploi ou à un employeur pour l'un des motifs énumérés à l'article L. 1132-1 du Code du travail. Aucune offre d'emploi ne peut comporter de référence à l'une de ces caractéristiques.

- de rémunération : versement d'un salaire inférieur à celui accordé à d'autres salariés effectuant dans l'entreprise un travail de valeur égale, refus d'une prime ou d'une augmentation de salaire, par exemple. La rémunération s'entend du salaire de base et de tous les autres avantages et accessoires payés, directement ou indirectement, en espèces ou en nature, par l'employeur au travailleur en raison de l'emploi de ce dernier. La loi du 23 mars 2006 a ajouté la

mention « d'intéressement et de distribution d'actions » afin de prendre en compte tous les éléments accessoires de salaire et d'éviter que la méthode de calcul de ces éléments aboutisse de fait à une discrimination salariale ;
- de sanction disciplinaire : aucun salarié ne peut être sanctionné pour un motif lié à son handicap, qu'il s'agisse d'un avertissement, d'un blâme, d'une mise à pied ou de toute autre sanction ;
- de formation : non-proposition d'une action de formation prévue dans le plan de formation de l'entreprise, refus de congé individuel de formation (CIF) ou d'une période de professionnalisation ;
- de reclassement, en cas d'inaptitude, par exemple ;
- d'affectation : changement de poste ou de lieu de travail ou refus d'un tel changement ;
- de qualification et de classification, ces éléments ayant une incidence sur la rémunération, notamment sur le salaire minimum prévu par la convention collective ;
- de promotion professionnelle ;
- de renouvellement du contrat : l'employeur ne peut pas prendre en considération le handicap d'un salarié pour ne pas renouveler un CDD ou un contrat d'intérim, par exemple ;
- de licenciement : des faits liés au handicap du salarié (son comportement ou son rendement, par exemple) ne peuvent constituer une faute justifiant son licenciement personnel. De même, un employeur ne peut pas choisir de se séparer en priorité d'un salarié handicapé dans le cadre d'un licenciement économique. Le handicap fait même partie des critères protecteurs à retenir lors de l'établissement de l'ordre des licenciements (voir p. 229).

Remarques

- Dans les lieux de travail ainsi que dans les locaux ou à la porte des locaux où se fait l'embauche, les personnes mentionnées à l'article L. 1132-1 du Code du travail (salarié, candidat à un recrutement, à un stage, etc.) sont informées par tout moyen du texte des articles 225-1 à

225-4 du Code pénal (définition et sanctions des discriminations prohibées).

- Dans les lieux de travail ainsi que dans les locaux ou à la porte des locaux où se fait l'embauche, les personnes mentionnées à l'article L. 1153-2 du Code du travail (salarié, personne en formation ou en stage, candidat à un recrutement, à un stage ou à une formation en entreprise) sont informées par tout moyen du texte de l'article 222-33 du Code pénal définissant et sanctionnant le harcèlement sexuel.
- Les personnes mentionnées à l'article L. 1152-2 du Code du travail (salarié, personne en formation ou en stage) sont informées par tout moyen du texte de l'article 222-33-2 du Code pénal (définition et sanctions du harcèlement moral).

Comment prouver la réalité d'une discrimination ?

■ Les éléments de preuve

Il est bien souvent difficile pour un salarié de prouver qu'une mesure défavorable dont il a fait l'objet a été prise sur la base d'un critère interdit par la loi (le handicap, l'état de santé, etc.). En cas de litige, le salarié (ou le candidat à un recrutement, à un stage ou à une période de formation en entreprise) n'a pas à démontrer qu'il a été victime d'une mesure discriminatoire, mais doit présenter des éléments de fait laissant supposer l'existence d'une discrimination directe ou indirecte. C'est à l'employeur qu'il revient, pour se défendre, de prouver, au vu des éléments présentés, que sa décision était justifiée par des éléments objectifs étrangers à toute discrimination. Le juge forme alors sa conviction, après avoir ordonné, en cas de besoin, toutes les mesures d'instruction qu'il estime utiles.

Si le salarié qui s'estime victime d'une discrimination n'a pas à prouver que la mesure dont il a fait l'objet est effectivement discriminatoire, il ne doit pas rester passif pour autant et se contenter d'affirmer que cette mesure est due à son handicap. Il doit en effet apporter des éléments de nature à prouver que la prise en compte de son handicap a pu être à l'origine de la décision qu'il conteste, à défaut d'autres justifications apparentes. En matière de rémunération, par exemple, le salarié peut produire des tableaux comparatifs faisant apparaître que ses collègues valides ayant des diplômes ou des qualifications semblables aux siens et effectuant des tâches comparables perçoivent un salaire plus élevé. L'employeur devra alors répondre de cette accusation et produire à son tour des éléments démontrant que sa décision était justifiée par des considérations autres que le handicap.

Si l'employeur ne peut se justifier, la discrimination sera considérée comme établie par les éléments apportés par la victime. En matière de licenciement, la loi se montre encore plus favorable puisqu'elle dispose qu'en cas de doute celui-ci doit profiter au salarié.

■ Les témoignages

Le salarié peut demander à ce que des témoins soient entendus par les juges. Ceux-ci peuvent également prendre la décision de faire comparaître des témoins. Il est également possible de présenter une attestation de témoignage écrite à titre d'élément de preuve.

■ La protection des salariés et des témoins agissant en justice

Afin d'éviter tout risque de rétorsion ultérieure, le Code du travail assure la protection des victimes et témoins d'agissements discriminatoires en prévoyant :

- d'une part, que tout licenciement d'un salarié faisant suite à une action en justice engagée à titre personnel ou en sa faveur sur la base des dispositions relatives aux discriminations est nul lorsqu'il est établi que le licenciement n'a pas de cause réelle et sérieuse et constitue en réalité une mesure prise par l'employeur en raison de l'action en justice ;
- d'autre part, qu'aucun salarié ne peut être sanctionné, licencié ou faire lui-même l'objet d'une mesure discriminatoire pour avoir témoigné ou relaté des agissements discriminatoires (la conséquence sera, là encore, la nullité de la mesure, de la sanction prise ou du licenciement).

Qui peut aider les victimes de discrimination ?

■ L'inspecteur du travail

Les inspecteurs du travail sont compétents pour veiller à l'application des dispositions relatives à la non-discrimination. Ils peuvent ainsi visiter l'entreprise, s'entretenir avec les salariés et recueillir leurs témoignages et se faire communiquer tout document ou toute information susceptibles d'établir l'existence d'une discrimination (documents relatifs aux pratiques salariales, par exemple).
Ils sont également chargés de constater les infractions à ces dispositions. Pour ce faire, ils peuvent dresser un procès-verbal et le transmettre au procureur afin qu'il engage des poursuites pénales.

■ Les délégués du personnel

En vertu de l'article L. 2313-2 du Code du travail, les délégués du personnel, informés d'une atteinte aux droits des personnes, à leur santé physique et mentale ou aux libertés individuelles dans l'entreprise – pouvant résulter de toute mesure discriminatoire [ou de faits de harcèlement sexuel ou moral] – et qui ne serait pas justifiée par la nature de la tâche à accomplir ou proportionnelle au but recherché, doivent en saisir l'employeur. Celui-ci est alors tenu de procéder, sans délai, à une enquête avec le délégué et de faire remédier à cette situation.
À défaut de solution satisfaisante, le salarié ou le délégué du personnel (si le salarié, averti par écrit, ne s'y oppose pas) peut saisir le bureau de jugement du conseil de prud'hommes qui statue selon la forme des référés afin qu'il ordonne toutes mesures propres à faire cesser cette atteinte.

■ Les organisations syndicales et les associations

Les organisations syndicales représentatives (au plan national ou au niveau de l'entreprise) peuvent entamer une action en justice devant les juridictions civiles (tribunal d'instance, de grande instance et conseil de prud'hommes) à la place d'un candidat à l'emploi, à un stage en entreprise ou d'un salarié victime d'un acte discriminatoire.

Pour ce faire, il est toutefois nécessaire que l'intéressé ait été averti par écrit de l'action entreprise et ne s'y soit pas opposé dans un délai de 15 jours. L'intéressé peut intervenir à l'action engagée par le syndicat. Il en est de même pour les associations régulièrement constituées depuis cinq ans au moins pour la lutte contre les discriminations ou celles œuvrant dans le domaine du handicap, sous réserve qu'elles justifient d'un accord écrit de l'intéressé. Ce dernier peut intervenir à l'action engagée par l'association et y mettre fin à tout moment. Ces associations peuvent, par ailleurs, poursuivre l'employeur sur le plan pénal.

■ Le « Défenseur des droits »

Toute personne qui s'estime victime d'une discrimination peut saisir, par courrier (Défenseur des droits, 7 rue Saint-Florentin 75409 Paris Cedex 08) ou sur Internet (www.defenseurdesdroits.fr), le Défenseur des droits, autorité constitutionnelle indépendante qui, en matière de lutte contre les discriminations, a repris les missions auparavant exercées par la Halde (Haute Autorité de lutte contre les discriminations et pour l'égalité). Le Défenseur des droits peut également se saisir d'office (sous réserve que la victime, lorsqu'elle est identifiée, en soit avertie et ne s'y soit pas opposée) ou être saisi par l'intermédiaire d'un parlementaire ou d'une association de lutte contre les discriminations déclarée depuis au moins cinq ans (avec, là encore, nécessité de l'accord préalable de l'intéressé). La personne qui saisit le Défenseur des droits doit lui faire connaître, par écrit, en apportant toutes précisions utiles, les faits qu'elle estime constitutifs d'une discrimination, directe ou indirecte.

Remarque

Toutes les informations sur l'intervention du Défenseur des droits peuvent être obtenues sur le site www.defenseurdesdroits.fr ou au 08 1000 5000.

Le Défenseur des droits intervient notamment pour aider les victimes à constituer leur dossier ; il dispose pour cela d'un pouvoir d'investigation permettant de demander des explications, d'auditionner des personnes, de consulter des documents ou même, dans certains cas, de procéder à des vérifications sur place. Ces vérifications doivent en principe avoir lieu avec l'accord des personnes intéressées : toutefois, en cas d'opposition du responsable des lieux, le Défenseur des droits peut saisir le juge des libertés et de la détention d'une demande motivée afin qu'il autorise ces vérifications, qui se déroulent alors sous l'autorité et le contrôle du juge qui les a autorisées.
Les agents du Défenseur des droits assermentés et spécialement habilités par le procureur de la République peuvent constater par procès-verbal les délits de discrimination, notamment dans le cas où il est fait application des dispositions de l'article 225-3-1 du Code pénal admettant comme mode de preuve de l'existence d'une discrimination la pratique des vérifications à l'improviste (ou « testing »).

Remarque

Avec l'accord des personnes en cause, le Défenseur des droits peut désigner un médiateur afin de parvenir à une résolution amiable des différends portés à sa connaissance. Il peut également, dans les conditions fixées par l'article D.1-1 du Code de procédure pénale, proposer à l'auteur des faits constitutifs d'une discrimination prohibée, une transaction consistant notamment dans le versement d'une amende dont le montant ne peut excéder 3 000 € s'il s'agit d'une personne physique et 15 000 € s'il s'agit d'une personne morale et, s'il y a lieu, dans l'indemnisation de la victime.

Le Défenseur des droits ne dispose pas d'un pouvoir de jugement, mais si les faits portés à sa connaissance lui semblent constitutifs d'un crime ou d'un délit, il en informe le procureur de la République. Il peut également être invité, par les juridictions civiles, pénales ou administratives saisies de faits relatifs à des discriminations, à présenter ses observations, d'office ou à la demande des parties, ou demander à être entendu par ces juridictions, cette audition étant alors de droit.

Quelles sont les sanctions encourues ?

■ Sanctions civiles

Toute disposition ou acte contraire au principe de non-discrimination édicté par l'article L. 1132-1 du Code du travail à l'égard d'un salarié est nul de plein droit. Cette règle implique que la victime doit être replacée dans la situation qui était la sienne avant le prononcé de la mesure discriminatoire. Ainsi, en cas de licenciement motivé par son handicap, le salarié doit être réintégré dans l'entreprise. La réintégration est prononcée par le juge prud'homal, éventuellement en référé. L'employeur ne peut s'y opposer. Cette condamnation peut être assortie d'une astreinte (amende à payer en cas de retard à s'exécuter).
Le salarié, en revanche, peut choisir de ne pas être réintégré. Dans ce cas, il bénéficie d'une réparation financière. Outre les indemnités dues pour tout licenciement (indemnité de préavis, indemnité de licenciement légale ou conventionnelle), il doit recevoir une indemnité supplémentaire réparant l'intégralité du préjudice résultant du caractère illicite de son licenciement. Cette indemnité ne peut, en tout état de cause, être inférieure aux six derniers mois de salaire. Elle peut, bien évidemment, être supérieure à ce montant si le salarié justifie de préjudices particuliers.
L'employeur devra, en outre, rembourser à Pôle emploi tout ou partie des allocations de chômage versées au salarié dans la limite de six mois d'indemnisation.

Remarque

En cas de refus d'embauche lié à un motif discriminatoire, les tribunaux n'ont pas le pouvoir d'obliger l'employeur à engager le salarié qu'il a écarté. Dans un tel cas, la victime ne peut donc prétendre qu'à des dommages et intérêts dont le montant est fixé par le juge en fonction du préjudice moral et matériel subi. Bien qu'aucun contrat de travail n'existe encore, la Cour de cassation a considéré que la demande de dommages et intérêts fondée sur une discrimination dans une procédure de recrutement (en l'espèce, il s'agissait de discrimination raciale) relevait de la compétence de la juridiction prud'homale (Cass. soc., 20 décembre 2006) et non pas, comme cela était le cas auparavant, du tribunal d'instance ou de grande instance. La personne ainsi évincée peut également s'adresser au Défenseur des droits ou choisir de poursuivre l'employeur au pénal.

■ Sanctions pénales

L'article 225-1 du Code pénal considère comme un délit les discriminations fondées sur l'état de santé ou le handicap. Mais, dans le domaine des relations de travail, les agissements discriminatoires sont pénalement punissables uniquement lorsqu'ils consistent à :

- refuser d'embaucher, sanctionner ou licencier un salarié ;
- subordonner une offre d'emploi, une demande de stage ou une période de formation en entreprise à une condition discriminatoire.

Ainsi, une discrimination en matière de qualification, de classification, de mutation ou encore de renouvellement du contrat de travail ne tombe pas sous le coup de la loi pénale.
Le délit de discrimination est passible d'une peine d'emprisonnement de trois ans et d'une amende de 45 000 €.
Le tribunal correctionnel peut, en outre, prononcer des peines complémentaires (affichage du jugement, exclusion temporaire des marchés publics, par exemple).

Remarque

Sont punis d'un an d'emprisonnement et d'une amende de 3 750 € les faits de discrimination commis à la suite d'un harcèlement moral ou sexuel (des peines complémentaires – affichage du jugement, par exemple – peuvent également être ordonnées par la juridiction). Lorsque la discrimination commise à l'égard des victimes ou témoins de faits de harcèlement sexuel est couverte à la fois par le Code du travail et par les dispositions du Code pénal, ce sont les sanctions, plus élevées (soit trois ans d'emprisonnement et 45 000 € d'amende), prévues par ce code qui sont applicables. Dans les autres cas où la discrimination relève des dispositions du seul Code du travail, ce sont les sanctions prévues par ce code qui sont applicables ; il s'agit des discriminations mentionnées à l'article L. 1153-2 du Code du travail et qui ne figurent pas dans la liste mentionnée à l'article 225-2 du Code pénal, soit les mesures discriminatoires, directes ou indirectes, en matière de rémunération, de formation, de reclassement, d'affectation, de qualification, de classification, de promotion professionnelle, de mutation ou de renouvellement de contrat.

Les poursuites pénales peuvent être engagées auprès du tribunal correctionnel (après dépôt de plainte) par la victime, les groupements habilités (syndicats, associations, Défenseur des droits, etc.) ou l'inspecteur du travail.

Remarque

Lorsque des poursuites pénales sont engagées à l'encontre d'une personne morale, les représentants du personnel sont avisés de la date de l'audience afin de pouvoir y assister.

■ Sanctions administratives

Lorsqu'il constate que des actes discriminatoires ont été commis dans l'activité professionnelle d'une personne physique ou morale soumise à agrément ou autorisation par une autorité publique, ou à l'encontre de laquelle une telle autorité dispose du pouvoir de prendre des mesures conservatoires ou des sanctions pour non-respect de la législation relative aux discriminations ou au titre de l'ordre et des libertés publics, le Défenseur des droits peut recommander à cette autorité publique de faire usage des pouvoirs de suspension ou de sanction dont elle dispose. Le Défenseur des droits est tenu informé des suites apportées à sa recommandation. Dans le domaine de l'emploi, cette disposition peut s'appliquer, par exemple, à un opérateur privé offrant des services de placement sur le marché de travail qui n'aurait pas respecté la législation relative à la lutte contre les discriminations.

Remarque

La loi du 4 août 2014 « pour l'égalité réelle entre les femmes et les hommes » pose le principe de l'interdiction de soumissionner aux marchés publics notamment pour les personnes qui ont fait l'objet, depuis moins de cinq ans, d'une condamnation définitive pour le délit de discrimination prévu à l'article 225-1 du Code pénal.

Textes de référence

Articles L. 1131-1 à L. 1134-4 du Code du travail
Articles 225-1 et suivants du Code pénal

Les aides à l'emploi de l'Agefiph et de l'État

Grâce aux sommes qu'elle collecte, au travers de la contribution versée par les employeurs (voir p. 42), l'Agefiph intervient afin de soutenir l'accès et le maintien dans l'emploi des personnes handicapées. De nombreuses aides financières et humaines (conseils, accompagnement) peuvent ainsi être attribuées aux travailleurs handicapés, comme aux entreprises qui les emploient, chacune de ces aides ayant vocation à répondre à un besoin particulier. Pour sa part, l'État peut verser une aide aux entreprises afin de faciliter la mise ou la remise au travail en milieu ordinaire de production des travailleurs handicapés (sur les aides au titre du contrat de professionnalisation ou du contrat d'apprentissage, on se reportera aux précisions figurant p. 113 et 163).

À qui s'adressent les aides de l'Agefiph ?

Toutes les entreprises du secteur privé (ainsi que celles du secteur public soumises au droit privé) peuvent solliciter les aides de l'Agefiph, y compris les entreprises de moins de 20 salariés non soumises à l'obligation d'emploi des personnes handicapées.

Remarque

L'attribution des aides de l'Agefiph n'est pas automatique : chaque demande fait l'objet d'une évaluation par l'Agefiph, en fonction, notamment, du respect des critères d'éligibilité, de la complémentarité avec les aides publiques existantes, des priorités fixées (par exemple, la volonté de développer l'alternance ou la prise en compte de la situation des personnes handicapées les plus éloignées de l'emploi en raison de leur qualification, de leur âge ou de leur handicap) et des ressources disponibles.

Le projet pour lequel l'aide est sollicitée doit porter sur le recrutement, l'évolution professionnelle ou le maintien dans l'emploi d'une ou plusieurs personnes handicapées.
L'entreprise doit être domiciliée en France et employer des salariés handicapés travaillant sur le territoire français.
Les aides peuvent être obtenues tant pour un travailleur déjà handicapé au moment de son recrutement que pour un salarié qui le devient à la suite d'un avis d'inaptitude ou d'aptitude avec réserve prononcée par le médecin du travail. La copie de la demande de reconnaissance du handicap est acceptée pour l'étude du dossier.

Remarques

- Les entreprises signataires d'un accord agréé ou de branche (sur ces accords, voir p. 35) portant sur l'emploi des personnes handicapées ayant un taux d'emploi inférieur à 6 % ne peuvent bénéficier de l'offre d'interventions de l'Agefiph, sauf les services de Cap emploi, le service « mobilisation » du réseau Alther (voir p. 188) et l'aide à l'emploi des travailleurs handicapés (relative à la reconnaissance de la lourdeur du handicap visée page 191).
- Les entreprises sous accord agréé ayant un taux d'emploi égal ou supérieur à 6 % ont accès à l'ensemble de l'offre d'interventions de l'Agefiph, en complémentarité avec les autres financements possibles (parmi lesquels les dispositions des accords agréés).

L'Agefiph peut également être sollicitée directement par les personnes auxquelles s'applique l'obligation d'emploi visée à la page 27 (travailleurs reconnus handicapés par la CDAPH, titulaires de l'AAH, de la carte d'invalidité, etc.) et qui souhaitent obtenir une aide pour accéder à un emploi, s'y maintenir ou entreprendre une activité non salariée. Il pourra donc s'agir, selon les cas, de demandeurs d'emploi, de salariés « en poste », de stagiaires de la formation professionnelle, de créateurs ou repreneurs d'entreprise, de travailleurs indépendants (artisans, commerçants, professions libérales, etc.) ou d'étudiant effectuant un stage en entreprise. La personne doit résider et exercer une activité professionnelle en France (métropole et Dom). Chaque demande est étudiée en fonction de son lien avec l'emploi et le handicap.

Remarque

En règle générale, le dossier de demande d'aide est constitué avec l'aide d'un conseiller à l'emploi (relevant, notamment, de Pôle emploi, des Cap emploi ou des missions locales) ou d'un conseiller Sameth pour une prestation relative au maintien dans l'emploi. Ce conseiller identifie avec le demandeur l'aide la mieux adaptée à ses besoins et constitue avec lui le dossier de demande d'aide. En outre, certaines aides (par exemple, les aides à l'insertion professionnelle ou les aides au maintien dans l'emploi) doivent obligatoirement être prescrites par un conseiller.

Quelles sont les aides de l'Agefiph ?

Les aides de l'Agefiph sont définies par le conseil d'administration de cette association et sont périodiquement adaptées aux besoins identifiés et aux priorités définies. Elles sont accordées dans la limite des crédits disponibles. Il pourra s'agir, par exemple :

- de l'aide au maintien dans l'emploi, destinée aux entreprises dont le salarié devient handicapé ou connaît une aggravation de son handicap, ainsi qu'aux travailleurs indépendants reconnus handicapés ou en voie de l'être ;
- de l'aide à l'adaptation des situations de travail, qui vise à compenser la situation de handicap en aménageant son poste, son outil de travail, ou bien en adaptant l'organisation du travail ;
- de l'aide à l'insertion professionnelle destinée à inciter les employeurs à recruter les personnes handicapées les plus éloignées de l'emploi (personnes âgées d'au moins 45 ans, demandeur d'emploi ayant travaillé moins de six mois consécutivement dans les 12 mois

précédant le recrutement, personne handicapée sortant d'un établissement du secteur protégé ou adapté : Ésat, entreprise adaptée, CRP, etc.) ;

- de l'aide au titre de la conclusion d'un contrat d'apprentissage ou d'un contrat de professionnalisation, et de l'aide à la pérennisation de ces contrats par une embauche sans délai, à l'issue de ces contrats, en CDI ou en CDD d'au moins 12 mois ;
- de la prestation ponctuelle spécifique qui vise, par l'expertise apportée par un spécialiste du handicap (visuel, auditif, moteur ou psychique), à apprécier les incidences du handicap sur l'emploi et les actions à mettre en œuvre pour le compenser.

Remarques

- Des aides de l'Agefiph sont également mobilisables pour accompagner les politiques publiques en faveur de l'emploi, notamment dans le cadre des emplois d'avenir (attribution d'une aide aux employeurs du secteur marchand) et des contrats de génération (aide au maintien dans l'emploi des seniors handicapés et aides destinées à favoriser l'insertion durable des jeunes handicapés recrutés dans le cadre de ce dispositif). Ces aides, comme toutes les autres, font l'objet d'une présentation détaillée (bénéficiaires, procédure, etc.) sur le site www.agefiph.fr.
- Sur le site de l'Agefiph (www.agefiph.fr), on trouvera les coordonnées des partenaires de l'Agefiph, notamment les Cap emploi (voir p. 63), les Alther (partenaires de l'Agefiph dédiés à la mobilisation des entreprises pour l'emploi des personnes handicapées) et les Sameth (partenaires de l'Agefiph dont la mission est d'aider les entreprises et les salariés à trouver une solution sur-mesure de maintien dans l'entreprise lorsqu'il apparaît une inadéquation entre l'état de santé du salarié et son poste de travail).

En quoi l'aide de l'État consiste-t-elle ?

■ Objet de l'aide

En complément ou indépendamment des aides de l'Agefiph, l'État peut consentir une aide financière aux établissements, organismes et employeurs soumis à l'obligation d'emploi (voir p. 29) afin de faciliter la mise ou la remise au travail en milieu ordinaire de production des travailleurs handicapés.

Cette aide peut concerner, notamment :

- l'adaptation des machines ou des outillages ;
- l'aménagement de postes de travail, dont l'équipement individuel nécessaire aux travailleurs handicapés pour occuper ces postes ;
- la transformation d'un poste réalisée en application de l'article L. 1226-10 du Code du travail (reclassement d'un salarié déclaré inapte à l'issue des périodes de suspension du contrat de travail consécutives à un accident du travail ou à une maladie professionnelle) ;
- les accès aux lieux de travail.

Elle peut également être destinée à compenser les charges supplémentaires d'encadrement.

■ Montant de l'aide

L'aide financière accordée pour compenser les charges supplémentaires d'encadrement supportées par l'entreprise ne peut excéder 50 % des dépenses d'encadrement supplémentaire afférentes à la période durant laquelle la présence d'un encadrement supplémentaire est nécessaire pour assurer l'adaptation à l'emploi des travailleurs handicapés.

Dans les autres cas, l'aide financière susceptible d'être accordée ne peut excéder 80 % du coût de l'adaptation ou de l'aménagement envisagé par l'employeur.

■ **La procédure**

La demande d'aide financière doit être adressée au préfet du département où est situé l'établissement (en pratique, à la Direccte) et accompagnée :

- lorsqu'elle concerne les dépenses supplémentaires d'encadrement, de la justification des dépenses afférentes à ce supplément d'encadrement ainsi que de l'avis du CHSCT ;
- lorsqu'elle concerne l'adaptation des machines, l'aménagement des postes de travail ou l'accès aux lieux de travail, d'une description technique du projet et d'un devis estimatif ainsi que de l'avis du CHSCT.

Le préfet du département statue sur la demande d'aide financière. Toutefois, lorsque le montant de l'aide financière susceptible d'être accordée excède 6 100 €, l'arrêté du préfet est, avant mise à exécution, transmis au ministre chargé de l'Emploi qui dispose alors d'un délai de 15 jours à compter de la réception de cet arrêté pour évoquer le dossier ; en cas d'évocation, le ministre statue sur la demande. À défaut, la décision du préfet est exécutoire.

Textes de référence

Articles L. 5213-10 à L. 5213-12 et L. 5214-1 à L. 5214-3 du Code du travail

L'aide à l'emploi des travailleurs lourdement handicapés

Les entreprises qui emploient des travailleurs lourdement handicapés peuvent obtenir une aide destinée à compenser les coûts engagés pour optimiser le poste de travail de ces salariés. Cette aide, financée par le Fonds de développement pour l'insertion professionnelle des handicapés, est attribuée sur décision de l'Agefiph. Elle ne peut être cumulée, pour un même salarié, avec la minoration de la contribution à l'Agefiph prévue pour l'embauche d'un travailleur handicapé (voir p. 43).
À noter qu'un projet de décret et un projet d'arrêté, qui pourraient être publiés fin 2015 pour une entrée en vigueur au 1er juillet 2016, prévoient diverses dispositions visant à simplifier la RLH et à modifier les modalités de calcul de l'aide à l'emploi. Toutes les précisions seront disponibles en temps utile sur le site www.travail-emploi.gouv.fr.

Qui peut bénéficier de cette aide ?

Cette aide s'adresse aux entreprises qui occupent des travailleurs relevant de l'une des catégories des bénéficiaires de l'obligation d'emploi lourdement handicapés. Tous les employeurs du secteur privé et du secteur public à caractère industriel et commercial, quel que soit le nombre de leurs salariés, assujettis ou non à l'obligation d'emploi des travailleurs handicapés, peuvent y prétendre.

Remarque

L'aide à l'emploi peut également être accordée, à titre personnel, aux travailleurs handicapés qui exercent une activité professionnelle non salariée lorsque leur productivité se trouve notoirement diminuée du fait de leur handicap après aménagement optimal de leur poste de travail (sur ce point, voir p. 273).

Quelles sont les conditions pour l'obtenir ?

L'aide a pour objet de compenser la lourdeur du handicap évaluée en situation de travail, au regard du poste de travail occupé, après aménagement optimal de ce dernier, par un bénéficiaire de l'obligation d'emploi des travailleurs handicapés.

La demande de reconnaissance de la lourdeur du handicap (RLH) doit être présentée au moyen d'un formulaire réglementaire disponible sur le site de l'Agefiph (www.agefiph.fr) ou auprès des délégations régionales de cette association (voir coordonnées sur le site www.agefiph.fr). Une notice explicative est jointe au dossier de demande.

Le formulaire de demande, dûment et complètement renseigné, sans rature, signé et revêtu du cachet de l'employeur, doit être accompagné des pièces suivantes (pour le détail, voir la notice explicative jointe au formulaire de demande) :

- la copie du titre de bénéficiaire de l'obligation d'emploi visée à l'article L. 5212-13 du Code du travail du travailleur handicapé (voir p. 27), présentant une durée de validité d'au moins six mois à compter du dépôt de la demande, accompagnée, si ce n'est pas le cas de la copie, de l'accusé de réception de la demande de renouvellement reçu de la commission départementale des droits et de l'autonomie des personnes handicapées (CDAPH) ;
- la copie du contrat de travail et, le cas échéant, du ou des avenants au contrat de travail du travailleur handicapé ;
- la copie du plus récent bulletin de salaire du salarié concerné ;
- la copie de la plus récente fiche d'aptitude du salarié concerné, délivrée par les services de santé au travail (volet employeur) et, le cas échéant, l'avis circonstancié (un modèle est joint au dossier de demande) ;

- le cas échéant, la fiche de poste du travailleur handicapé ;
- le cas échéant, une copie de la convention collective en vigueur au sein de l'établissement ;
- le tableau des aménagements réalisés ou prévus pour optimiser le poste de travail et l'environnement du travailleur handicapé (un tableau – à compléter – figure dans le formulaire de demande) ; toutefois, par dérogation, lorsque le bénéficiaire présente un taux d'invalidité ou d'incapacité égal ou supérieur à 80 %, une liste des prévisions d'aménagements du poste de travail et de l'environnement du bénéficiaire que l'employeur s'engage à réaliser dans l'année qui suit le dépôt de la première demande (ainsi que leur coût) est acceptée ;
- la copie des justificatifs correspondants aux aménagements réalisés (factures acquittées...) ou prévus (devis, bons de commande, etc.) ;
- le cas échéant, la liste et le montant des aides versées par l'Agefiph ;
- le tableau d'évaluation des charges supplémentaires et régulières induites par le handicap après aménagement optimal handicapé (un tableau – à compléter – figure dans le formulaire de demande) ;
- le cas échéant, la copie du plus récent bulletin de salaire d'un tiers mobilisé de manière récurrente pour venir en aide au travailleur handicapé ;
- tout autre justificatif de charge induite de manière pérenne par le handicap.

Le dossier doit être adressé, sous pli recommandé avec accusé de réception, à la délégation régionale de l'Agefiph de la région de l'établissement employeur du salarié concerné (ou du lieu d'exercice de leur activité pour les travailleurs non salariés qui souhaitent bénéficier de cette aide, voir p. 273).

Remarque

Une rubrique du formulaire de demande permet au salarié handicapé d'attester qu'il est bien informé de la démarche de reconnaissance de la lourdeur du handicap entreprise par son employeur en vue de bénéficier des compensations financières attachées à cette reconnaissance. Le salarié doit signer et dater cette attestation.

Au vu de ces éléments, le délégué régional de l'Agefiph fixe le montant des charges induites mentionnées ci-dessus et en informe le demandeur par courrier. Lorsque ce montant est supérieur ou égal à 20 % du produit du Smic par le nombre d'heures correspondant à la durée collective du travail applicable dans l'établissement, elle accorde la reconnaissance de la lourdeur du handicap. La décision favorable fait l'objet d'un réexamen tous les trois ans. Toutefois, pour les bénéficiaires handicapés présentant un taux d'incapacité ou d'invalidité permanente d'au moins 80 %, la première décision de reconnaissance du handicap est accordée pour une durée d'un an. En cas d'avis favorable, les droits sont ouverts à compter de la date de réception de la demande de reconnaissance de la lourdeur du handicap. Si la demande est rejetée, le motif est explicité.

Remarque

Le renouvellement de la décision de reconnaissance fait l'objet d'une nouvelle demande, selon les mêmes modalités que la demande initiale : elle doit être déposée trois mois avant la fin de validité des droits en cours afin d'éviter l'interruption des versements de l'aide à l'emploi des travailleurs handicapés. En outre, lorsque le bénéficiaire de l'obligation d'emploi change de poste au sein de l'entreprise ou lorsque son handicap évolue, l'employeur doit présenter une demande de révision de la décision de reconnaissance de la lourdeur du handicap.

Quel en est le montant ?

Le montant annuel de l'aide à l'emploi est fixé à 450 fois le taux horaire du Smic par poste de travail occupé à temps plein, avec application d'un taux forfaitaire de 21,5 % de cotisations patronales, fiscales et sociales.

Lorsque le surcoût des charges induites par le handicap est au moins égal à 50 % du Smic (Smic horaire multiplié par le nombre d'heures correspondant à la durée collective du travail applicable dans l'établissement), le montant annuel de l'aide est porté à 900 fois le taux horaire du Smic (toujours avec application du taux forfaitaire de 21,5 % de cotisations patronales, fiscales et sociales).
Pour les salariés occupés à temps partiel, l'aide est calculée au *prorata* du temps de travail effectué par rapport à la durée collective du travail applicable dans l'établissement.
Cette aide est revalorisée automatiquement à chaque augmentation du Smic (son montant pourrait être prochainement modifié par l'arrêté mentionné p. 191).

Comment est-elle versée ?

L'aide est versée trimestriellement, à terme échu, au 10 du mois suivant, par l'Agefiph au vu d'un bordereau déclaratif adressé par l'employeur.

Remarque

L'aide à l'emploi n'est pas cumulable avec la minoration de la contribution Agefiph accordée également pour l'emploi de salariés lourdement handicapés (voir p. 42 et suivantes). L'employeur assujetti à l'obligation d'emploi doit donc choisir entre ces deux avantages, dans le mois qui suit la notification de la décision de reconnaissance de la lourdeur du handicap et faire connaître son choix au délégué régional de l'Agefiph.
Elle ne peut pas non plus se cumuler avec :
- la subvention d'installation à la charge de l'État (voir p. 272) ;
- l'aide au maintien dans l'emploi de l'Agefiph ;
- toute autre aide à l'emploi prise en charge par l'État.

Textes de référence

Article L. 5213-11 du Code du travail
Articles R. 5213-39 à R. 5213-51 du Code du travail
Circulaire DGEFP n° 2006/07 du 22 février 2006

Les conditions d'emploi des travailleurs handicapés

Les personnes handicapées travaillant en milieu ordinaire bénéficient de toutes les dispositions légales, réglementaires et conventionnelles liées au statut de salarié de droit commun. Elles bénéficient également de dispositions spécifiques destinées à leur garantir une égalité de traitement avec les salariés valides.

Quelles sont les règles à respecter en matière d'embauche ?

■ Obligation d'emploi

Les entreprises d'au moins 20 salariés doivent employer des travailleurs handicapés dans une proportion fixée à 6 % de leur effectif total ou, à défaut, recourir à différents moyens de substitution (voir p. 35).
Hormis cette obligation, l'embauche de personnes handicapées n'est soumise à aucune formalité particulière. L'employeur doit procéder aux mêmes formalités que pour l'embauche d'un autre salarié – déclaration préalable à l'embauche (DPAE) ou, le cas échéant, recours à un dispositif simplifié du type « titre emploi-service entreprise » (Tese) ou « chèque emploi associatif » – et faire passer au salarié concerné une visite médicale d'embauche (voir p. 244).

■ Non-discrimination

En application du principe de non-discrimination, un employeur ne peut refuser un candidat à l'emploi en raison de son état de santé ou de son handicap ou soumettre une offre d'emploi à cette condition (voir p. 171).

Remarque

Aucune disposition légale n'oblige un salarié ou un candidat à l'emploi à révéler à son employeur sa qualité de personne handicapée. La Cour de cassation a d'ailleurs considéré comme discriminatoire le licenciement d'un salarié basé sur le fait qu'il n'avait pas révélé son handicap lors de son embauche (Cass. soc., 21 septembre 2005). Dans les faits, il peut être souhaitable que le candidat révèle son état, en cas de handicap spécifique, afin que l'employeur puisse prendre des mesures appropriées à ses besoins (voir p. 199).

■ Contrat de travail

Le contrat de travail conclu avec une personne handicapée peut être à durée déterminée ou à durée indéterminée, à temps plein ou à temps partiel, conformément aux règles de droit commun.

Remarque

Les personnes handicapées ont accès aux divers contrats aidés tels que les contrats de professionnalisation (voir p. 105) ou le contrat unique d'insertion (CUI, voir p. 73). Elles ont également accès au contrat d'apprentissage, avec, le cas échéant, la possibilité de prévoir des aménagements particuliers, destinés à prendre en compte leur situation (voir p. 162).

■ Période d'essai

La période d'essai des travailleurs handicapés est régie par les règles de droit commun fixées par les articles 1221-19 à 1221-25 du Code du travail. Cette période permet à l'employeur d'évaluer les compétences du salarié dans son travail, notamment au regard de son expérience, et au salarié d'apprécier si les fonctions occupées lui conviennent. Pour l'essentiel, les règles suivantes sont applicables :

- le CDI peut comporter une période d'essai dont la durée maximale est de deux mois pour les ouvriers et les employés, de trois mois pour les agents de maîtrise et les techniciens et de quatre mois pour les cadres. La période d'essai peut être renouvelée une fois si un accord de branche étendu le prévoit. Cet accord fixe les conditions et les durées de renouvellement ; la durée de la période d'essai, renouvellement compris, ne peut toutefois dépasser quatre mois pour les ouvriers et employés, six mois pour les agents de maîtrise et techniciens et huit mois pour les cadres ;

- la période d'essai ne se présume pas. Elle est expressément stipulée dans la lettre d'engagement ou le contrat de travail, lequel peut prévoir des durées plus courtes que celles fixées par la loi ;
- l'employeur qui souhaite mettre fin à la période d'essai doit prévenir le salarié dans un délai qui ne peut être inférieur à 24 heures en deçà de huit jours de présence, 48 heures entre huit jours et un mois de présence, deux semaines après un mois de présence et un mois après trois mois de présence (règle également applicable aux CDD stipulant une période d'essai d'au moins une semaine) ;
- la période d'essai, renouvellement inclus, ne peut être prolongée du fait de la durée du délai de prévenance lorsque le délai de prévenance n'a pas été respecté, son inexécution ouvre droit pour le salarié, sauf s'il a commis une faute grave, à une indemnité compensatrice. Cette indemnité est égale au montant des salaires et avantages que le salarié aurait perçus s'il avait accompli son travail jusqu'à l'expiration du délai de prévenance, indemnité compensatrice de congés payés comprise ;
- lorsqu'il est mis fin à la période d'essai par le salarié, celui-ci respecte un délai de prévenance de 48 heures (24 heures si sa durée de présence dans l'entreprise est inférieure à huit jours).

Sous réserve du respect des règles mentionnées ci-dessus, l'employeur peut rompre la période d'essai sans indemnité ni justification à fournir, à condition toutefois que cette rupture ne soit pas liée à un motif discriminatoire au sens de l'article L. 1132-1 du Code du travail (voir p. 171). La Cour de cassation (chambre sociale, arrêt du 16 février 2005) a ainsi confirmé la décision d'une cour d'appel qui, ayant constaté qu'un salarié dont la période d'essai avait été suspendue pendant un congé maladie s'était vu notifier la rupture de son contrat de travail parce que l'employeur avait manifestement souhaité l'écarter en raison de ses problèmes de santé, avait prononcé la nullité de cette rupture et condamné l'employeur à la réparation du préjudice résultant du caractère illicite de celle-ci ainsi qu'au versement d'une indemnité compensatrice de préavis.

Remarque

Le CDD peut comporter une période d'essai. À défaut d'usages ou de dispositions conventionnelles prévoyant des durées moindres, la durée de la période d'essai est limitée à :

- un jour par semaine (sans que la durée puisse dépasser deux semaines) pour les contrats inférieurs ou égaux à six mois ;
- un mois maximum pour les contrats supérieurs à six mois.

En l'absence de terme précis, la période d'essai est calculée de la même façon, par rapport à la durée minimale du contrat.

En quoi consistent les « mesures appropriées » ?

Selon l'article L. 5213-6 du Code du travail, afin de garantir le respect de l'égalité de traitement à l'égard des bénéficiaires de l'obligation d'emploi mentionnés aux 1°, 2°, 3°, 4°, 9°, 10° et 11° de l'article L. 5212-13 du Code du travail (voir p. 27), les employeurs sont tenus de prendre toute mesure appropriée pour permettre à ces travailleurs d'accéder à un emploi ou de conserver un emploi correspondant à leur qualification, de l'exercer ou d'y progresser ou pour qu'une formation adaptée à leurs besoins leur soit dispensée. Cette obligation constitue, en quelque sorte, le corollaire « en positif » du principe de non-discrimination : dans un cas, il s'agit d'interdire à l'employeur de fonder ses décisions sur des motifs prohibés par la loi ; dans l'autre cas, il s'agit au contraire d'obliger l'employeur, dans

certaines limites fixées par la loi, à prendre des mesures destinées à établir une égalité de traitement entre les salariés handicapés et ceux qui ne le sont pas.
Ces mesures appropriées sont prises en fonction des besoins réels des intéressés et évaluées par rapport à leur handicap et au poste de travail qu'ils occupent. Elles peuvent consister en une adaptation des machines et des outillages, un aménagement du poste de travail, la fourniture d'équipements individuels nécessaires au travailleur handicapé pour accéder aux lieux de travail et occuper son poste (sur les aménagements d'horaires, voir précisions ci-après).
Les charges consécutives à la mise en œuvre de ces mesures ne doivent toutefois pas être disproportionnées, compte tenu des aides qui peuvent compenser en tout ou partie les dépenses supportées à ce titre par l'entreprise.

Remarque

Les mesures appropriées mentionnées ci-dessus, prises au profit des seules personnes handicapées et visant à favoriser l'égalité de traitement, ne constituent pas une discrimination vis-à-vis des autres salariés ; mais le refus par l'employeur de les prendre pourrait être considéré comme une discrimination au sens de l'article L. 1133-3 du Code du travail et être sanctionnable à ce titre (voir p. 171).

Les handicapés peuvent-ils bénéficier d'horaires allégés ?

■ Temps partiel choisi

Le salarié engagé à temps complet peut demander à passer à temps partiel selon les conditions fixées par sa convention collective de branche ou un accord collectif étendu ou par une convention ou un accord d'entreprise ou d'établissement prévu en la matière. À défaut de convention ou d'accord collectif, il peut en faire la demande à son employeur au moins six mois à l'avance par lettre recommandée avec avis de réception. Cette demande doit préciser la durée du

travail souhaitée ainsi que la date envisagée pour la mise en place du nouvel horaire.
L'employeur est tenu de répondre au salarié dans les trois mois suivant la réception de la demande, par lettre recommandée avec avis de réception.
La demande ne peut être refusée qu'à condition de justifier de l'absence d'emploi disponible dans la catégorie professionnelle du salarié ou de démontrer que le changement demandé aurait des conséquences sur la bonne marche de l'entreprise. Si elle est acceptée, l'employeur ne peut fixer une durée du travail à temps partiel différente de celle demandée par le salarié.

■ Temps réduit pour raisons familiales

Comme tout autre salarié, le salarié handicapé peut demander à bénéficier d'une réduction de son temps de travail sous forme d'une ou plusieurs périodes d'au moins une semaine pour des raisons liées à sa vie familiale.
L'employeur peut refuser cette demande, mais uniquement pour des raisons objectives liées aux nécessités de fonctionnement de l'entreprise.
En cas d'accord, un avenant au contrat de travail doit préciser la ou les périodes non travaillées.
Pendant les périodes travaillées, le salarié est occupé selon l'horaire collectif et non pas à temps partiel.

■ Aménagements des horaires de travail

Au titre des mesures appropriées que l'employeur est tenu de prendre en vertu de l'article L. 5213-6 du Code du travail (voir p. 199), les bénéficiaires de l'obligation d'emploi visés aux 1°, 2°, 3°, 4°, 9°, 10° et 11° de l'article L. 5212-13 du Code du travail (voir p. 27) peuvent demander un aménagement d'horaires individualisés, propre à faciliter leur accès à l'emploi, l'exercice de leur activité ou le maintien dans leur emploi.

Les aidants familiaux et les proches de la personne handicapée bénéficient dans les mêmes conditions d'aménagements d'horaires individualisés propres à faciliter l'accompagnement de cette personne handicapée.

Existe-t-il des mesures spécifiques en matière de congés ?

Les travailleurs handicapés bénéficient des mêmes droits que les salariés valides en matière de congés. Nous rappelons ici les principales règles applicables. Pour plus de précisions, on se reportera au guide *Les congés du salarié* (coll. « Transparences »), publié par le ministère en charge du Travail en 2011.

■ Congés payés

Tout salarié a droit à un congé payé annuel, quel que soit son horaire de travail.

Ce congé annuel est calculé à raison de 2,5 jours ouvrables par mois de travail (ou périodes assimilées à du travail effectif), sans que la durée totale du congé puisse excéder 30 jours ouvrables. Lorsque le nombre de jours ouvrables ainsi obtenu n'est pas un nombre entier, la durée du congé est portée au nombre immédiatement supérieur.

Pour le calcul de la durée des congés au titre d'une année donnée, on tient compte des mois de travail effectués au titre de la période (ou année) de référence : celle-ci couvre la période « 1er juin de l'année N-1/31 mai de l'année N ».

Par exemple, pour les congés 2016, la période de référence va du 1er juin 2015 au 31 mai 2016. Pour les salariés embauchés en cours d'année, cette période débute à leur date d'embauche dans l'entreprise.

■ Congé de présence parentale

Sans qu'aucune condition d'ancienneté ne soit exigée, tout salarié a droit au congé de présence parentale lorsqu'un enfant dont il a la charge (au sens des prestations familiales) est victime d'une maladie,

d'un accident ou d'un handicap grave. L'état de l'enfant doit, en outre, nécessiter la présence d'une personne à ses côtés et des soins contraignants.
Chaque parent dispose, au titre de ce congé, de 310 jours ouvrés (soit 14 mois), aucun de ces jours ne pouvant être fractionné.
La période maximale pendant laquelle un salarié peut pour un même enfant et par maladie, accident ou handicap bénéficier de ces jours de congé est fixée à trois ans. Au-delà de cette période, et dans les mêmes conditions, le salarié peut à nouveau bénéficier d'un congé de présence parentale, en cas de rechute ou de récidive de la pathologie de l'enfant au titre de laquelle un premier congé a été accordé.
Pour bénéficier de ce dispositif, le salarié doit prévenir son employeur au moins 15 jours à l'avance, par lettre recommandée avec avis de réception ou par lettre remise en main propre contre décharge. Le courrier doit être accompagné d'un certificat médical attestant la nécessité de la présence d'une personne auprès de l'enfant et des soins contraignants ainsi que la durée initiale de la période au cours de laquelle le salarié peut bénéficier de son congé. Par la suite, quand le salarié souhaite bénéficier de jours de congé, il doit en informer son employeur au moins 48 heures à l'avance.
Pendant les jours de congé de présence parentale, le salarié ne perçoit pas de rémunération de son employeur (sauf dispositions conventionnelles plus favorables) ; il peut, en revanche, percevoir une prestation familiale spécifique, l'allocation journalière de présence parentale (voir p. 399).
À l'issue du congé de présence parentale, le salarié retrouve son précédent emploi ou un emploi similaire assorti d'une rémunération au moins équivalente.

Remarque

En cas de décès de l'enfant ou de diminution importante des ressources du ménage, le salarié retrouve également son précédent emploi ou un emploi similaire avec une rémunération au moins équivalente avant le terme du congé. Il doit pour cela adresser une demande motivée à l'employeur, par lettre recommandée avec avis de réception, un mois au moins avant la date à laquelle il entend reprendre son activité.

Autres congés

Les travailleurs handicapés ont droit à tous les autres congés prévus par la loi ou leur convention collective tels que :

- les congés pour événements familiaux ;
- le congé de solidarité familiale, ouvert à tout salarié dont un ascendant, descendant, un frère, une sœur ou une personne partageant le même domicile souffre d'une pathologie mettant en jeu le pronostic vital ou est en phase avancée ou terminale d'une affection grave et incurable, quelle qu'en soit la cause ;
- les congés pour création d'entreprise ou l'exercice de responsabilités de direction au sein d'une jeune entreprise innovante ;
- le congé sabbatique ;
- le congé de formation économique, sociale et syndicale ;
- les congés pour l'exercice de fonctions publiques, sociales ou professionnelles, etc. ;
- le congé parental d'éducation (congé ou travail à temps partiel pendant trois ans au maximum après la naissance ou l'adoption d'un enfant), qui peut, notamment, être prolongé d'une année supplémentaire en cas de handicap grave de l'enfant, justifié par certificat médical du médecin traitant.

Remarque

Le congé parental d'éducation n'est pas rémunéré par l'employeur, sauf dispositions conventionnelles plus favorables. S'il remplit les conditions prévues, le bénéficiaire de ce congé peut prétendre à la prestation partagée d'éducation de l'enfant (PreParE), qui est une prestation familiale versée par les caisses d'allocations familiales (ou les caisses de MSA si le demandeur relève du régime agricole). Il convient également de se renseigner auprès de ses délégués du personnel ou du service du personnel pour connaître les possibilités d'utilisation éventuelles des droits acquis sur un compte épargne-temps pour « rémunérer » ce congé.

Comment les lieux de travail doivent-ils être aménagés ?

Le Code de la construction pose un principe général d'accessibilité des locaux – et notamment des locaux de travail – aux personnes handicapées. Au terme de l'article L. 111-7 de ce code : « Les dispositions architecturales, les aménagements et équipements intérieurs et extérieurs des locaux d'habitation, [...] des établissements recevant du public, des installations ouvertes au public et des lieux de travail doivent être tels que ces locaux et installations soient accessibles à tous, et notamment aux personnes handicapées, quel que soit le type de handicap, notamment physique, sensoriel, cognitif, mental ou psychique [...]. »

Le Code du travail précise les dispositions à prendre en ce qui concerne l'accès aux locaux, aux postes de travail et les installations sanitaires.

■ Accès aux locaux de travail

Les articles R. 4214-26 à R. 4214-28 du Code du travail, prévoient les dispositions suivantes :

- les lieux de travail, y compris les locaux annexes, aménagés dans un bâtiment neuf ou dans la partie neuve d'un bâtiment existant sont accessibles aux personnes handicapées, quel que soit leur type de handicap ;
- les lieux de travail sont considérés comme accessibles aux personnes handicapées lorsque celles-ci peuvent accéder à ces lieux, y circuler, les évacuer, se repérer, communiquer, avec la plus grande autonomie possible ;

- les lieux de travail sont conçus de manière à permettre l'adaptation des postes de travail aux personnes handicapées ou à rendre ultérieurement possible l'adaptation des postes de travail.

Des dérogations à ces dispositions peuvent être accordées par le préfet, après avis de la commission consultative départementale de sécurité et d'accessibilité, en cas d'impossibilité technique résultant de l'environnement du bâtiment.
Un arrêté ministériel (à paraître) déterminera les modalités d'application propres à assurer l'accessibilité des lieux de travail en ce qui concerne, notamment, les circulations horizontales et verticales, les portes et les sas intérieurs, les revêtements des sols et des parois, les dispositifs d'éclairage et d'information, le stationnement automobile.
Les dispositions mentionnées ci-dessus sont applicables :
- aux opérations de construction d'un bâtiment neuf ou d'une partie neuve d'un bâtiment existant pour lesquelles une demande de permis de construire ou, le cas échéant, une déclaration préalable a été déposée à compter du 24 avril 2010 ;
- aux opérations de construction d'un bâtiment neuf ou d'une partie neuve d'un bâtiment existant ne nécessitant ni permis de construire ni déclaration préalable, dont le début des travaux est postérieur de plus de six mois à la date indiquée ci-dessus.

■ Accès aux postes de travail

Selon l'article R. 4225-6 du Code du travail, les travailleurs handicapés doivent pouvoir accéder aisément à leur poste de travail ainsi qu'aux locaux sanitaires et aux locaux de restauration. Leurs postes de travail ainsi que les signaux de sécurité qui les concernent doivent être aménagés en fonction de leur handicap. Ces aménagements peuvent consister en une adaptation des machines et des outillages ou en des équipements supplémentaires spécialement adaptés, par exemple.

■ Installations sanitaires

Les travailleurs handicapés doivent pouvoir disposer d'installations sanitaires appropriées. Ainsi, au terme de l'article R. 4217-2 du Code du travail :

- lorsque l'établissement comporte au moins 10 cabinets d'aisance, l'un d'entre eux ainsi qu'un lavabo placé à proximité doivent être aménagés de manière à en permettre l'accès et l'usage autonome par des personnes handicapées circulant en fauteuil roulant ;
- lorsque le nombre de cabinets est inférieur à 10, l'un d'entre eux et un lavabo doivent être conçus de telle sorte que des travaux simples suffisent à réaliser des aménagements pour les personnes handicapées, si nécessaire.

Remarque

L'employeur doit mettre à la disposition des salariés au moins un cabinet pour 20 hommes et deux cabinets pour 20 femmes.

■ Sécurité incendie

Les établissements dans lesquels peuvent se trouver occupées ou réunies habituellement plus de 50 personnes, ainsi que ceux, quelle que soit leur importance, où sont manipulées et mises en œuvre certaines matières inflammables sont équipés d'un système d'alarme sonore. Ce système d'alarme sonore doit être « complété par un ou des systèmes d'alarme adaptés au handicap des personnes concernées employées dans l'entreprise en vue de permettre leur information en tous lieux et en toutes circonstances ». Des dispositions sont également prévues en matière de consignes de sécurité incendie (voir notamment les articles R. 4227-37 et suivants du Code du travail) et d'espaces d'attente sécurisés (ou d'espaces équivalents) destinés à accueillir les personnes handicapées en cas d'incendie, en attendant leur évacuation (voir, notamment les articles R. 4216-1 et suivants du Code du travail).

En quoi consiste le droit de retrait ?

Les articles L. 4131-1 et suivants du Code du travail obligent le salarié à signaler immédiatement à l'employeur ou à son représentant toute situation de travail dont il a un motif raisonnable de penser qu'elle présente un danger grave et imminent pour sa vie ou sa santé.

En un tel cas, il est en droit de se retirer d'une telle situation en quittant son poste de travail sans avoir à solliciter l'accord de l'employeur. Ce retrait ne peut cependant créer une nouvelle situation de danger pour autrui.

Aucune sanction ni retenue de salaire ne peut être appliquée à l'encontre du salarié qui a exercé ce droit de retrait. L'employeur ne peut par ailleurs pas lui demander de reprendre son activité tant que le danger perdure.

Il est à noter que la cause du danger encouru ne doit pas obligatoirement provenir d'un élément extérieur (défaut de conformité d'une machine, émanation toxique, etc.). Elle peut également résulter de l'état de santé ou du handicap de l'intéressé. Ainsi, une situation qui ne présenterait aucun danger pour un autre travailleur peut justifier le droit de retrait de la part d'une personne handicapée, notamment lorsque le travail qu'on lui demande d'exécuter est contraire aux réserves émises par le médecin du travail sur son aptitude.

Lorsque l'entreprise est dotée d'un CHSCT, le salarié peut faire part de la situation à l'un de ses membres. Celui-ci en avise alors immédiatement l'employeur et consigne cet avis sur un registre spécial. L'employeur doit procéder sur-le-champ à une enquête avec le membre du CHSCT concerné et prendre les dispositions nécessaires pour y remédier.

En cas de divergence sur la réalité du danger ou la façon de le faire cesser, l'employeur doit réunir le CHSCT dans les 24 heures et informer immédiatement l'inspecteur du travail et l'agent de service de la Caisse d'assurance retraite et de la santé au travail (Carsat) qui peuvent assister à cette réunion.

Quels sont les droits en cas de maladie ou d'accident ?

■ Maladie ou accident non professionnel

En cas de maladie ou d'accident non professionnel, le salarié handicapé est soumis aux mêmes règles que les autres salariés ; il doit notamment avertir son employeur de son état et justifier son absence par un certificat médical. Il en est de même en cas de prolongation de cette absence. S'il ne respecte pas ses obligations, le salarié prend le risque d'une sanction pouvant aller jusqu'au licenciement.

Pendant la durée de sa maladie, il bénéficie, sous certaines conditions, du maintien de tout ou partie de son salaire. Ces conditions sont fixées par les conventions collectives ou, à défaut, par l'article L. 1226-1 du Code du travail qui prévoit le maintien du salaire pour les personnes justifiant d'un an d'ancienneté au premier jour de l'absence. Selon l'article D. 1226-1 du Code du travail, le salarié doit ainsi percevoir 90 % de sa rémunération brute pendant les 30 premiers jours d'absence et les deux tiers de cette même rémunération pendant les 30 jours suivants. Ces durées sont augmentées de 10 jours par période entière de cinq ans d'ancienneté en plus de la durée d'un an visée ci-dessus, dans la limite de 90 jours.

Remarque

La garantie prévue par l'article L. 1226-1 du Code du travail s'entend déduction faite des indemnités journalières de la Sécurité sociale ainsi que des allocations éventuellement versées par les régimes complémentaires de prévoyance (pour la part des prestations résultant des seules cotisations patronales). Elle s'applique à compter du premier jour d'absence si celle-ci est due à un accident de travail ou à une maladie professionnelle, et à compter du huitième jour d'absence dans les autres cas.

La maladie ne peut, en principe, être une cause de licenciement ; le licenciement d'un salarié en raison de son état de santé ou de son handicap étant discriminatoire (voir p. 175) sauf dans deux cas :

- en cas d'inaptitude physique constatée par le médecin du travail, lorsque tout reclassement dans l'entreprise s'avère impossible (voir p. 223 et suivantes) ;
- lorsqu'elle entraîne des perturbations importantes dans l'entreprise nécessitant le remplacement définitif du salarié. Il peut en être ainsi en cas d'absence prolongée ou d'absences répétées. Dans ce cas, la lettre de licenciement doit mentionner la perturbation subie et la nécessité de remplacer définitivement l'intéressé.

Très souvent, les conventions collectives comportent des clauses dites « de garantie d'emploi » prévoyant que le licenciement pour cause de maladie ne peut intervenir qu'au terme d'un certain laps de temps et précisant les conditions de ce licenciement à l'issue de cette période.

Remarque

Les travailleurs handicapés, employés en vertu de l'obligation d'emploi, ne peuvent, en cas de rechute de l'affection invalidante, bénéficier des avantages spéciaux (notamment le maintien du salaire prévu par la convention collective ou, à défaut, par l'article L.1226-1 du Code du travail) accordés en cas de maladie par les dispositions conventionnelles ou statutaires, sauf dérogations prévues par ces textes. Toutefois, lorsque l'affection du travailleur handicapé est dite « consolidée », celui-ci peut, s'il est à nouveau atteint de la maladie qui était à l'origine de son invalidité, bénéficier de ces avantages spéciaux à l'expiration d'un délai d'un an, à compter de la date de la consolidation.

Il est à noter, par ailleurs, que l'employeur peut toujours licencier un salarié pendant un arrêt maladie pour une cause indépendante de cette maladie, en cas de comportement déloyal du salarié durant son arrêt de travail ou pour motif économique, par exemple.

■ Maladie professionnelle ou accident du travail

Comme en cas de maladie non professionnelle, le salarié a droit au maintien de tout ou partie de sa rémunération (voir ci-dessus). Il bénéficie, en outre, d'une protection accrue visant à le protéger de tout licenciement pendant la durée de suspension de son contrat de travail : durée de l'arrêt de travail provoqué par l'accident du travail ou la maladie professionnelle ; le cas échéant, délai d'attente et durée du stage de réadaptation, de rééducation ou de formation professionnelle suivi après avis de la CDAPH ; arrêt de travail mentionné à l'article L. 433-1 du Code de la sécurité sociale (4e alinéa) et donnant lieu à une action de formation professionnelle continue prévue à l'article L. 6313-1 du Code du travail ou à d'autres actions d'évaluation, d'accompagnement, d'information et de conseil auxquelles la Caisse primaire est partie prenante (on rappelle que l'alinéa 4 de l'article L. 433-1 précité autorise le maintien de l'indemnité journalière de sécurité sociale lorsque la victime demande à accéder durant son arrêt de travail, avec l'accord du médecin traitant, aux actions précitées).

L'employeur ne peut donc licencier un salarié dont le contrat de travail est suspendu à la suite d'un accident du travail ou d'une maladie professionnelle, même pendant la période d'essai, sauf faute grave du salarié ou impossibilité de maintenir le contrat pour un motif non lié à l'accident ou à la maladie. Seule la cessation d'activité de l'entreprise peut pratiquement justifier cette impossibilité de maintenir le contrat.

Le reclassement du salarié déclaré inapte à reprendre son poste de travail est soumis à des conditions plus contraignantes pour l'employeur que celles s'appliquant aux salariés victimes d'une maladie ou d'un accident non professionnel (voir p. 223 et suivantes).

■ Le réentraînement au travail

En principe, tout établissement, tout groupe d'établissements appartenant à une même activité professionnelle, employant plus de 5 000 salariés doit assurer, après avis médical, le réentraînement au travail et la rééducation professionnelle des membres de leur personnel victimes d'accidents ou de maladies génératrices d'un handicap professionnel. Pour l'application de cette disposition, sont considérés comme constituant un groupe d'établissements les établissements

appartenant à une même activité professionnelle et dont le personnel relève d'une gestion générale commune.
Le réentraînement au travail a pour but de permettre au salarié qui a dû interrompre son activité professionnelle à la suite d'une maladie ou d'un accident de reprendre son travail et de retrouver après une période de courte durée son poste de travail antérieur ou, le cas échéant, d'accéder directement à un autre poste de travail.
Pour satisfaire à son obligation d'assurer le réentraînement au travail et la rééducation professionnelle, l'employeur peut créer un atelier spécial de rééducation et de réentraînement au travail, aménager, dans l'entreprise, des postes spéciaux de rééducation et de réentraînement, ou mettre en œuvre simultanément ces deux types de mesures. L'affectation du travailleur handicapé à ces ateliers ou postes spéciaux est prononcée sur avis du médecin du travail. Les modalités retenues sont communiquées à l'inspecteur du travail qui peut mettre l'employeur en demeure d'adopter, dans un délai déterminé, l'une ou l'autre des mesures ci-dessus énoncées ou de compléter les dispositions prises.

Remarque

Le médecin du travail et le CHSCT sont consultés sur les moyens les mieux adaptés aux conditions d'exploitation et à la nature des activités professionnelles en cause.

À défaut de mettre en œuvre ces mesures, l'employeur est passible des sanctions prévues pour les contraventions de la 4e classe, soit 750 € au plus. Par ailleurs, le manquement de l'employeur à cette obligation de réentraînement au travail et de rééducation professionnelle est susceptible de causer au salarié un préjudice que le juge doit réparer (Cass. soc., 16 mai 2000, n° 97-40660).

Existe-t-il des mesures spécifiques en matière de droits collectifs ?

■ Élections des représentants du personnel

Les travailleurs handicapés bénéficient, dans les mêmes conditions que les autres salariés, de l'ensemble des dispositions légales et conventionnelles relatives aux délégués syndicaux, aux représentants de la section syndicale, aux délégués du personnel, aux membres du comité d'entreprise ou du CHSCT.

Ils ne peuvent donc être privés du droit d'élire les représentants du personnel ou de se présenter personnellement à ces fonctions du fait de leur handicap, lorsqu'ils répondent par ailleurs aux conditions exigées pour ce faire (conditions d'âge et d'ancienneté, notamment).

■ Règlement intérieur

Les salariés handicapés sont soumis aux dispositions du règlement intérieur de l'entreprise, au même titre que les autres salariés.

L'article L. 1321-3 du Code du travail précise que ce règlement ne peut comporter de dispositions lésant les salariés dans leur emploi ou leur travail en raison de leur handicap. Il peut, en revanche, comporter des dispositions en leur faveur telles qu'un mode de circulation particulier pour les personnes en fauteuil roulant, par exemple.

L'inspecteur du travail est chargé de la vérification du contenu du règlement intérieur des entreprises et peut, à ce titre, exiger le retrait ou la modification des dispositions qui seraient contraires au principe de non-discrimination.

Remarque

C'est dans le règlement intérieur que sont précisées les règles générales et permanentes relatives à la discipline et, notamment, la nature et l'échelle des sanctions que peut prendre l'employeur, étant rappelé qu'aucune sanction fondée sur le handicap ne peut être prononcée par l'employeur. De même, il est interdit à l'employeur de sanctionner différemment ou d'aggraver la sanction d'un salarié en raison de son handicap : de telles mesures seraient considérées comme nulles.

Quelles sont les règles en matière de négociation collective ?

Afin de sensibiliser les partenaires sociaux à la thématique du handicap, la question de l'insertion professionnelle et du maintien dans l'emploi des travailleurs handicapés fait partie des thèmes sur lesquels les partenaires sociaux doivent obligatoirement négocier.
La périodicité de cette négociation diffère selon le niveau auquel elle se déroule.

■ La négociation d'entreprise

Dans les entreprises où sont constituées une ou plusieurs sections syndicales d'organisations représentatives et où sont désignés un ou plusieurs délégués syndicaux, l'employeur est tenu d'engager chaque année une négociation portant sur un certain nombre de thèmes définis par la loi. Parmi ces thèmes figurent les mesures relatives à l'insertion professionnelle et au maintien dans l'emploi des travailleurs handicapés : conditions d'accès à l'emploi, à la formation et à la promotion professionnelles, conditions de travail et d'emploi, actions de sensibilisation au handicap de l'ensemble du personnel de l'entreprise, etc. Dans les conditions précisées par l'article L. 2242-20 du Code du travail, en vigueur à compter du 1er janvier 2016, cette périodicité pourra être aménagée par un accord d'entreprise (dans la limite de trois ans) majoritaire.
Cette négociation doit se dérouler sur la base d'un rapport établi par l'employeur présentant la situation par rapport à l'obligation d'emploi des travailleurs handicapés.
À défaut d'une initiative de l'employeur depuis plus de 12 mois suivant la précédente négociation, la négociation s'engage obligatoirement à la demande d'une organisation syndicale représentative dans le délai de 15 jours ; la demande de négociation formulée par l'organisation syndicale est transmise dans les huit jours par l'employeur aux autres organisations représentatives.
La négociation peut se solder par un échec, un procès-verbal de désaccord étant alors établi. Si elle aboutit, les parties concluent un

accord collectif d'entreprise (ou d'établissement si la négociation a eu lieu à ce niveau).

■ La négociation de branche

Les organisations qui sont liées par une convention de branche ou, à défaut, par des accords professionnels, doivent se réunir tous les trois ans pour négocier sur les mesures tendant à l'insertion professionnelle et au maintien dans l'emploi des travailleurs handicapés. La négociation porte, notamment, sur les conditions d'accès à l'emploi, à la formation et à la promotion professionnelles, ainsi que sur les conditions de travail, de maintien dans l'emploi et d'emploi.

Cette négociation se déroule sur la base d'un rapport établi par la partie patronale présentant, pour chaque secteur d'activité, la situation par rapport à l'obligation d'emploi des travailleurs handicapés visée page 27 et suivantes.

Par ailleurs, pour pouvoir être étendues, les conventions de branche conclues au niveau national doivent obligatoirement contenir une clause concernant les conditions propres à concrétiser le droit au travail de toute personne handicapée en état d'exercer une profession, notamment par l'application de l'obligation d'emploi, ainsi que les mesures d'aménagement de postes ou d'horaires, d'organisation du travail et les actions de formation visant à remédier aux inégalités de fait affectant ces personnes.

Remarque

Les employeurs peuvent négocier des accords de branche, de groupe ou d'entreprise prévoyant la mise en œuvre d'un programme annuel ou pluriannuel en faveur des travailleurs handicapés. La négociation et la conclusion d'un tel accord sont soumises aux règles applicables aux accords collectifs de travail. Un tel accord, à condition d'être agréé par l'administration compétente, est l'une des solutions qui s'offrent aux entreprises concernées pour satisfaire à l'obligation d'emploi des travailleurs handicapés (voir p. 27 et suivantes).

Textes de référence

Articles L. 1221-19 à L. 1221-25 (période d'essai), L. 2245-1 et L. 2242-13 à L. 2242-14 (négociation collective), L. 3123-6, L. 3123-7 et D. 3123-3 (temps partiel), R. 4214-26 à R. 4214-28, R. 4217-2 et R. 4225-6 (aménagements des lieux de travail), L. 4131-1 à L. 4132-5 (droit de retrait) et R. 5213-22 à R. 5213-26 (réentraînement au travail), du Code du travail
Loi n° 2015-994 du 17 août 2015 (JO du 18)

La rémunération

Le salaire des travailleurs handicapés occupés en milieu ordinaire de travail est fixé dans les mêmes conditions que pour les autres salariés, sans possibilité pour l'employeur d'appliquer à ce salaire un quelconque abattement. Afin de compenser la suppression de ces abattements, l'employeur peut percevoir, sous certaines conditions, une aide financière versée par l'Agefiph.

Comment est-elle fixée ?

Le salaire d'un travailleur handicapé employé en milieu ordinaire de travail ne peut pas être inférieur à celui résultant de l'application des dispositions réglementaires ou conventionnelles en vigueur dans l'entreprise qui l'emploie.

L'employeur ne peut donc rémunérer un salarié handicapé à un taux inférieur au Smic ou au salaire minimum conventionnel correspondant à sa qualification professionnelle et aux fonctions qu'il exerce dans l'entreprise (sur le salaire applicable aux bénéficiaires d'un contrat d'apprentissage ou de professionnalisation, voir précisions p. 105 et 162).

Remarque

Le Smic applicable aux jeunes travailleurs, de l'un ou de l'autre sexe, âgés de moins de 18 ans peut être minoré de 20 % si le jeune salarié a moins de 17 ans et de 10 % s'il a entre 17 et 18 ans. Cet abattement cesse toutefois d'être applicable aux salariés justifiant de six mois de pratique professionnelle dans la branche d'activité dont ils relèvent, ou par le jeu d'une disposition conventionnelle ou contractuelle. Il n'est pas applicable aux salariés de moins de 18 ans embauchés dans le cadre d'un contrat unique d'insertion (CUI) ou d'un emploi d'avenir.

Peut-il y avoir une différence avec des salariés « valides » ?

L'employeur ne peut rémunérer un travailleur handicapé à un taux inférieur à celui de ses collègues effectuant un même travail ou un travail de valeur égale, lui refuser un avantage, une prime ou une augmentation de salaire.
Par ailleurs, s'il s'avère que cette mesure est due au handicap du salarié, ce type de pratique est considéré comme une mesure discriminatoire, passible de sanctions civiles et pénales (voir p. 171).

Les employeurs peuvent-ils obtenir une aide ?

La loi du 11 février 2005 pour l'égalité des droits et des chances des personnes handicapées a supprimé, depuis le 1er janvier 2006, les abattements qui pouvaient être pratiqués sur le salaire des travailleurs handicapés dont le rendement était notoirement diminué (10 % pour les handicapés classés en catégorie B et 20 % pour ceux classés en catégorie C). Elle a supprimé, dans le même temps, le système de garantie de ressources, fixé en pourcentage du Smic et à la charge de l'État, qui assurait un complément de ressources aux personnes concernées.
Afin de compenser la suppression des abattements sur les salaires, les employeurs peuvent bénéficier de l'aide à l'emploi pour les salariés lourdement handicapés (voir p. 191).

Texte de référence

Article L. 5213-7 du Code du travail

La protection du salarié inapte

Lorsqu'un salarié est déclaré inapte à occuper son poste de travail par le médecin du travail, l'employeur est tenu de le reclasser dans l'entreprise ou dans le groupe auquel appartient l'entreprise. En cas d'impossibilité de reclassement, il peut le licencier. Le salarié qui n'est ni reclassé ni licencié dans un délai d'un mois doit à nouveau percevoir l'intégralité de son salaire.

Qui décide de l'inaptitude du salarié ?

Seul le médecin du travail peut prononcer l'inaptitude d'un salarié à occuper son poste de travail, soit dans le cadre de la surveillance médicale, soit dans le cadre de la visite de reprise (voir p. 244) : ni l'avis du médecin traitant ni le classement en invalidité par la Sécurité sociale ne peuvent établir l'inaptitude d'un salarié.

Le médecin du travail ne peut constater l'inaptitude qu'après une étude du poste et une étude des conditions de travail dans l'entreprise ainsi que deux examens médicaux espacés de deux semaines, accompagnés, le cas échéant des examens complémentaires. Il est toutefois possible pour le médecin du travail de délivrer un avis d'inaptitude en une seule visite quand il y a eu une visite de préreprise dans un délai de 30 jours au plus (sur cette visite, voir p. 246) ou, en cas d'urgence, lorsque le maintien du salarié à son poste entraîne un danger immédiat pour sa santé ou sa sécurité ou celles des tiers. Dans ces deux hypothèses, le médecin du travail doit réaliser une étude du poste et une étude des conditions de travail dans l'entreprise.

Le médecin du travail se prononce non seulement en fonction de l'examen clinique du salarié, mais également en fonction du poste de

travail occupé, des contraintes qui y sont liées et, éventuellement, de ses possibilités d'aménagement.
À cette occasion, le médecin du travail doit se prononcer sur les possibilités de reclassement du salarié dans l'entreprise. Il peut proposer une adaptation du poste de travail (aménagement matériel ou d'horaires) ou encore une mutation vers d'autres postes en précisant éventuellement ceux à exclure (station debout prolongée, port de charges, etc.). Le médecin du travail peut également prononcer l'inaptitude du salarié à tout poste dans l'entreprise.

Remarque

L'avis médical d'aptitude ou d'inaptitude mentionne les délais et voies de recours. En cas de contestation de cet avis médical par le salarié ou l'employeur, le recours est adressé dans un délai de deux mois, par lettre recommandée avec avis de réception, à l'inspecteur du travail dont relève l'entreprise (celui qui intente un recours en informe l'autre partie). La demande énonce les motifs de la contestation. La décision de l'inspecteur du travail peut être contestée dans un délai de deux mois devant le ministre chargé du Travail.

Lorsque le salarié était en arrêt de travail, la date du premier examen médical marque la fin de la suspension de son contrat de travail. Entre les deux examens, le salarié peut, en principe, continuer à travailler. S'il le lui interdit, l'employeur est tenu de maintenir sa rémunération, sauf s'il peut démontrer qu'une situation contraignante l'empêche de fournir du travail.

Quelles sont les obligations en matière de reclassement ?

■ Inaptitude suite à un accident ou une maladie non professionnelle

Lorsqu'à l'issue des périodes de suspension du contrat de travail consécutives à une maladie ou un accident non professionnel le salarié est déclaré inapte par le médecin du travail à reprendre l'emploi qu'il

occupait précédemment, l'employeur lui propose un autre emploi. Celui-ci doit être approprié aux capacités du salarié, compte tenu des conclusions écrites du médecin du travail et des indications qu'il a formulées sur l'aptitude du salarié à exercer une tâche existante dans l'entreprise. Ce nouvel emploi doit être aussi comparable que possible à l'emploi précédemment occupé, après mise en œuvre de mesures telles qu'une mutation, une transformation du poste ou l'aménagement du temps de travail.
Le contrat de travail peut également être suspendu pour permettre au salarié de suivre un stage de reclassement professionnel.

Remarque

En principe, l'emploi proposé ne doit entraîner aucune modification du contrat de travail (baisse de salaire, déclassement professionnel, par exemple). Toutefois, si le seul poste disponible comporte une telle modification, il doit être proposé au salarié en sachant que ce dernier est alors en droit de le refuser. Dans un tel cas, l'employeur doit lui faire de nouvelles propositions. Il peut également le licencier s'il ne trouve aucune solution alternative.

Cette obligation de reclassement s'impose à l'employeur, que l'inaptitude du salarié soit partielle ou totale, temporaire ou définitive, et même en cas d'inaptitude à tout emploi dans l'entreprise constatée par le médecin du travail.
La recherche des possibilités de reclassement doit s'effectuer, le cas échéant, tant au sein des différents établissements de l'entreprise qu'à l'intérieur du groupe auquel appartient l'entreprise.
Lorsque l'inaptitude du salarié à se maintenir à son poste de travail est constatée au cours du suivi médical périodique, l'employeur est tenu de prendre en considération les propositions émises par le médecin du travail (mutation ou transformations de postes, notamment) et, en cas de refus, de faire connaître les motifs qui s'opposent à ce qu'il y soit donné suite.

En cas de difficulté ou de désaccord sur l'avis du médecin du travail, la décision est prise par l'inspecteur du travail après avis du médecin-inspecteur du travail.

■ **Inaptitude suite à un accident du travail ou une maladie professionnelle**

Les mêmes dispositions s'appliquent aux salariés déclarés inaptes suite à un accident du travail ou une maladie professionnelle. Cependant, dans les entreprises d'au moins 50 salariés, le médecin du travail formule également des indications sur l'aptitude du salarié à bénéficier d'une formation destinée à lui proposer un poste adapté. En outre, l'employeur doit, sous peine de commettre le délit d'entrave, consulter les délégués du personnel avant toute proposition de reclassement. Pour ce faire, l'employeur doit leur fournir toutes les informations nécessaires quant au reclassement envisagé.

En présence d'un accident du travail ou d'une maladie professionnelle, lorsque le salarié est reconnu inapte par le médecin du travail, l'employeur dispose d'un délai d'un mois pour le reclasser ou, à défaut, le licencier. Passé le délai d'un mois, si le salarié n'est ni reclassé ni licencié, l'employeur est tenu de reprendre le versement du salaire précédent (voir p. 225). Durant ce délai, l'indemnité journalière peut être rétablie lorsque le salarié ne peut percevoir aucune rémunération liée à son activité salariée. Le versement de l'indemnité cesse dès que l'employeur procède au reclassement dans l'entreprise du salarié inapte ou le licencie. Lorsque le salarié bénéficie d'une rente, celle-ci s'impute sur l'indemnité journalière. Cette indemnité, dénommée « indemnité temporaire d'inaptitude » (ITI) est versée dans les conditions prévues aux articles D. 433-3 à D. 433-8 du Code de la sécurité sociale ; son montant journalier est égal au montant de l'indemnité journalière versé pendant l'arrêt de travail lié à l'accident du travail ou à la maladie professionnelle précédant l'avis d'inaptitude (renseignements auprès de la CPAM ou sur le site www.ameli.fr).

Remarque

En présence d'une inaptitude faisant suite à un accident du travail ou à une maladie professionnelle, l'employeur peut rompre le contrat de travail sans recherche de reclassement si l'avis du médecin du travail mentionne expressément que tout maintien du salarié dans l'entreprise serait gravement préjudiciable à sa santé (cette disposition est issue de la loi du 17 août 2015 mentionnée p. 227, en vigueur depuis le 19 août 2015).

Le salarié inapte peut-il être licencié ?

L'employeur peut licencier un salarié inapte lorsque son reclassement s'avère impossible. Les salariés inaptes suite à un accident du travail ou une maladie professionnelle bénéficient cependant de mesures protectrices plus importantes en la matière (les règles applicables aux salariés titulaires d'un CDD figurent p. 226).

■ Inaptitude suite à un accident ou une maladie non professionnelle

Le contrat de travail du salarié inapte peut être rompu par l'employeur lorsque l'une ou l'autre des conditions suivantes est remplie et rend impossible le reclassement du salarié :

- aucun poste adapté n'existe dans l'entreprise, ce qu'il appartiendra de prouver à l'employeur, en cas de litige ;
- le salarié a refusé le ou les postes proposés.

Dans une telle situation, la rupture du contrat s'analyse en un licenciement, l'employeur étant tenu de respecter la procédure prévue par le Code du travail : entretien préalable, motivation du licenciement, demande d'autorisation à l'inspecteur du travail si l'intéressé fait partie des salariés protégés, notamment.

Le salarié a droit à l'indemnité légale de licenciement ou à l'indemnité prévue par sa convention collective, si elle est plus favorable. Il est dispensé de préavis s'il ne peut l'effectuer du fait de son état de santé et ne peut prétendre, à ce titre, à aucune indemnité compensatrice sauf si elle est expressément prévue par la convention collective ou dans certaines circonstances particulières : l'inaptitude a été constatée à l'issue d'un arrêt de travail provoqué par un accident de travail ou une maladie professionnelle ; le licenciement est dépourvu de cause réelle et sérieuse en raison du manquement de l'employeur à son obligation de reclassement consécutive à l'inaptitude ; le salarié, reconnu travailleur handicapé, n'avait pas été soumis dès son embauche à l'examen médical prévu par l'article R. 4624-10 du Code du travail.
En cas de licenciement injustifié (licenciement d'un salarié inapte dont le reclassement n'est pas impossible ni refusé par l'intéressé) d'un salarié ayant au moins deux ans d'ancienneté dans une entreprise de 11 salariés et plus, le conseil de prud'hommes peut proposer la réintégration du salarié dans l'entreprise. Si le tribunal ne propose pas cette réintégration, ou si l'une des parties (employeur ou salarié) la refuse, le salarié a droit à une indemnité au moins égale à six mois de salaire.
Les salariés de moins de deux ans d'ancienneté dans une entreprise de 11 salariés ou appartenant à une entreprise de moins de 11 salariés n'ont droit qu'à une indemnité fixée en fonction du préjudice subi.

■ Inaptitude suite à un accident du travail ou une maladie professionnelle

Avant d'engager la procédure de licenciement, l'employeur est tenu :
- de consulter les délégués du personnel. À défaut, le salarié peut prétendre à une indemnité au moins égale à 12 mois de salaire ;
- de faire connaître par écrit au salarié les motifs s'opposant à son reclassement lorsqu'il n'a pu lui proposer un emploi adapté.

En cas de licenciement, le salarié a droit, quelle que soit son ancienneté :

- à une indemnité compensatrice égale à l'indemnité légale de préavis (sur la durée du préavis, voir p. 229) ;
- à une indemnité spéciale de licenciement égale au double de l'indemnité légale de licenciement ou à l'indemnité conventionnelle si elle est plus favorable. On signalera que, selon la Cour de cassation (Cass. soc., 22 février 2000), la règle de doublement de l'indemnité de licenciement ne vise, à défaut de dispositions conventionnelles plus favorables, que l'indemnité légale et non l'indemnité conventionnelle de licenciement.

Ces indemnités sont calculées sur la base du salaire moyen (salaire de base, prime, avantages de toute nature, indemnités et gratification) qui aurait été perçu par l'intéressé au cours des trois derniers mois s'il avait continué à travailler au poste qu'il occupait avant l'arrêt de travail provoqué par l'accident ou la maladie professionnelle.

Remarque

Les indemnités prévues ci-dessus ne sont pas dues par l'employeur qui établit que le refus par le salarié du reclassement qui lui est proposé est abusif.

En cas de licenciement injustifié (licenciement d'un salarié inapte dont le reclassement n'est pas impossible ni refusé par l'intéressé), le conseil de prud'hommes peut proposer la réintégration du salarié dans l'entreprise, avec maintien de ses avantages acquis. En cas de refus de la part de l'employeur ou du salarié, celui-ci bénéficie d'une indemnité qui ne peut être inférieure à 12 mois de salaire et qui peut être complétée, le cas échéant, par l'indemnité compensatrice et l'indemnité spéciale de licenciement visées ci-dessus.

Que se passe-t-il si le salarié n'est pas reclassé ?

Si le salarié n'est pas reclassé dans l'entreprise à l'issue d'un délai d'un mois à compter de la date de l'examen médical de reprise du travail (c'est-à-dire du second examen visé p. 208), ou s'il n'est pas licencié, l'employeur est tenu de verser à l'intéressé, dès l'expiration de ce délai, le salaire correspondant à l'emploi que celui-ci occupait avant la suspension de son contrat de travail. Ces dispositions s'appliquent également en cas d'inaptitude à tout emploi dans l'entreprise constatée par le médecin du travail ; elles ont pour objet d'éviter de laisser le salarié dans une situation d'incertitude et de difficulté économique, puisque, à compter du moment où il est déclaré inapte et qu'il ne travaille plus, l'employeur peut cesser de le rémunérer.

Remarque

Le salaire versé doit comprendre l'ensemble des éléments constituant la rémunération antérieure du salarié (partie fixe et partie variable). L'employeur ne peut déduire les indemnités journalières de la Sécurité sociale touchées par l'intéressé, ni les prestations versées par une institution de prévoyance.

Peut-on contester l'avis d'inaptitude ?

L'employeur et le salarié peuvent toujours contester l'avis rendu par le médecin du travail, qu'il s'agisse d'un avis d'aptitude ou d'inaptitude. Le recours est adressé dans un délai de deux mois, par lettre recommandée avec avis de réception, à l'inspecteur du travail dont relève l'entreprise. La demande énonce les motifs de la contestation. La décision de l'inspecteur du travail peut être contestée dans un délai de deux mois devant le ministre chargé du Travail. L'avis médical d'aptitude ou d'inaptitude mentionne les délais et voies de recours.

La contestation de l'avis du médecin du travail n'est pas suspensive. Ainsi, même si le salarié conteste l'avis d'inaptitude, l'employeur peut le licencier en cas d'impossibilité de reclassement, sans attendre la décision de l'inspecteur du travail. Mais un tel licenciement sera considéré comme privé de motif réel et sérieux si la décision de l'inspecteur du travail prononce l'aptitude du salarié.

Quelle est la protection des salariés en CDD ?

Les dispositions concernant l'obligation de reclassement s'appliquent également aux salariés sous CDD.

L'inaptitude constatée par le médecin du travail autorise l'employeur à rompre le CDD de manière anticipée. Cette rupture ne peut intervenir qu'à l'issue de la procédure prévue par le Code du travail pour le reclassement du salarié, notamment ses articles L. 1226-10 et L. 1226-11 lorsque l'inaptitude est d'origine professionnelle et L. 1226-4 lorsque l'inaptitude n'est pas d'origine professionnelle. En outre, si le salarié est un salarié protégé, elle ne peut intervenir qu'après autorisation de l'inspecteur du travail.

La rupture du CDD prononcée en cas d'inaptitude ouvre droit, pour le salarié, à une indemnité dont le montant ne peut être inférieur à celui de l'indemnité prévue à l'article L. 1234-9 du Code du travail, c'est-à-dire l'indemnité légale de licenciement.

Lorsque l'inaptitude est d'origine professionnelle, la rupture du contrat ouvre droit, pour le salarié, à une indemnité dont le montant ne peut être inférieur au double de ce montant. Cette indemnité de rupture est versée selon les mêmes modalités que l'indemnité de fin de contrat (ou « indemnité de précarité ») due aux salariés en CDD en application de l'article L. 1243-8 du Code du travail.

Textes de référence

Articles L. 1226-2 à L. 1226-4, L. 4624-1
et R. 4624-10 à R. 4624-32 du Code du travail
Articles R. 4621-31 et R. 4621-32 du Code du travail
Loi n° 2015-994 du 17 août 2015 (JO du 18)

Le licenciement

S'il est interdit de licencier un salarié en raison de son handicap, rien n'empêche un employeur de licencier un salarié handicapé pour un autre motif. Les travailleurs handicapés ne bénéficient donc pas d'une immunité en la matière, mais ils ont droit à certains avantages particuliers (doublement de la durée du préavis, protection en cas de licenciement économique).

Le handicap peut-il être un motif du licenciement ?

Conformément au principe de non-discrimination (voir p. 171), il est interdit de licencier un salarié en raison de son handicap, sauf inaptitude médicale constatée par le médecin du travail (voir p. 219 et suivantes). Le licenciement d'un salarié handicapé doit reposer sur un motif réel et sérieux : motif personnel (faute, insuffisance professionnelle, etc.) ou motif économique. L'appréciation de la réalité et du sérieux du motif doit cependant être faite avec une attention particulière : en effet, s'il s'avère que, malgré les motifs allégués par l'employeur, le licenciement est dû au handicap du salarié, la sanction encourue sera la nullité du licenciement. Dans ce cas, le salarié devra être réintégré dans son emploi ou dans un emploi équivalent ou, à défaut (réintégration impossible ou refusée par le salarié), percevoir, quelle que soit son ancienneté, les indemnités de rupture de droit commun et une indemnité spécifique au moins égale à six mois de salaire.

Rappelons également qu'il est interdit à l'employeur de résilier le contrat de travail d'un salarié victime d'un accident du travail ou d'une maladie professionnelle, et ce, pendant toute la durée de la suspension du contrat, y compris pendant la période d'essai. Seule une faute grave du salarié ou l'impossibilité de maintenir le contrat pour un motif étranger à la maladie ou à l'accident peut justifier un licenciement. Le non-respect de ces règles est également sanctionné par la nullité de la rupture du contrat, avec les mêmes conséquences que celles visées ci-dessus (réintégration ou, à défaut, indemnisation).

Quelles sont les règles en matière de préavis ?

En cas de licenciement, quel que soit l'effectif de l'entreprise, la durée du préavis déterminée en application de l'article L. 1234-1 du Code du travail (un mois pour une ancienneté de six mois à moins de deux ans ; deux mois pour une ancienneté d'au moins deux ans) est doublée pour les bénéficiaires de l'obligation d'emploi (voir p. 27), sans toutefois que cette mesure puisse avoir pour effet de porter au-delà de trois mois la durée du préavis.

Ces dispositions ne sont toutefois pas applicables lorsque les règlements de travail, les conventions ou accords collectifs de travail ou, à défaut, les usages prévoient un préavis d'une durée au moins égale à trois mois.

Remarques

- Aucun préavis n'est dû par l'employeur en cas de licenciement pour faute grave ou lourde.
- Lorsque le salarié a moins de six mois d'ancienneté, l'existence et la durée du préavis résultent des dispositions de la convention collective ou, à défaut, des usages pratiqués dans la localité et la profession. Dans cette situation, il convient donc de se renseigner auprès des représentants du personnel ou de l'inspection du travail.

Qu'en est-il en matière de licenciement pour motif économique ?

En cas de licenciement pour motif économique, qu'il concerne un seul ou plusieurs salariés, l'employeur doit établir l'ordre des licenciements, c'est-à-dire déterminer la liste du ou des salariés concernés par cette mesure.

Pour ce faire, il doit appliquer des critères fixés :

- soit par la convention ou l'accord collectif applicable ;
- soit, à défaut, par lui-même, après consultation du comité d'entreprise ou des délégués du personnel. Dans ce cas, les critères arrêtés par l'employeur doivent prendre en compte, notamment : les charges de famille et, en particulier, celles de parents isolés, l'ancienneté de service dans l'établissement ou l'entreprise, les qualités professionnelles appréciées par catégorie, la situation des salariés qui présentent des caractéristiques sociales rendant leur réinsertion professionnelle particulièrement difficile, notamment celles des personnes handicapées et des salariés âgés, les qualités professionnelles appréciées par catégorie. L'employeur peut privilégier un de ces critères, à condition de tenir compte de l'ensemble des autres critères énoncés.

Pour les entreprises soumises à l'obligation d'établir un plan de sauvegarde de l'emploi (PSE, voir art. L. 1233-61 à L. 1233-63 du Code du travail), le périmètre d'application des critères d'ordre des licenciements peut être fixé par l'accord collectif majoritaire portant sur le contenu du plan et la procédure (accord mentionné à l'article L. 1233-24-1 du Code du travail) ou par le document unilatéral établi par l'employeur (document mentionné à l'article L. 1233-24-4 du Code du travail). Dans le cas d'un document unilatéral, et dans des conditions qui seront précisées par décret, ce périmètre ne pourra être inférieur à celui de chaque zone d'emploi dans laquelle sont situés un ou plusieurs établissements de l'entreprise concernés par les suppressions d'emploi (toutes les précisions seront disponibles sur le site www.travail-emploi.gouv.fr ; cette disposition, issue de la loi du 6 août 2015 mentionnée ci-contre, s'applique aux procédures de licenciement pour motif économique engagées, en application des articles L. 1233-8 ou L. 1233-30 du Code du travail, après le 7 août 2015).

Remarque

La conclusion d'accords de branche, de groupe, d'entreprise ou d'établissement est, dès lors que cet accord est agréé, l'un des moyens offerts aux employeurs concernés de satisfaire à leur obligation d'emploi des travailleurs handicapés (voir p. 27 et suivantes). Cet accord doit, notamment, comporter un plan de maintien dans l'entreprise en cas de licenciement. Il est donc important que l'accord détermine des critères d'ordre des licenciements privilégiant les travailleurs handicapés, la présence de telles clauses constituant un élément central d'appréciation de l'autorité administrative appelée à délivrer son agrément.

Les salariés licenciés pour motif économique peuvent demander à l'employeur qu'il leur indique les critères retenus pour fixer l'ordre des licenciements. La demande doit être présentée par lettre recommandée avec demande d'avis de réception ou encore par lettre remise en main propre contre décharge, avant l'expiration d'un délai de 10 jours à compter de la date à laquelle le salarié quitte effectivement son emploi. L'employeur doit alors répondre au salarié par lettre recommandée avec demande d'avis de réception au plus tard dans les 10 jours suivant la présentation de la demande. Le défaut de réponse ou la réponse tardive ouvre droit à des dommages et intérêts calculés en fonction du préjudice subi.
De plus, qu'il lui ait ou non demandé de l'informer des critères retenus, le salarié peut toujours poursuivre l'employeur auprès du conseil de prud'hommes s'il estime que celui-ci n'a pas observé les règles relatives à l'ordre des licenciements. Cette irrégularité causant nécessairement un préjudice au salarié doit être intégralement réparée.
L'employeur qui n'a pas respecté l'ordre des licenciements est également passible de l'amende prévue pour les contraventions de 4e classe (750 € au maximum). Il peut aussi être poursuivi pour délit d'entrave (un an d'emprisonnement et/ou 2 750 € d'amende au maximum) s'il n'a pas consulté les représentants du personnel pour en fixer les critères.

Textes de référence

Articles L. 1233-5 à L. 1233-7 du Code du travail
Article L. 5213-9 du Code du travail
Loi n° 2015-990 du 6 août 2015 (JO du 7)

Le rôle des représentants du personnel

Dans le cadre de leur rôle traditionnel de représentation des intérêts des salariés auprès de l'employeur, les représentants du personnel (délégués du personnel, comité d'entreprise, délégués syndicaux) ont à connaître les questions relatives à l'emploi des travailleurs handicapés (sur la négociation obligatoire, on se reportera aux précisions figurant p. 214).

Quel est le rôle du CHSCT ?

Le comité d'hygiène, de sécurité et des conditions de travail (CHSCT) est, notamment, chargé de contribuer à l'amélioration des conditions de travail, à la protection de la santé physique et mentale et à la sécurité des travailleurs de l'établissement et de ceux mis à sa disposition par une entreprise extérieure, et de veiller à l'observation des prescriptions légales prises en ces matières. Il peut proposer des actions de prévention fondées sur l'analyse des risques professionnels et des conditions de travail dans l'établissement. Il peut intervenir afin de prévenir et de lutter contre tout danger éventuel.

Il peut être saisi de toute question relevant de sa compétence par l'employeur, les représentants du personnel (comité d'entreprise ou délégués du personnel), l'inspecteur du travail, le médecin du travail ainsi que les agents contrôleurs des caisses d'assurance maladie.

Le CHSCT, en liaison avec le comité d'entreprise, est consulté sur les mesures prises en vue de faciliter la mise ou la remise au travail des accidentés du travail, des invalides de guerre et assimilés, des invalides civils, des travailleurs handicapés (conditions d'accueil, période d'essai et aménagement des postes de travail, notamment).

L'employeur est tenu de lui présenter pour avis, au moins une fois par an :

- un rapport écrit faisant le bilan de la situation générale de la santé, de la sécurité et des conditions de travail dans l'établissement et exposant les actions qui ont été menées au cours de l'année écoulée ;
- un programme annuel de prévention des risques professionnels et d'amélioration des conditions de travail, qui fixe la liste détaillée des mesures devant être prises au cours de l'année à venir, ainsi que, pour chaque mesure, ses conditions d'exécution et l'estimation de son coût.

L'avis du CHSCT est transmis à l'inspecteur du travail.
Le médecin du travail doit lui transmettre le rapport annuel d'activité qu'il est chargé d'établir dans les entreprises d'au moins 300 salariés.
Le CHSCT procède à des inspections régulières (au moins quatre fois par an) afin de s'assurer du respect des prescriptions concernant la santé, la sécurité et les conditions de travail : application des consignes, contrôle des machines, entretien des dispositifs de protection, etc.
Il peut intervenir en cas de danger grave et imminent.
L'employeur laisse à chacun des représentants du personnel au CHSCT le temps nécessaire à l'exercice de leurs fonctions (heures de délégation) dans les conditions fixées par l'article L. 4614-3 à L. 4614-6 du Code du travail.

Quel est le rôle du comité d'entreprise ?

■ Rôle général

Le comité d'entreprise (CE), en liaison avec le CHSCT, est consulté sur les mesures prises en vue de faciliter la mise ou la remise au travail des travailleurs handicapés (conditions d'accueil, période d'essai et aménagement des postes de travail, notamment).

Remarque

Si le CHSCT et le comité d'entreprise doivent être consultés sur les problèmes généraux relatifs à l'emploi des travailleurs handicapés dans l'entreprise, l'employeur n'est cependant pas obligé de les consulter sur chaque cas individuel (Cass. soc., 26 mai 1981).

■ Commission de la formation

Dans les entreprises comptant au moins 200 salariés, le comité d'entreprise constitue une commission de la formation, chargée notamment d'étudier les problèmes spécifiques concernant l'emploi et le travail des travailleurs handicapés.
Cette commission établit des rapports qui sont soumis au CE pour délibération.

■ Information

L'employeur doit fournir au comité d'entreprise un certain nombre de documents et porter certaines informations à sa connaissance.
Le CE doit ainsi recevoir :

- la déclaration annuelle relative à l'obligation d'emploi des salariés handicapés dans les entreprises d'au moins 20 salariés ;
- chaque année, pour avis, un récapitulatif portant sur les actions entreprises en faveur de l'emploi des travailleurs handicapés dans l'entreprise. Le document fourni par l'employeur mentionne les actions entreprises ou projetées en matière d'embauche, d'adaptation, de réadaptation ou de formation professionnelle en faveur de cette catégorie de salariés. Dans les entreprises de moins de 300 salariés, ce document est compris dans le rapport annuel unique. Le rapport, éventuellement modifié à l'issue de la réunion du comité, est tenu à la disposition de l'inspecteur du travail, accompagné de l'avis du CE, dans les 15 jours qui suivent ;
- le rapport annuel d'activité établi par le médecin du travail dans les entreprises d'au moins 300 salariés.

Il est, par ailleurs, notamment informé :

- des mesures envisagées pour l'amélioration, le renouvellement ou la transformation de l'équipement ou des méthodes de production et d'exploitation. L'employeur doit préciser les incidences de ces mesures sur les conditions de travail et d'emploi. L'information doit être renouvelée chaque semestre dans les entreprises de moins de 300 salariés, chaque trimestre pour celles atteignant ou dépassant cet effectif ;

- du nombre d'apprentis engagés par âge, sexe, diplôme ou titre obtenu et de leurs perspectives d'emploi. Le préfet lui communique également les décisions d'opposition à l'engagement d'apprentis qu'il peut être amené à prononcer lorsque l'employeur méconnaît les obligations mises à sa charge en la matière ;
- des conventions de contrats aidés (contrats initiative emploi, contrats d'accompagnement dans l'emploi, etc.), conclues par l'employeur. Le CE reçoit, chaque trimestre dans les entreprises de plus de 300 salariés et chaque semestre dans celles ayant un effectif moindre, un bilan de l'ensemble des embauches et des créations nettes d'emplois effectuées dans ce cadre.

Les dispositions mentionnées ci-dessus et page 236 seront aménagées à compter du 1er janvier 2016, en application de la loi n° 2015-994 du 17 août 2015 « relative au dialogue social et à l'emploi » et selon des modalités qui seront précisées par décret ; toutes les précisions seront disponibles, début 2016, sur le site www.travail-emploi.gouv.fr.

Remarque

Au plus tard le 31 décembre 2016, les éléments d'information contenus dans les rapports et informations transmis de manière récurrente au comité d'entreprise seront mis à la disposition de ses membres dans la base de données économiques et sociales créée par la loi du 14 juin 2013 (JO du 16 juin ; article L. 2323-7-2 et L. 2323-8 du Code du travail à compter du 1er janvier 2016) ; cette mise à disposition actualisée vaudra communication des rapports et informations au comité d'entreprise. Les consultations du CE pour des événements ponctuels continuent toutefois de faire l'objet de l'envoi de ces rapports et informations. La base de données économiques et sociales est mise en place depuis le 14 juin 2014 au plus tard dans les entreprises de

300 salariés et plus, et depuis le 14 juin 2015 au plus tard dans les entreprises de moins de 300 salariés ; elle est accessible en permanence aux membres du comité d'entreprise ou, à défaut, aux délégués du personnel, ainsi qu'aux membres du comité central d'entreprise, du CHSCT et aux délégués syndicaux.

■ Consultation

Dans certains domaines, l'employeur doit consulter le CE avant de prendre sa décision. Il en est ainsi notamment pour :

- les contrats de mise à disposition de personnes handicapées travaillant en entreprise adaptée ;
- les mesures de formation et d'information du personnel à mettre en place pour assurer leur propre sécurité et leur santé ainsi que celles des tiers ;
- les licenciements économiques : le comité d'entreprise doit être consulté régulièrement par l'employeur tout au long de la procédure ;
- les problèmes généraux concernant les conditions de travail : organisation du travail, technologies, organisation du temps de travail, qualification et modes de rémunération ;
- les projets concernant la modification de la durée du travail et l'aménagement du temps de travail ;
- la formation professionnelle ;
- les objectifs de l'entreprise en matière d'apprentissage et le nombre d'apprentis susceptibles d'être accueillis ainsi que les conditions de mise en œuvre de ces contrats.

Quel est le rôle des délégués du personnel ?

Les délégués du personnel (DP) ont pour mission de présenter à l'employeur les réclamations individuelles ou collectives des salariés relatives aux salaires et à l'application du Code du travail, des lois et règlements concernant la santé et la sécurité ainsi que des conventions et accords collectifs applicables dans l'entreprise.

Les travailleurs handicapés peuvent donc présenter leurs réclamations aux délégués du personnel sachant qu'ils conservent toujours le droit de présenter leurs observations directement à l'employeur.

Les délégués du personnel sont investis de missions spécifiques :

- ils désignent les représentants du personnel au CHSCT avec les membres élus du CE ;
- ils assurent la liaison avec les autres instances représentatives dans l'entreprise (CE et CHSCT) ;
- ils doivent être consultés sur le reclassement des salariés inaptes suite à un accident du travail ou à une maladie professionnelle ;
- ils peuvent également déclencher une procédure d'alerte en cas d'atteinte aux droits des personnes et à leur santé physique et mentale pouvant résulter d'une mesure discriminatoire notamment de faits de harcèlement sexuel ou moral ;
- ils peuvent saisir l'inspection du travail de toutes plaintes et observations relatives aux prescriptions légales et réglementaires dont ils sont chargés d'assurer le contrôle.

Remarque

En l'absence de CHSCT et/ou de CE (entreprises de moins de 50 salariés, notamment), les attributions de ces instances sont dévolues aux délégués du personnel.

Quelles sont les attributions des organisations syndicales ?

■ Rôle général

Les organisations syndicales négocient les conventions et les accords collectifs s'appliquant tant au niveau des branches qu'au niveau de l'entreprise, lors de la négociation annuelle obligatoire, notamment. Dans ce cadre, elles peuvent faire des propositions sur les mesures à prendre pour assurer l'insertion professionnelle et le maintien dans l'emploi des travailleurs handicapés.

Les délégués syndicaux participent à la mission revendicative des syndicats au niveau de l'entreprise. Ainsi, lorsqu'un salarié handicapé désire présenter une réclamation concernant l'application des règles relatives à son statut, il doit s'adresser à un délégué du personnel. En revanche, s'il revendique une amélioration de ces règles, il est préférable de soumettre ses demandes à un délégué syndical.

■ Actions en justice

Les organisations syndicales peuvent assister ou même représenter les parties (employeurs ou salariés) devant le conseil de prud'hommes. Il n'y a aucune formalité à remplir pour se faire assister. En revanche, pour pouvoir représenter une partie, le représentant syndical doit justifier d'un mandat rédigé sur papier libre. Ce pouvoir doit indiquer le motif de l'absence de la partie représentée et être accompagné de justificatifs permettant d'en vérifier la légitimité.

Les syndicats peuvent également entamer une action en justice en lieu et place du salarié lorsque le litige porte notamment sur un acte commis en violation du principe de non-discrimination (voir p. 171 et suivantes).

Textes de référence

Articles L. 4611-1 et suivants du Code du travail (CHSCT)
Articles L. 2313-1 et suivants du Code du travail (DP)
Articles L. 2323-1 et suivants du Code du travail (CE)
Loi n° 2015-994 du 17 août 2015 (JO du 18)

L'intervention du médecin du travail

La médecine du travail est une médecine exclusivement préventive : elle a pour objet d'éviter toute altération de la santé des salariés, du fait de leur travail, notamment en surveillant leur état de santé, les conditions d'hygiène du travail et les risques de contagion. Les dispositions relatives à la médecine du travail sont applicables aux employeurs de droit privé et aux travailleurs, c'est-à-dire, outre les salariés (y compris temporaires), les stagiaires, ainsi que toute personne placée à quelque titre que ce soit sous l'autorité de l'employeur. Toutefois, les dispositions spécifiques relatives au suivi individuel de l'état de santé (examens d'embauche, périodiques, etc., voir p. 244) ne concernent que les salariés.

Remarque

Sous peine d'amende, l'employeur doit afficher, dans des locaux normalement accessibles aux travailleurs, l'adresse et le numéro d'appel du médecin du travail ou du service de santé au travail compétent pour l'établissement.

Comment sont organisés les services de santé au travail ?

Chaque employeur est tenu d'organiser un service de santé au travail (SST), sous la forme :

1° soit d'un service autonome, qui peut être un service de groupe au sens de l'article L. 2331-1 du Code du travail, d'entreprise, inter-établissements, d'établissement ou commun aux entreprises constituant une unité économique et sociale (UES) ;

2° soit d'un service de santé au travail interentreprises.

La réglementation applicable, notamment l'article D. 4622-5 du Code du travail, fixe un seuil unique pour le choix entre l'adhésion à un SST interentreprises (SSTI) ou la mise en place d'un service autonome de santé au travail :

- lorsque l'effectif de salariés suivis de l'entreprise ou de l'établissement est inférieur à 500 salariés, l'employeur doit adhérer à un SSTI ;
- lorsque cet effectif atteint ou dépasse 500 salariés, l'employeur peut mettre en place un service autonome de santé au travail (si elles ne souhaitent pas mettre en place un tel service, ces entreprises doivent adhérer à un SSTI).

Une entreprise ou un établissement, quel que soit son effectif, peut faire suivre ses salariés par un service autonome d'une autre entreprise dans les deux cas suivants :

- l'entreprise ou l'établissement appartient au même groupe, en l'absence d'un SST de groupe ;
- l'entreprise ou l'établissement intervient régulièrement en tant qu'entreprise extérieure auprès d'une entreprise utilisatrice dans les conditions prévues à l'article R. 4511-1 du Code du travail (champ d'application des dispositions relatives aux travaux réalisés dans un établissement par une entreprise extérieure).

Chaque SST fait l'objet d'un agrément pour une période de cinq ans, par le directeur régional des entreprises, de la concurrence, de la consommation, du travail et de l'emploi, après avis du médecin inspecteur du travail.

Remarque

Pour plus de précisions sur les SST (choix de la forme du service, agrément, gestion et administration du service, rôle des représentants du personnel, contrôle, mise en place, rôle et composition de la commission médico-technique, etc.), on se reportera à la circulaire DGT n° 13 du 9 novembre 2012 « relative à la mise en œuvre de la réforme de la médecine du travail et des services de santé au travail », disponible sur le site http://circulaires.legifrance.gouv.fr.

Quelle est la mission des services de santé au travail ?

Les services de santé au travail ont pour mission exclusive d'éviter toute altération de la santé des travailleurs du fait de leur travail. À cette fin, ils :

- conduisent les actions de santé au travail, dans le but de préserver la santé physique et mentale des travailleurs tout au long de leur parcours professionnel ;
- conseillent les employeurs, les travailleurs et leurs représentants sur les dispositions et mesures nécessaires afin d'éviter ou de diminuer les risques professionnels, d'améliorer les conditions de travail, de prévenir la consommation d'alcool et de drogue sur le lieu de travail, de prévenir le harcèlement sexuel ou moral, de prévenir ou de réduire la pénibilité au travail et la désinsertion professionnelle et de contribuer au maintien dans l'emploi des travailleurs ;
- assurent la surveillance de l'état de santé des travailleurs en fonction des risques concernant leur santé au travail et leur sécurité et celle des tiers, de la pénibilité au travail et de leur âge ;
- participent au suivi et contribuent à la traçabilité des expositions professionnelles et à la veille sanitaire.

Les missions ainsi définies sont exercées :

- dans les services de santé au travail autres que les services interentreprises (services « autonomes »), par les médecins du travail en toute indépendance. Ces médecins du travail mènent leurs actions en coordination avec les employeurs, les membres du CHSCT ou les délégués du personnel et les personnes ou organismes mentionnés à l'article L. 4644-1 du Code du travail ;
- dans les services de santé au travail interentreprises, par une équipe pluridisciplinaire de santé au travail comprenant des médecins du travail, des intervenants en prévention des risques professionnels (IPRP) et des infirmiers. Ces équipes peuvent être complétées par des assistants de services de santé au travail et des professionnels recrutés après avis des médecins du travail. Les médecins du travail animent et coordonnent l'équipe pluridisciplinaire.

Quel est le rôle du médecin du travail ?

Le rôle du médecin du travail est exclusivement préventif. Il consiste à éviter toute altération de la santé des travailleurs du fait de leur travail, notamment en surveillant leurs conditions d'hygiène au travail, les risques de contagion et leur état de santé, ainsi que toute atteinte à la sécurité des tiers.

Le médecin du travail est le conseiller de l'employeur, des travailleurs, des représentants du personnel et des services sociaux, notamment pour l'amélioration des conditions de travail, l'adaptation des postes, la construction ou les aménagements nouveaux, la mise en place ou la modification de l'organisation du travail de nuit, etc. Afin d'exercer ces missions, il conduit des actions sur le milieu de travail, avec les autres membres de l'équipe pluridisciplinaire dans les services de santé au travail interentreprises, et procède à des examens médicaux.

Dans le cadre de ses missions, le médecin du travail a libre accès aux lieux de travail et peut y réaliser des visites soit à son initiative, soit à la demande de l'employeur ou du CHSCT ou, à défaut, des délégués du personnel.

Remarque

Lorsque le médecin du travail constate la présence d'un risque pour la santé des travailleurs, il propose par un écrit motivé et circonstancié des mesures visant à la préserver. L'employeur prend en considération ces propositions et, en cas de refus, fait connaître par écrit les motifs qui s'opposent à ce qu'il y soit donné suite.

De même, lorsqu'il est saisi par un employeur d'une question relevant des missions qui lui sont dévolues en application des dispositions mentionnées ci-dessus, le médecin du travail fait connaître ses préconisations par écrit.

Ces propositions et ces préconisations, ainsi que la réponse de l'employeur, sont transmises au CHSCT ou, à défaut, aux délégués du personnel, à l'inspecteur ou au contrôleur du travail, au médecin inspecteur du travail ou aux agents des services de prévention des organismes de sécurité sociale et des organismes professionnels de santé, de sécurité et des conditions de travail constitués dans les branches d'activités présentant des risques particuliers.

■ **L'action du médecin du travail sur le milieu du travail**

Le médecin agit en vue d'améliorer globalement les conditions de travail, notamment en ce qui concerne (pour le détail, voir l'article R. 4623-1 du Code du travail) :

- l'adaptation des postes, des techniques et des rythmes de travail à la physiologie humaine (aménagement des postes de travail pour limiter les efforts physiques, éviter les postures difficiles, déterminer l'éclairage correct, mais aussi apprécier la charge mentale et agir sur l'organisation du travail, etc.) ;
- la protection des travailleurs contre l'ensemble des nuisances et, notamment, contre les risques d'accidents du travail ou d'exposition à des agents chimiques dangereux ;
- la surveillance des conditions d'hygiène au travail et d'hygiène en général qui règnent dans l'entreprise (entretien des lieux de travail, aménagement des locaux sanitaires, etc.) ;
- la surveillance de l'hygiène dans les services de restauration (prévention des contaminations par une bonne hygiène des locaux, des matériels, des denrées, etc.) ;
- la promotion de la prévention (information sur les mesures de prévention et l'éducation sanitaire, prévention des lombalgies, utilisation correcte de certains équipements de protection individuelle, etc.).

Pour le détail des actions sur le milieu de travail, on se reportera aux articles R. 4624-1 à R. 4624-9 du Code du travail.

Le médecin du travail apporte son concours à l'organisation des actions de formation à la sécurité mises en place par l'employeur. Il participe à l'établissement de la liste des postes à risques nécessitant une formation renforcée à la sécurité.

Il doit, par ailleurs, être consulté sur les projets de construction ou d'aménagements nouveaux et sur les modifications apportées aux équipements existants.

■ **Mesures individuelles**

Le médecin du travail est habilité à proposer des mesures individuelles telles que des mutations, des transformations de postes justifiées par des considérations relatives à l'état de santé physique et mentale des travailleurs. L'employeur est tenu de prendre en considération ces propositions et, en cas de refus, de faire connaître les motifs qui s'opposent à ce qu'il y soit donné suite. En cas de difficulté ou de désaccord, l'employeur ou le salarié peut exercer un recours devant l'inspecteur du travail. Ce dernier prend sa décision après avis du médecin inspecteur du travail.

Quel est le suivi médical des travailleurs handicapés ?

Les travailleurs handicapés font partie des catégories de salariés soumis à une surveillance médicale renforcée (SMR), au même titre, par exemple, que les travailleurs âgés de moins de 18 ans. À ce titre, ils bénéficient d'un suivi médical particulier, qu'il s'agisse de la visite médicale d'embauche ou des visites périodiques.
À l'occasion de ces visites médicales, le salarié handicapé peut faire part au médecin du travail de la diminution de ses capacités ou de ses difficultés à se maintenir à son poste de travail ; le médecin du travail peut alors, en accord avec le salarié, proposer l'une ou l'autre des mesures individuelles mentionnées ci-dessus.

Remarque

Le temps nécessité par les examens médicaux, y compris les examens complémentaires, doit être rémunéré comme temps de travail, même s'il se déroule en dehors des heures de travail. Les frais de transport éventuellement engagés sont pris en charge par l'entreprise.

■ Examen d'embauche

Contrairement aux salariés non soumis à une surveillance médicale renforcée, pour lesquels il peut avoir lieu jusqu'à la date d'expiration de la période d'essai, l'examen médical d'embauche des salariés handicapés doit obligatoirement avoir lieu avant l'embauche et aucune dispense d'examen médical d'embauche n'est applicable.

Cet examen a notamment pour finalité :

- de s'assurer que le salarié est médicalement apte au poste de travail auquel l'employeur envisage de l'affecter ;
- de proposer éventuellement les adaptations du poste ou l'affectation à d'autres postes ;
- de rechercher si le salarié n'est pas atteint d'une affection dangereuse pour les autres travailleurs ;
- d'informer le salarié sur les risques des expositions au poste de travail et le suivi médical nécessaire ;
- de sensibiliser le salarié sur les moyens de prévention à mettre en œuvre.

Remarque

En cas de pluralité d'employeurs, un seul examen médical d'embauche est réalisé sous réserve que les employeurs concernés aient conclu un accord entre eux ou soient couverts par un accord collectif de branche prévoyant les modalités de répartition de la charge financière de la surveillance médicale, notamment.

■ Examens périodiques

Le salarié relevant d'une surveillance médicale renforcée bénéficie, comme tout salarié, d'un examen périodique dans les conditions définies par l'article R. 4624-18 du Code du travail c'est-à-dire un examen périodique tous les 24 mois, sauf modulation accordée par la Direccte dans le cadre de l'agrément du SST, mais aussi d'au moins un examen de nature médicale tous les 24 mois. Par examen de nature médicale, on entend un examen qui donne lieu à une prescription et une interprétation du médecin du travail ou du collaborateur médecin (examens radiologiques, plombémie, etc.). Le but est de s'assurer du maintien de l'aptitude du salarié au poste de travail occupé, de vérifier que ledit poste est suffisamment adapté au handicap de l'intéressé et de dépister les aggravations éventuelles de l'état de santé du salarié.

Remarque

Un salarié, soumis ou non à une SMR, peut bénéficier à tout moment d'un examen médical par le médecin du travail. Cette démarche ne peut donner lieu à une sanction de la part de l'employeur.

L'employeur peut demander un examen médical du salarié par le médecin du travail, afin d'obtenir un avis sur son aptitude au poste ; cette démarche peut se révéler nécessaire, par exemple, après un changement de poste de travail.

■ Examen de préreprise

Un examen de préreprise est obligatoirement organisé pour le salarié placé en arrêt de travail d'une durée de plus de trois mois, à l'initiative du médecin traitant, du médecin conseil des organismes de sécurité sociale ou du salarié.

L'objectif de cet examen est de favoriser le maintien dans l'emploi du salarié et, à ce titre, le médecin du travail peut recommander au cours de l'examen :

- des aménagements et adaptations du poste de travail ;
- des préconisations de reclassement ;
- des formations professionnelles à organiser afin de faciliter le reclassement du salarié ou sa réorientation professionnelle.

Ces recommandations doivent permettre à l'employeur d'anticiper la recherche de reclassement du salarié dont l'état de santé ne lui permettra sans doute plus de reprendre son poste.

Remarque

Aucun avis d'aptitude ou d'inaptitude ne peut être délivré par le médecin du travail à l'issue de cet examen. Il informe seulement l'employeur et le médecin conseil de ses recommandations afin que toutes les mesures soient mises en œuvre en vue de favoriser le maintien dans l'emploi du salarié. Le salarié peut s'opposer à cette information.

■ Examen de reprise

Les salariés doivent bénéficier d'un examen par le médecin du travail après une absence pour cause de maladie professionnelle, après un congé de maternité, après une absence d'au moins 30 jours pour cause d'accident du travail, de maladie ou d'accident non professionnel. Cet examen a pour objet :

- de délivrer l'avis d'aptitude médicale du salarié à reprendre son poste ;
- de préconiser l'aménagement, l'adaptation du poste ou le reclassement du salarié ;
- d'examiner les propositions d'aménagement, d'adaptation du poste ou de reclassement faites par l'employeur à la suite des préconisations émises par le médecin du travail lors de la visite de préreprise.

Dès que l'employeur a connaissance de la date de la fin de l'arrêt de travail, il saisit le SST qui organise l'examen de reprise dans un délai de huit jours à compter de la reprise du travail par le salarié. En cas de carence de l'employeur, le salarié peut lui réclamer de passer cet examen médical ou encore le solliciter directement auprès du médecin du travail, après en avoir informé son employeur. Sur ce point, on signalera que, selon la Cour de cassation (Cass. soc., 6 octobre 2010), la carence de l'employeur constitue un manquement suffisamment grave à ses obligations pour justifier la prise d'acte par le salarié de la rupture de son contrat de travail (cette prise d'acte produit les effets d'un licenciement sans cause réelle et sérieuse).

Remarque

Le fait de ne pas soumettre un salarié à une visite médicale obligatoire est passible de sanctions civiles (dommages et intérêts en fonction du préjudice subi par le salarié) et pénales (amende de 1 500 € au maximum). Le refus de cet examen de la part du salarié peut constituer une cause réelle et sérieuse de licenciement.

■ Examens complémentaires

Le médecin du travail peut prescrire les examens complémentaires nécessaires :

- à la détermination de l'aptitude médicale du salarié au poste de travail, notamment au dépistage des affections comportant une contre-indication à ce poste de travail ;
- au dépistage d'une maladie professionnelle ou à caractère professionnel susceptible de résulter de l'activité professionnelle du salarié ;
- au dépistage des maladies dangereuses pour l'entourage du salarié.

En cas de désaccord entre l'employeur et le médecin du travail sur la nature et la fréquence de ces examens, la décision est prise par le médecin inspecteur du travail.

■ Constat d'inaptitude

Lors de ces visites médicales (exception faite de l'examen de préreprise mentionné p. 246), le médecin du travail peut constater l'inaptitude du salarié à occuper son poste de travail (voir p. 219).

Quels sont les documents médicaux établis par le médecin du travail ?

■ Dossier médical

Au moment de l'examen médical d'embauche, le médecin du travail constitue un dossier médical en santé au travail qui retrace, dans le respect du secret médical, les informations relatives à l'état de santé du travailleur, aux expositions auxquelles il a été soumis ainsi que les avis et propositions du médecin du travail, notamment celles formulées en application de l'article L. 4624-1 du Code du travail (voir p. 242). Chaque examen médical du salarié donne lieu à un compte rendu porté à son dossier médical.

Ce dossier ne peut être communiqué qu'au médecin de son choix, à la demande de l'intéressé. En cas de risque pour la santé publique ou à sa demande, le médecin du travail le transmet au médecin inspecteur du travail. Ce dossier peut être communiqué à un autre médecin du travail dans la continuité de la prise en charge, sauf refus du travailleur. Le travailleur ou, en cas de décès de celui-ci, ses ayants droit, peut demander la communication de ce dossier.

■ Fiche médicale d'aptitude

À l'issue de chacun des examens médicaux, à l'exception de l'examen de préreprise mentionné page 246, le médecin du travail établit une fiche médicale d'aptitude en double exemplaire.

Il en remet un exemplaire au salarié et transmet l'autre à l'employeur par tout moyen leur conférant une date certaine, qui le conserve pour être présenté à tout moment, sur leur demande, à l'inspecteur du travail et au médecin inspecteur du travail.

Lorsque le médecin du travail constate que l'inaptitude du salarié est susceptible d'être en lien avec un accident ou une maladie d'origine professionnelle, il remet à ce dernier le formulaire de demande de l'indemnité temporaire d'inaptitude (ITI, voir p. 222).

Textes de référence

Articles L. 4624-2 et R. 4624-46 à R. 4624-49
du Code du travail
Loi n° 2015-994 du 17 août 2015 (JO du 18)

Travailler dans une entreprise adaptée

Les entreprises adaptées (EA), anciennement « ateliers protégés », doivent permettre aux personnes handicapées d'exercer une activité professionnelle dans des conditions adaptées à leurs possibilités. Elles peuvent servir de tremplin vers des emplois dans des entreprises « non adaptées » du marché du travail.

Les salariés des EA bénéficient des mêmes droits que les autres salariés ainsi que d'un accompagnement personnalisé. En contrepartie, les entreprises adaptées peuvent bénéficier d'aides de l'État.

Qu'est-ce qu'une entreprise adaptée ?

Les EA permettent aux travailleurs handicapés orientés vers le marché du travail par la CDAPH, qui y sont recrutés, d'exercer une activité professionnelle dans des conditions adaptées à leurs possibilités. Grâce à l'accompagnement spécifique qu'elles leur proposent, elles favorisent la réalisation de leur projet professionnel en vue de la valorisation de leurs compétences, de leur promotion et de leur mobilité au sein de la structure elle-même ou vers d'autres entreprises.

Remarque

Les EA remplacent les ateliers protégés. À la différence de ces derniers, elles sont rattachées au « milieu ordinaire » de travail. Les dispositions du Code du travail sont applicables aux travailleurs handicapés salariés de ces entreprises.

Les EA peuvent également prendre la forme :
- d'un centre de distribution de travail à domicile (CDTD) dont la spécificité est de procurer aux travailleurs handicapés des travaux manuels ou intellectuels à effectuer à domicile ;
- d'une section d'entreprise adaptée annexée à un établissement ou service d'aide par le travail (Ésat, ex-CAT). Il doit s'agir d'une unité distincte sur le plan comptable et de la production, qui doit disposer de ses propres locaux. La section d'EA s'inscrit dans un projet de promotion et de mobilité professionnelle du travailleur handicapé du milieu protégé vers le marché du travail.

Remarque

La passation de contrats de fournitures, de sous-traitance ou de prestations de service avec une EA ou un CDTD permet aux entreprises de s'exonérer, partiellement, de leur obligation d'emploi (voir p. 40).

Qui peut créer une entreprise adaptée ou un CDTD ?

Les EA et les centres de distribution de travail à domicile peuvent être créés par les collectivités locales ou des organismes publics ou privés et, notamment, par des sociétés commerciales.

Les EA créées par les collectivités locales, les organismes publics ou privés sont soit gérées par ces personnes morales, soit des entités juridiquement indépendantes. Les EA créées par une société commerciale doivent obligatoirement être constituées en personne morale distincte de la société.

En application des dispositions des articles R. 5213-70 à R. 5213-72 du Code du travail, l'EA doit constituer une unité autonome et économiquement viable sur la base :
- d'une production commercialisée différenciée ;
- de lieux de production clairement identifiés ;
- de moyens en matériels et personnels distincts ;
- d'une comptabilité distincte et complète sur la base du plan comptable général.

Chaque EA doit être placée sous l'autorité d'un responsable. Lorsqu'une section d'EA est annexée à un Ésat, elle peut être placée sous l'autorité d'un même responsable.

Remarque

Pour être reconnues en tant que telles et obtenir les aides de l'État, les EA doivent conclure avec le préfet de région un contrat d'objectifs triennal valant agrément. Un certificat administratif peut être demandé à la Direccte pour faire valoir cette reconnaissance.

Qui peut être embauché dans une EA ?

L'effectif de production des entreprises adaptées ou des CDTD comporte au moins 80 % de travailleurs handicapés orientés vers le marché du travail par la commission des droits et de l'autonomie des personnes handicapées (CDAPH, voir p. 15) et qui soit sont recrutés sur proposition du service public de l'emploi (notamment Pôle emploi) ou d'un organisme de placement spécialisé (les « Cap emploi », voir p. 63), soit répondent aux critères fixés par l'arrêté du 24 mars 2015 (JO du 4 avril) : bénéficier de l'allocation adulte handicapé, sortir d'un Ésat (voir p. 287), d'une autre entreprise adaptée ou d'un centre de distribution de travail à domicile, être suivie par un service d'accompagnement social, etc.

Remarque

En fonction des nécessités de leur production, les EA peuvent embaucher des salariés valides dans la limite de 20 % de leur effectif. Ce pourcentage s'applique aux effectifs qui concourent directement à la production et exclut donc la main-d'œuvre indirecte, le personnel d'encadrement, de direction, de gestion ou commercial.

Quel est le statut des salariés ?

L'EA ou le centre de distribution de travail à domicile est considéré comme employeur et le travailleur handicapé comme salarié pour l'application des dispositions législatives, réglementaires et contractuelles en vigueur, notamment en ce qui concerne les conditions de travail et la représentation des travailleurs pour la branche d'activité à laquelle se rattache l'établissement, compte tenu de sa production.
Le salaire des travailleurs handicapés en EA est fixé en fonction de l'emploi qu'ils occupent et de leur qualification par référence aux dispositions réglementaires ou conventionnelles applicables dans la branche d'activité. Ils ne peuvent, en aucun cas, être rémunérés à un taux inférieur au Smic.
Les salariés des EA ou des CDTD seront donc titulaires d'un CDD ou CDI, à temps plein ou à temps partiel, le cas échéant dans le cadre d'un contrat de travail aidé. Il pourra également s'agir d'un contrat de travail intermittent destiné à pourvoir des emplois permanents qui, par nature, comportent une alternance de périodes travaillées et de périodes non travaillées ; dans ce cas, par dérogation aux règles normalement applicables, ces contrats pourront être conclus avec des travailleurs handicapés bénéficiaires de l'obligation d'emploi, même en l'absence de convention ou d'accord collectif le prévoyant.

Remarque

À l'occasion de la rupture de leur contrat de travail, les travailleurs handicapés des EA involontairement privés d'emploi bénéficient du régime d'assurance chômage dans les conditions de droit commun, sous réserve des aménagements figurant à l'annexe 7 de la convention d'assurance chômage du 14 mai 2014 ; celle-ci peut être consultée sur le site www.unedic.org.

Quelles sont les passerelles vers les entreprises « non adaptées » ?

Plusieurs dispositions sont prévues par le Code du travail afin de faciliter le passage de l'entreprise adaptée ou du CDTD vers une entreprise non adaptée du marché du travail.

■ Mise à disposition

Les travailleurs handicapés employés dans une entreprise adaptée peuvent, avec leur accord et en vue d'une embauche éventuelle (et uniquement dans ce but), être mis à la disposition d'un autre employeur. Ils continuent à ouvrir droit, pour l'entreprise adaptée, à l'aide au poste et à la subvention spécifique (voir ci-dessous). Lorsqu'une telle mise à disposition est envisagée, les règles suivantes doivent être respectées :

- des contrats écrits doivent être conclus entre l'organisme gestionnaire de l'entreprise adaptée et, d'une part, l'employeur utilisateur, d'autre part, le travailleur handicapé ;
- passés pour une durée maximale d'un an renouvelable une fois, ces contrats doivent fixer les conditions de la mise à disposition et être soumis au visa de l'inspecteur du travail.

Le contrat liant l'organisme gestionnaire à l'employeur utilisateur doit, notamment, préciser :

- le nombre de travailleurs demandés, les qualifications professionnelles requises, le lieu, l'horaire et les caractéristiques particulières des travaux à accomplir ;
- la nature des travaux incompatibles avec certains types de handicaps ;
- les modalités de rémunération de la prestation de service ;
- les conditions d'une offre d'embauche.

Le contrat liant l'organisme gestionnaire de l'entreprise adaptée avec le travailleur handicapé doit, notamment, préciser :

- la qualification professionnelle du salarié ;
- la nature, le lieu, l'horaire et les caractéristiques particulières du travail à accomplir ;

- les éléments et les modalités de paiement de la rémunération due au salarié ;
- les conditions d'une offre d'embauche.

Remarque

Le CE de l'entreprise utilisatrice et celui de l'entreprise adaptée ou à défaut les délégués du personnel sont consultés sur ces contrats.

■ Priorité d'embauche

Le salarié handicapé qui a démissionné d'une entreprise adaptée ou d'un centre de distribution de travail à domicile pour travailler dans une entreprise non adaptée bénéficie, dans le délai d'un an à compter de la rupture de son contrat, d'une priorité d'embauche s'il manifeste le souhait de réintégrer l'EA ou le CDTD. Dans ce cas, l'EA ou le CDTD l'informe de tout emploi disponible compatible avec sa qualification.

Quelles sont les aides spécifiques aux EA ?

■ Aides de l'État

Les entreprises adaptées et les centres de distribution de travail à domicile perçoivent pour chaque travailleur handicapé employé, dès lors que celui-ci remplit les conditions mentionnées page 252, une aide au poste forfaitaire versée par l'État, dans la limite d'un effectif de référence fixé annuellement par la loi de finances.
En outre, compte tenu des surcoûts résultant de l'emploi majoritaire de ces travailleurs handicapés, les EA et les CDTD reçoivent de l'État une subvention spécifique, destinée notamment au suivi social, à l'accompagnement et à la formation spécifiques de la personne handicapée, pour favoriser son adaptation à son poste de travail.

■ Aide de l'Agefiph

Les aides de l'Agefiph sont définies par le Conseil d'administration de cette association et sont périodiquement adaptées aux besoins identifiés et aux priorités définies. Toutes les aides de l'Agefiph sont présentées en détail (bénéficiaires, procédure, etc.) sur le site www.agefiph.fr.

Remarque

Verser une contribution à l'Agefiph n'est pas une condition nécessaire pour bénéficier d'une aide de cette association. Il suffit que l'entreprise intéressée, domiciliée en France et relevant du secteur privé (ou du secteur public soumis au droit privé), emploie ou embauche un bénéficiaire de l'obligation d'emploi travaillant sur le territoire français. L'attribution des aides de l'Agefiph n'est toutefois pas automatique : chaque demande fait l'objet d'une évaluation par l'Agefiph ou ses partenaires, en fonction, notamment, du respect des critères d'éligibilité, de la complémentarité avec les aides publiques existantes, des priorités fixées (par exemple, la prise en compte de la situation des personnes handicapées les plus éloignées de l'emploi en raison de leur qualification, de leur âge ou de leur handicap) et des ressources disponibles.

En l'état actuel de sa réglementation, l'Agefiph peut attribuer une aide à l'insertion professionnelle (AIP) pour l'embauche d'une personne handicapée sortant d'un établissement du secteur protégé ou adapté (Ésat, entreprises adaptées, Impro, Ime, CRP). L'aide peut également être attribuée pour l'embauche d'une personne handicapée âgée de 45 ans et plus ou demandeur d'emploi ayant travaillé moins de six mois consécutivement dans les 12 mois précédant le recrutement.

Pour pouvoir bénéficier de cette aide, les conditions suivantes doivent être réunies :

- l'embauche doit être faite en CDI ou en CDD conclu pour une durée au moins égale à 12 mois ;
- le contrat peut être conclu pour un temps plein ou pour un temps partiel d'une durée minimale de 16 heures par semaine.

Au 1er juin 2015 (ces montants sont susceptibles d'être adaptés pour tenir compte des priorités de l'Agefiph), le montant de l'aide est de :

- 4 000 € pour un contrat à temps plein (CDI ou CDD d'au moins 12 mois) ;

- 2 000 € pour un contrat à temps partiel d'une durée minimum de 16 heures (CDI ou CDD d'au moins 12 mois).

Remarque

L'aide à l'insertion professionnelle doit obligatoirement être prescrite par le conseiller à l'emploi (relevant de Pôle emploi, des Cap emploi ou des missions locales) qui accompagne la démarche de l'employeur ou de la personne handicapée. Ce conseiller identifie également, avec le demandeur, l'aide de l'Agefiph la mieux adaptée à ses besoins et constitue avec lui le dossier de demande d'aide. Pour les aides liées à la signature d'un contrat de travail, dont, notamment, l'aide à l'insertion professionnelle, le dossier doit être adressé dans les trois mois suivant la date d'embauche.

■ Les autres aides

Les pouvoirs publics ont développé depuis quelques années un ensemble de dispositifs d'aide au conseil pour les entreprises tant dans le domaine industriel et commercial qu'en matière de gestion de l'emploi ou de prévention des licenciements. Les EA peuvent naturellement bénéficier de ces dispositifs généraux. À côté de ces outils de droit commun, des aides spécifiques aux entreprises adaptées sont prévues, avec pour principal objectif :

- d'aider les organismes désirant créer une entreprise adaptée à établir un projet économique financier réel et consistant ;
- de permettre aux entreprises adaptées existantes de développer ou diversifier leurs activités en les aidant à financer une étude de faisabilité de leur projet ;
- d'apporter une aide aux EA qui veulent développer la gestion des ressources humaines (élaboration de plans de formation, gestion prévisionnelle des emplois).

Toutes les précisions sur ces aides au conseil peuvent être obtenues auprès des Direccte.

Textes de référence

Articles L. 5213-13 à L. 5213-19, R. 5213-62 à R. 5213-76
et D. 5213-77 à D. 5213-86 du Code du travail
Arrêté du 24 mars 2015 (JO du 4 avril)

La retraite anticipée

Les assurés handicapés peuvent faire valoir leurs droits à la retraite avant l'âge légal de départ à la retraite, s'ils justifient, pendant les durées exigées (voir précisions ci-dessous), d'un taux d'incapacité permanente d'au moins 50 %. Les règles présentées ici sont celles applicables dans le régime général, le régime des salariés agricoles et les régimes des travailleurs non salariés des professions artisanales, commerciales ou agricoles.

Pour les départs en retraite avant le 1er juillet 2011, l'âge légal de la retraite était fixé à 60 ans. Pour les retraites attribuées à compter du 1er juillet 2011, il sera porté progressivement à 62 ans selon l'échéancier suivant :

Assuré né	Âge de départ à la retraite
avant le 1er juillet 1951	60 ans
du 1er juillet 1951 au 31 décembre 1951	60 ans et 4 mois
en 1952	60 ans et 9 mois
en 1953	61 ans et 2 mois
en 1954	61 ans et 7 mois
à partir de 1955	62 ans

Quelles sont les conditions requises ?

Pour pouvoir bénéficier de leur retraite avant l'âge légal de départ à la retraite, les assurés handicapés doivent justifier d'une durée totale d'assurance dans le régime général (et, le cas échéant, dans un ou plusieurs autres régimes obligatoires) et d'une durée ayant donné lieu au versement de cotisations variables selon l'âge de départ à la retraite.

Pendant toute la durée d'assurance et toute la durée cotisée exigées, l'assuré doit justifier d'un taux d'incapacité permanente d'au moins 50 % ou d'un handicap de niveau comparable.

Remarque

Jusqu'à l'intervention de la loi du 20 janvier 2014 mentionnée page 264, deux critères étaient retenus pour définir le handicap permettant de bénéficier de la retraite anticipée des travailleurs handicapés : justifier, pour la période, d'une incapacité permanente d'au moins 80 % ou avoir bénéficié de la reconnaissance de la qualité de travailleur handicapé (RQTH), accordée par les maisons départementales des travailleurs handicapés (MDPH). Ces deux conditions ont été supprimées par la loi précitée et remplacées par le critère mentionné ci-dessus : justifier d'une incapacité permanente d'au moins 50 %. Ces nouvelles dispositions, plus favorables aux assurés, s'appliquent pour la détermination du droit aux retraites anticipées pour handicapés prenant effet à compter du 1er janvier 2015. Toutefois, afin de ne pas remettre en cause les projets d'assurés déjà proches de la retraite, il est prévu que, pour les périodes antérieures au 31 décembre 2015, la RQTH peut continuer d'être prise en compte pour l'appréciation des conditions permettant de bénéficier de la retraite anticipée.

■ La durée totale d'assurance

La durée d'assurance totale et la durée cotisée exigées pour la retraite anticipée des assurés handicapés correspondent à la durée nécessaire pour le taux plein diminuée en fonction de l'âge de départ de la retraite (voir tableau récapitulatif p. 262). La durée totale d'assurance prend en compte tous les trimestres validés, c'est-à-dire notamment les trimestres :

- résultant du versement des cotisations par l'assuré sur ses revenus d'activité ;
- de périodes reconnues équivalentes telles que les périodes d'activité antérieures au 1er avril 1983 qui peuvent ou auraient pu donner lieu à rachat de cotisations, les périodes d'activité non salariée

agricole, entre 18 et 21 ans, accomplies avant le 1er janvier 1976, d'aide familiale du parent ou conjoint chef d'entreprise artisan ou commerçant, accomplies avant le 1er avril 1983 ;
- de périodes assimilées à des périodes d'assurance telles que les périodes de maladie, de maternité, d'invalidité, d'accident du travail, de chômage, de service national, de détention provisoire ;
- ou encore de majorations de la durée d'assurance pour enfant, pour congé parental, pour charge d'enfant handicapé.

■ La durée cotisée

Une partie de la durée totale d'assurance retenue doit résulter de cotisations prélevées sur les salaires de l'assuré ou versées par celui-ci du fait d'une activité non salariée artisanale, commerciale ou agricole (voir tableau page suivante).

Tableau récapitulatif (source : Cnavts)

Année de naissance	Départ anticipé à partir de	Durée totale d'assurance (en trimestres)	Durée d'assurance cotisée (en trimestres)
1955	55 ans	126	106
	56 ans	116	96
	57 ans	106	86
	58 ans	96	76
	59 ans	86	66
1956 - 1957	55 ans	126	106
	56 ans	116	96
	57 ans	106	86
	58 ans	96	76
	59 ans	86	66
1958 - 1959 - 1960	55 ans	127	107
	56 ans	117	97
	57 ans	107	87
	58 ans	97	77
	59 ans	87	67
1961 - 1962 - 1963	55 ans	128	108

S'agissant du taux d'incapacité permanente d'au moins 50 %, les précisions suivantes peuvent être apportées :

- il n'est pas nécessaire que ce taux soit reconnu à la date de la demande ou à la date d'effet de la pension ;
- il suffit que l'assuré justifie de son taux d'incapacité de 50 % à un moment quelconque d'une année civile pour que tous les trimestres reportés au titre de cette année soient retenus.

Quelles sont les formalités pour l'obtenir ?

L'assuré doit s'adresser à sa caisse de retraite et remplir un imprimé de demande de situation vis-à-vis de la retraite anticipé. Il doit produire, à l'appui de cette demande, les pièces justifiant de la décision relative à son taux d'incapacité permanente prononcée par les MDPH (voir p. 12). Un arrêté du 24 juillet 2015 (JO du 8 août) fixe d'une part, les pièces permettant d'attester du taux d'incapacité permanente de 50 %, d'autre part, les équivalences à ce taux ainsi que leurs justificatifs (plus de précisions sur le site www.lassuranceretraite.fr).

Après étude de sa situation, la caisse d'assurance vieillesse adressera à l'assuré une attestation vis-à-vis de la retraite anticipée. Si les conditions sont remplies, la demande de retraite anticipée au titre du handicap pourra être déposée, obligatoirement accompagnée de cette attestation. Tous les renseignements sur la procédure à suivre sont disponibles sur le site de la Caisse nationale d'assurance vieillesse (www.lassuranceretraite.fr).

Remarque

Les salariés handicapés qui font liquider leur retraite de base avant l'âge légal dans le cadre de ce dispositif peuvent également obtenir la liquidation de leur retraite complémentaire, sans coefficients d'anticipation (sauf, le cas échéant, sur la partie la plus élevée de leur retraite). Sur ce point, il convient de se renseigner auprès de sa caisse de retraite complémentaire ou d'un « centre d'information retraite complémentaire des salariés » (adresses sur le site www.agirc-arrco.fr).

La retraite est calculée au taux maximum de 50 %. Elle peut être complétée, notamment, par la majoration pour enfants et ouvre droit à l'allocation de solidarité aux personnes âgées (Aspa) à partir de l'âge légal de départ à la retraite. Enfin, en application de la loi du 11 février 2005, une majoration de pension a été introduite pour les bénéficiaires de la retraite anticipée des travailleurs handicapés, si l'intéressé ne réunit pas la durée d'assurance maximale au régime général et ne peut donc, de ce fait, bénéficier d'une pension anticipée entière. Cette majoration est calculée en appliquant un coefficient de majoration au montant calculé de la pension anticipée ; ce coefficient est égal au tiers de la durée cotisée au régime général en étant handicapé par rapport à la durée d'assurance au régime général. La retraite majorée ne peut pas dépasser le montant que l'assuré aurait perçu s'il avait réuni la durée d'assurance maximum. La retraite majorée est donc comparée à la retraite entière. La retraite majorée est ensuite comparée au minimum contributif et au maximum des pensions. Par ailleurs, la pension de vieillesse attribuée à compter de l'âge légal peut être majorée si l'assuré qui en est titulaire, remplissait, avant cet âge, les conditions pour ouvrir droit à la retraite anticipée handicapé : le montant de la pension est ainsi porté à celui de la retraite anticipée majorée qui aurait été attribuée à l'assuré avant l'âge légal s'il en avait fait la demande, dès lors que ce dernier montant est supérieur au premier.

Textes de référence

Articles L. 351-1-3, D. 351-1-5 et D. 351-1-6 du Code de la sécurité sociale
Circulaire Cnav n° 2004/31 du 1er juillet 2004
Circulaire Cnav n° 2006/51 du 21 août 2006
Circulaire Cnav n° 2011/21 du 7 mars 2011
Circulaire Cnav n° 2011/63 du 23 août 2011
Circulaire Agirc-Arrco n° 2011-6 DRE du 19 mai 2011
Loi n° 2014-40 du 20 janvier 2014 (JO du 21)
Décret n° 2014-1702 du 30 décembre 2014 (JO du 31)
Circulaire Cnav n° 2015/31 du 27 mai 2015
Arrêté du 24 juillet 2015 (JO du 8 août 2015)

Le télétravail

Cette forme d'organisation du travail peut se révéler particulièrement adaptée aux personnes lourdement handicapées qui peuvent avoir des difficultés à s'intégrer dans une entreprise.
Le télétravail fait l'objet de dispositions spécifiques dans le Code du travail, et d'un accord national interprofessionnel étendu (accord du 19 juillet 2005, étendu par arrêté du 30 mai 2006, JO du 9 juin) applicable dans toutes les entreprises relevant des secteurs d'activité représentés par les organisations patronales signataires (Medef, CGPME, UPA).

Qu'est-ce que le télétravail ?

Le télétravail désigne toute forme d'organisation du travail dans laquelle un travail qui aurait également pu être exécuté dans les locaux de l'employeur est effectué par un salarié hors de ces locaux de façon régulière et volontaire en utilisant les technologies de l'information et de la communication dans le cadre d'un contrat de travail ou d'un avenant à celui-ci.

Remarque

Le télétravailleur désigne toute personne salariée de l'entreprise qui effectue, soit dès l'embauche, soit ultérieurement, du télétravail tel que défini ci-dessus.

Il n'est pas exigé que le travail soit réalisé en totalité hors des locaux de l'entreprise, le télétravailleur peut donc alterner des périodes de travail dans l'entreprise et des périodes hors de l'entreprise (dans un autre local ou à domicile).

Comment le télétravail est-il mis en place ?

Il peut faire partie des conditions d'embauche ou être mis en place, par la suite, par avenant au contrat de travail initial. Dans tous les cas, il revêt un caractère volontaire et réversible :

- lorsque le télétravail fait partie des conditions d'embauche, le salarié peut ultérieurement postuler à tout emploi vacant, dans les locaux de l'entreprise et correspondant à sa qualification. Il bénéficie d'une priorité d'accès à ce poste ;
- lorsque le salarié travaille dans les locaux de l'entreprise, l'employeur ne peut l'obliger à passer au télétravail. Le refus du salarié ne peut être, en soi, un motif de rupture du contrat de travail. De même, si un salarié exprime le désir d'opter pour le télétravail, l'employeur peut accepter ou refuser cette demande.

Le contrat de travail ou son avenant précise les conditions de passage en télétravail et les conditions de retour à une exécution du contrat de travail sans télétravail. À défaut d'accord collectif applicable, il doit également préciser les modalités de contrôle du temps de travail.

En cas d'accord pour passer au télétravail, une période d'adaptation est aménagée pendant laquelle chacune des parties peut mettre fin à cette forme d'organisation du travail moyennant un délai de prévenance préalablement défini. Le salarié retrouve alors un poste correspondant à sa qualification dans les locaux de l'entreprise.
Enfin, l'employeur et le salarié peuvent convenir par accord de mettre fin au télétravail. Les modalités de retour du salarié dans les locaux de l'entreprise doivent être prévues dans le contrat de travail ou son avenant.
Dans tous les cas, l'employeur doit fournir par écrit au télétravailleur l'ensemble des informations relatives aux conditions d'exécution du travail y compris les informations spécifiques à la pratique du télétravail telles que le rattachement hiérarchique, les modalités

d'évaluation de la charge de travail, les modalités de compte rendu et de liaison avec l'entreprise, ainsi que celles relatives aux équipements, à leurs règles d'utilisation, à leurs coûts et aux assurances, etc.

Remarque

En cas de circonstances exceptionnelles, notamment de menace d'épidémie, ou en cas de force majeure, la mise en œuvre du télétravail peut être considérée comme un aménagement du poste de travail rendu nécessaire pour permettre la continuité de l'activité de l'entreprise et garantir la protection des salariés. Les conditions et les modalités d'application de cette disposition seront définies par décret (à paraître).

Quelles sont les obligations de l'employeur ?

Outre ses obligations de droit commun vis-à-vis de ses salariés (fournir le travail convenu, payer le salaire, etc.), l'employeur est tenu à l'égard du salarié en télétravail :

1° de prendre en charge tous les coûts découlant directement de l'exercice du télétravail, notamment le coût des matériels, logiciels, abonnements, communications et outils ainsi que de la maintenance de ceux-ci ;

2° d'informer le salarié de toute restriction à l'usage d'équipements ou outils informatiques ou de services de communication électronique et des sanctions en cas de non-respect de telles restrictions ;

3° de lui donner priorité pour occuper ou reprendre un poste sans télétravail qui correspond à ses qualifications et compétences professionnelles et de porter à sa connaissance la disponibilité de tout poste de cette nature ;

4° d'organiser chaque année un entretien qui porte notamment sur les conditions d'activité du salarié et sa charge de travail ;

5° de fixer, en concertation avec lui, les plages horaires durant lesquelles il peut habituellement le contacter.

Quelles sont les conditions d'emploi du télétravailleur ?

Les télétravailleurs bénéficient des mêmes droits et des mêmes avantages légaux et conventionnels que les salariés travaillant dans les locaux de l'entreprise. Des accords spécifiques complémentaires collectifs et/ou individuels peuvent prévoir des dispositions tenant compte des particularités de ce mode d'organisation du travail.

■ Équipements de travail

L'employeur fournit et installe les équipements nécessaires au télétravailleur et en assure l'entretien. Il prend en charge les coûts directement engendrés par ce travail (communications téléphoniques, connexion Internet, réparations, etc.).

Le télétravailleur, quant à lui, doit prendre soin des équipements qui lui sont confiés. Il doit se conformer aux règles relatives à la protection des données professionnelles et aux restrictions à l'usage des équipements ou outils informatiques (Internet en particulier) exigées par l'employeur. Il est également tenu de respecter et d'appliquer les politiques de l'entreprise en matière de santé et de sécurité, en particulier les règles relatives à l'utilisation des écrans de visualisation que l'employeur lui impose.

Remarque

Afin de vérifier la bonne application des dispositions applicables en matière de santé et de sécurité au travail, l'employeur, le CHSCT ou les délégués du personnel ainsi que les autorités administratives compétentes ont accès au lieu de télétravail. En cas de travail à domicile, l'accès est subordonné à une notification à l'intéressé qui doit préalablement donner son accord.

■ Organisation du travail

Le télétravailleur gère l'organisation de son temps de travail dans le cadre de la législation, des conventions collectives et des règles propres à l'entreprise.

La charge de travail, les normes de production et les critères de résultats exigés du télétravailleur doivent être équivalents à ceux des salariés en situation comparable travaillant dans les locaux de l'entreprise. Les critères retenus doivent permettre au télétravailleur de respecter la législation relative à la durée du travail (durée maximale du travail, temps de repos, etc.).
Le télétravailleur doit pouvoir rencontrer régulièrement sa hiérarchie, ses collègues et avoir accès aux informations et aux activités sociales de l'entreprise.

■ Formation

Les télétravailleurs ont le même accès à la formation et aux possibilités de déroulement de carrière que les salariés en situation comparable qui travaillent dans les locaux de l'entreprise.
Ils reçoivent, en outre, une formation appropriée sur les équipements techniques à leur disposition et sur les caractéristiques de cette forme d'organisation du travail.

■ Droits collectifs

Les télétravailleurs ont les mêmes droits que les salariés travaillant dans les locaux de l'entreprise en ce qui concerne, notamment, leurs relations avec les représentants du personnel et l'accès aux informations syndicales. Ils sont électeurs et éligibles aux élections des représentants du personnel. Ils font partie de l'effectif de l'entreprise.

Remarque

Le comité d'entreprise ou, à défaut, les délégués du personnel sont informés et consultés sur l'introduction du télétravail dans l'entreprise et sur les modifications ultérieures qui lui sont apportées.

Texte de référence

Articles L. 1222-9 à L. 1222-11 du Code du travail
Accord national interprofessionnel du 19 juillet 2005
sur le télétravail, étendu par arrêté du 30 mai 2006 (JO du 9 juin)

Travailler à son compte

Les personnes handicapées qui souhaitent exercer une activité indépendante (commerciale, artisanale ou libérale) peuvent bénéficier d'aides spécifiques de l'Agefiph. Elles ont également accès aux aides publiques de droit commun accordées, sous certaines conditions, aux créateurs ou repreneurs d'entreprise.

Qu'est-ce que l'aide à la création d'activité ?

■ Bénéficiaires

Cette aide est attribuée par l'Agefiph aux personnes handicapées qui souhaitent créer ou reprendre une entreprise et qui sont inscrits sur la liste des demandeurs d'emploi de Pôle emploi.

Remarque

Les aides de l'Agefiph sont définies par le Conseil d'administration de cette association et sont périodiquement adaptées aux besoins identifiés et aux priorités définies. Elles font l'objet d'une présentation détaillée (bénéficiaires, procédure, etc.) sur le site www.agefiph.fr.

■ Nature de l'aide

Le créateur ou repreneur peut obtenir :

- une aide de 6 000 € maximum. Pour ce faire, il doit justifier d'un apport de fonds propres minimal de 1 500 € ;
- un accompagnement individualisé par des prestataires spécialisés sélectionnés et financés par l'Agefiph ;
- une assurance incluant les garanties multirisques professionnelles, prévoyance et santé.

Remarque

Le créateur peut également bénéficier d'un suivi par le prestataire de conseil pendant trois ans suivant la création de l'entreprise.

■ **Formalités**

Le dossier est constitué avec l'aide d'un conseiller à l'emploi (relevant, notamment, de Pôle emploi, des Cap emploi ou des missions locales) qui prescrit l'aide et accompagne le demandeur dans ses démarches. Tous les renseignements peuvent être obtenus sur le site de l'Agefiph (www.agefiph.fr) ou auprès des délégations régionales de cette association).

En quoi consiste la subvention d'installation ?

■ **Bénéficiaires**

Cette aide s'adresse aux personnes handicapées orientées vers le marché du travail par la CDAPH qui souhaitent exercer une activité indépendante et qui remplissent les conditions suivantes :

- n'avoir subi aucune des condamnations visées par le Code de commerce conduisant à une incapacité d'exercer une profession commerciale ou industrielle (sur ce point, voir l'article L. 128-1 du Code de commerce) ;
- présenter toutes garanties de moralité nécessaires ;
- si elles ne possèdent pas la nationalité française, résider en France depuis trois ans au moins au moment de la demande ;
- disposer d'un local permettant l'exercice de ladite profession et remplissant les conditions habituelles d'exploitation ;
- justifier des diplômes éventuellement exigés pour l'exercice de la profession ;
- être inscrites au répertoire des métiers au registre du commerce et aux ordres professionnels, lorsque cette inscription est nécessaire pour l'exercice de la profession ;
- avoir effectué un stage de formation professionnelle ou être titulaire d'un diplôme universitaire.

Le travailleur handicapé doit s'engager à exploiter personnellement l'entreprise indépendante ainsi qu'à exercer personnellement la profession libérale en vue de laquelle la subvention est sollicitée.

■ Nature et montant de l'aide

La subvention doit contribuer à l'achat et à l'installation des équipements nécessaires à l'exercice de l'activité indépendante concernée. Son montant maximum est fixé 2 290 € .
Le remboursement de la subvention peut être exigé en cas d'utilisation de la subvention pour des fins autres que celles en vue desquelles elle a été consentie, de non-exploitation du fonds ou d'abandon non justifié de la profession par l'intéressé.

■ Formalités

La demande doit être adressée au secrétariat de la CDPAH du lieu de résidence au plus tard dans les 12 mois qui suivent la fin du stage ou la sortie de l'université. La CDPAH instruit la demande et la transmet avec son avis motivé au préfet de département.
La subvention d'installation donne lieu à l'établissement d'une convention entre le préfet et le candidat, précisant les modalités de contrôle de l'utilisation des fonds.

Qu'est-ce que l'aide à l'exercice d'une activité non salariée ?

Cette aide peut être attribuée au travailleur handicapé qui fait le choix d'exercer une activité professionnelle non salariée lorsque, du fait de son handicap, sa productivité se trouve notoirement diminuée.

■ Objet de l'aide

L'attribution de l'aide a pour objet de compenser la lourdeur du handicap évaluée en situation de travail, au regard du poste de travail occupé, après aménagement optimal de ce dernier, par un bénéficiaire de l'obligation d'emploi mentionné à l'article L. 5212-13 du Code du travail (voir p. 27).

■ **Bénéficiaires**

Pour pouvoir bénéficier de l'aide à l'exercice d'une activité non salariée, le demandeur doit :

- faire partie des catégories de personnes bénéficiaires de l'obligation d'emploi des travailleurs handicapés ;
- choisir d'exercer une activité professionnelle non salariée ;
- être atteint d'un handicap ayant pour conséquence de diminuer notoirement sa productivité (voir ci-dessous).

■ **Procédure**

La personne handicapée qui exerce une activité professionnelle non salariée et qui souhaite bénéficier de l'aide doit faire une demande de reconnaissance de la lourdeur du handicap auprès de la délégation régionale de l'Agefiph, de la région où il exerce son activité professionnelle. Cette demande doit être présentée au moyen d'un formulaire réglementaire, disponible sur le site de l'Agefiph (www.agefiph.fr) ou auprès des délégations régionales de cette association (voir coordonnées sur le site www.agefiph.fr), et adressée, par pli recommandé avec accusé de réception, au délégué régional de l'Agefiph de la région où le demandeur exerce son activité professionnelle (voir aussi p. 191).

Le formulaire de demande, dûment et complètement renseigné, sans rature, signé et, le cas échéant, revêtu du cachet professionnel du demandeur, doit être accompagné des pièces suivantes (pour le détail, voir la notice explicative jointe au formulaire de demande) :

1° la copie du titre de bénéficiaire de l'obligation d'emploi mentionnée à l'article L. 5212-13 du Code du travail (voir p. 27) présentant une durée de validité d'au moins six mois à compter du dépôt de la demande, accompagnée, si ce n'est pas le cas de la copie, de l'accusé de réception de la demande de renouvellement reçu de la CDAPH ;

2° la liste des aménagements réalisés par le bénéficiaire pour optimiser son poste de travail et son environnement ainsi que, pour chacun des aménagements, les justificatifs des coûts associés ;

3° lorsque le bénéficiaire présente un taux d'invalidité ou d'incapacité permanente égal ou supérieur à 80 %, la liste des prévisions d'aménagement de son poste de travail et de son environnement qu'il s'engage à réaliser au cours de l'année qui suit le dépôt de la demande ainsi que les coûts prévisionnels associés ;
4° le cas échéant, la liste et le montant des aides versées par l'Agefiph ;
5° un tableau détaillé des charges induites par le handicap, excluant les coûts mentionnés aux 2° et 3° ci-dessus au titre de l'aménagement de poste, précisant la nature et l'estimation de chacune des charges pérennes induites, accompagné de tous les justificatifs nécessaires pour l'évaluation quantitative et financière de ces charges, notamment :
- la description, par le bénéficiaire, de ses activités, précisant la durée hebdomadaire ou mensuelle de chaque activité,
- le cas échéant, la copie du dernier bulletin de salaire du tiers mobilisé de manière habituelle pour lui venir en aide.

Remarque

Le demandeur doit également s'engager à accepter l'éventualité de la visite d'un prestataire désigné par l'Agefiph à des fins d'expertise technique de la demande, et l'éventuelle transmission par l'Agefiph à cet expert des informations figurant dans le dossier de demande. Il doit également s'engager à produire toute pièce justificative visant à contrôler sur place ou sur pièces les conditions d'exécution de l'activité non salariée pour laquelle les droits liés à la reconnaissance de la lourdeur du handicap seraient accordés, et ce, pour une durée allant jusqu'à trois ans à compter de la fin des droits.

Au vu de ces éléments, le délégué régional de l'Agefiph fixe le montant des charges induites (mentionnées au 5° ci-dessus) et en informe le demandeur par courrier ; lorsque ce montant est supérieur ou égal à 20 % du produit du Smic par la durée légale du travail (soit 35 heures par semaine), il accorde la reconnaissance de la lourdeur du handicap.

La décision du délégué régional de l'Agefiph est motivée et portée à la connaissance du bénéficiaire de l'obligation d'emploi. Cette décision prend effet à compter de la date du dépôt de la demande.

Remarque

La décision de reconnaissance de la lourdeur du handicap fait l'objet d'un réexamen tous les trois ans. Toutefois, pour les personnes présentant un taux d'invalidité ou d'incapacité permanente égal ou supérieur à 80 %, la première décision de reconnaissance du handicap est accordée pour une durée d'un an.
Le bénéficiaire de l'obligation d'emploi qui change d'activité non salariée, ou dont le handicap évolue, doit présenter une demande de révision de la décision de reconnaissance de la lourdeur du handicap.

■ Montant de l'aide

Il est fixé, par poste de travail occupé à temps plein, à 450 fois le taux horaire du Smic, chargé d'un taux forfaitaire de 21,5 % de cotisations patronales fiscales et sociales (voir aussi p. 191.
Un montant majoré, fixé, par poste de travail occupé à temps plein, à 900 fois le taux horaire du Smic, chargé d'un taux forfaitaire de 21,5 % de cotisations patronales fiscales et sociales, s'applique lorsque le montant des charges induites mentionnées au 5° ci-dessus est supérieur ou égal à 50 % du produit du Smic par le nombre d'heures correspondant à la durée légale du travail (soit 35 heures par semaine).
L'aide à l'emploi accordée au bénéficiaire non salarié est calculée au *prorata* du temps de travail effectué par rapport à la durée légale du travail (35 heures par semaine).

Remarque

L'aide est versée trimestriellement par l'Agefiph.

Qu'est-ce que l'Accre ?

L'aide aux chômeurs créateurs ou repreneurs d'entreprises (Accre) consiste en une exonération temporaire des cotisations sociales dues au titre de l'activité créée ou reprise.

■ Bénéficiaires

L'Accre s'adresse aux personnes faisant partie de l'une des catégories suivantes :

- personnes privées d'emploi percevant l'une ou l'autre de ces allocations : allocation d'assurance chômage, allocation temporaire d'attente (sous conditions), allocation de solidarité spécifique ;
- personnes remplissant les conditions pour percevoir l'allocation d'assurance chômage ;
- bénéficiaires du revenu de solidarité active ;
- demandeurs d'emploi non indemnisés inscrits à Pôle emploi depuis plus de six mois au cours des 18 derniers mois ;
- jeunes de 18 ans à moins de 26 ans ;
- personnes de moins de 30 ans reconnues handicapées ou qui ne remplissent pas la condition d'activité antérieure ouvrant droit au bénéfice de l'allocation d'assurance chômage ;
- salariés repreneurs de leur entreprise en difficulté dans le cadre d'une procédure de redressement ou de liquidation judiciaires ;
- titulaires d'un contrat d'appui au projet d'entreprise (Cape), s'ils remplissent l'une des conditions ci-dessus à la date de conclusion du contrat. Le Cape est un contrat par lequel une personne morale (une entreprise ou une association, notamment) s'engage à accompagner une personne désireuse de créer ou de reprendre une entreprise pendant la phase préparatoire à cette création ou cette reprise. Le contenu du Cape, la situation de son bénéficiaire et les obligations respectives de chaque partie sont fixés par le décret n° 2005-505 du 19 mai 2005 ;

- personnes physiques créant une entreprise implantée au sein d'un quartier prioritaire de la politique de la ville (QPPV). La liste des QPV peut être consultée sur le site http://i.ville.gouv.fr ;
- bénéficiaires du complément de libre choix d'activité ou, pour les enfants nés ou adoptés à compter du 1er janvier 2015, de la prestation partagée d'éducation de l'enfant. Ces prestations constituent l'un des volets de la « prestation d'accueil du jeune enfant » (Paje) ; pour en connaître les conditions d'attribution, le montant, etc., il convient de s'adresser à l'organisme débiteur des prestations familiales, en principe, la Caf, ou de consulter le site www.caf.fr.

■ Conditions liées à l'activité créée ou reprise

Quel que soit le secteur d'activité choisi, les bénéficiaires de l'Accre doivent créer ou reprendre une entreprise, sous forme individuelle (artisan, commerçant, profession libérale) ou en société.

Lorsque la forme choisie est celle d'une société, le créateur ou repreneur doit, pour obtenir l'Accre, en assurer le contrôle, c'est-à-dire :

- soit détenir plus de 50 % du capital (seul ou en famille, avec au moins 35 % à titre personnel) ;
- soit être dirigeant de la société et détenir au moins un tiers du capital (seul ou en famille avec au moins 25 % à titre personnel) sous réserve qu'un autre associé ne détienne pas directement ou indirectement plus de la moitié du capital. Cette condition relative au contrôle doit être remplie pendant au moins deux ans à compter de la création ou de la reprise de l'entreprise.

Plusieurs personnes peuvent obtenir l'aide pour un seul et même projet, à condition :

- de détenir ensemble plus de 50 % du capital ;
- que l'une (ou plusieurs) d'entre elles ait la qualité de dirigeant ;
- que chaque demandeur détienne une part du capital au moins égal à 1/10e de la part détenue par le principal actionnaire ou porteur de parts.

■ **Nature de l'aide**

Exonération de cotisations

Les bénéficiaires de l'Accre sont exonérés des cotisations sociales suivantes :

- assurance maladie, maternité, invalidité, décès ;
- allocations familiales ;
- assurance vieillesse de base.

Cette exonération, qui porte sur le revenu tiré de l'activité :

- est limitée à un plafond correspondant à 120 % du Smic ;
- est accordée pour une durée d'un an (cette durée peut être prolongée, sous certaines conditions, lorsque l'entreprise relève du régime fiscal de la micro-entreprise – BIC – ou du régime déclaratif spécial – micro-BNC ; sur cette question, il convient de se renseigner auprès de l'Urssaf ou sur son site www.urssaf.fr).

Maintien des minima sociaux

Les bénéficiaires des minima sociaux admis à l'Accre ont droit au maintien provisoire de leur allocation dans les conditions suivantes :

- les personnes admises au bénéfice de l'Accre et qui perçoivent l'allocation de solidarité spécifique (ASS) ont droit, pour une durée d'un an, à un versement mensuel, par l'État, d'un montant égal à cette allocation au taux plein ; pour les personnes admises au bénéfice de l'exonération de cotisations au cours de leur période d'indemnisation au titre de l'allocation d'assurance chômage, le bénéfice de l'ASS est maintenu jusqu'au terme du bénéfice de ces exonérations ;
- les bénéficiaires de l'allocation veuvage admis au bénéfice de l'Accre conservent leur allocation pendant une durée d'un an.

Remarque

Le revenu de solidarité active (RSA) peut être cumulé avec des revenus professionnels en dessous de certains plafonds qui dépendent de la composition du foyer et des ressources. Sur les conditions de ce cumul, il convient de se renseigner auprès de l'organisme débiteur du RSA, c'est-à-dire la Caf ou la caisse de MSA pour les personnes qui relèvent du régime agricole.

■ Formalités

Les dispositions applicables sont les suivantes :

- la demande est adressée au centre de formalités des entreprises (CFE). Elle peut être introduite dès le dépôt de la déclaration de création ou de reprise d'entreprise et, au plus tard, le 45e jour qui suit ce dépôt ;
- lorsque le dossier de demande d'aide est complet, le CFE délivre au demandeur de l'aide un récépissé indiquant que la demande d'aide a été enregistrée. Il informe les organismes sociaux concernés de l'enregistrement de cette demande et transmet dans les 24 heures le dossier de demande d'aide et une copie du récépissé à l'Urssaf qui, au nom de l'État, statue sur la demande dans un délai d'un mois à compter de la date du récépissé ;
- lorsque les conditions d'octroi sont remplies, l'Urssaf délivre à l'intéressé une attestation d'admission au bénéfice de l'exonération de cotisations. Lorsque ces conditions ne sont pas réunies (par exemple, le demandeur ne fait pas partie des catégories de bénéficiaires ou ne remplit pas les conditions de contrôle de l'entreprise), elle notifie au demandeur la décision de rejet de sa demande et en informe les organismes sociaux concernés ;
- le silence gardé par l'Urssaf pendant plus d'un mois à compter de la date du récépissé vaut décision d'acceptation.

Remarque

Si la condition de contrôle effectif de la société créée ou reprise cesse d'être remplie dans les deux ans suivant la création ou la reprise, le bénéfice des exonérations de cotisations sociales est retiré par décision de l'Urssaf. Dans ce cas, le bénéficiaire acquitte auprès des organismes de sécurité sociale concernés les cotisations dont il a été exonéré. Toutefois, lorsque la perte du contrôle effectif résulte de la cessation de l'activité créée ou reprise, ou de la cession de l'entreprise dans le cadre d'une procédure judiciaire, le versement des cotisations sociales dont le bénéficiaire a été exonéré peut ne pas être exigé, sur décision motivée du préfet. Si l'exonération de cotisations a été obtenue à la suite de fausses déclarations, le bénéficiaire de cette exonération doit acquitter les cotisations dont il a été indûment exonérées.

En quoi consiste le dispositif « Nacre » ?

Le dispositif « Nacre » (nouvel accompagnement pour la création et la reprise d'entreprise) vise à proposer, au porteur de projet de création ou de reprise d'entreprise, l'accès à un ensemble de services d'appui technique financé notamment par l'État, en vue de l'aider à finaliser son projet et d'optimiser le démarrage et le développement de son activité pendant les trois premières années après l'immatriculation de son entreprise. Cet appui technique peut être complété, en tant que de besoin, par l'octroi d'un « prêt à taux zéro Nacre » conditionné par l'obtention d'un prêt complémentaire (bancaire ou solidaire) et l'engagement de suivre pendant trois ans un accompagnement au démarrage et au développement.

Un site spécifique (www.emploi.gouv.fr/nacre) est consacré à ce dispositif dont les principales caractéristiques sont présentées ci-dessous.

■ Bénéficiaires

Le dispositif Nacre s'adresse :

- aux personnes pouvant bénéficier de l'Accre (voir p. 277) ;
- aux personnes de 50 ans et plus inscrites sur la liste des demandeurs d'emploi et aux personnes sans emploi ou rencontrant des difficultés pour s'insérer durablement dans l'emploi, pour lesquelles la création ou la reprise d'entreprise est un moyen d'accès, de maintien ou de retour à l'emploi.

Les demandeurs doivent être porteurs d'un projet ou avoir récemment créé ou repris une entreprise.

■ **Nature de l'aide**

Les personnes admises au Nacre peuvent bénéficier d'un parcours d'accompagnement qui se déroule en trois phases :

- **phase 1** dite « aide au montage du projet » : d'une durée de quatre mois maximum pour un projet de création et de six mois maximum pour un projet de reprise, cette phase permet de finaliser techniquement le projet, de pouvoir le présenter à des tiers et d'anticiper d'éventuelles difficultés. Elle est facultative pour les personnes ayant déjà techniquement finalisé leur projet ;
- **phase 2** dite « structuration financière du projet et intermédiation bancaire » : d'une durée de quatre mois maximum pour un projet de création et de six mois maximum pour un projet de reprise, cette phase permet de valider un plan de financement, de bénéficier d'un accompagnement dans ses démarches auprès des banques, d'obtenir le prêt à taux zéro (voir ci-dessous) et de mobiliser, le cas échéant, une garantie de l'État sur son emprunt bancaire. Elle est facultative lorsque l'entreprise est déjà immatriculée depuis moins de deux ans et que le créateur ou repreneur atteste du bénéfice de l'Accre ;
- **phase 3** dite « appui au démarrage et au développement de l'activité » : d'une durée maximale de 36 mois, cette phase permet d'obtenir un support technique afin d'anticiper d'éventuelles difficultés et d'obtenir des conseils dans ses choix de développement.

Lors de cet accompagnement, l'intéressé reçoit un appui technique de la part d'un organisme professionnel conventionné par le Direccte (banque, association, chambre consulaire, expert-comptable, etc.).

Les bénéficiaires du dispositif Nacre peuvent également bénéficier :

- d'un prêt à taux zéro, financé par la Caisse des dépôts, d'un montant de 1 000 à 10 000 € et d'une durée de un à cinq ans. Ce prêt est subordonné à l'obtention d'un financement complémentaire dont le montant et la durée doivent être au moins égaux au montant et à la durée du prêt à taux zéro ;

- d'expertises spécialisées en conseil ou en formation à la création, la gestion et le développement de l'entreprise, pour un montant déterminé par l'opérateur d'accompagnement en fonction des besoins de l'intéressé. L'État prend en charge 100 % du coût total de l'expertise pour les bénéficiaires des minima sociaux en phase 1 du Nacre et 75 % du coût total dans les autres cas.

■ **Formalités**

Il convient de s'adresser soit à la Direccte, soit auprès d'un organisme professionnel conventionné (leurs coordonnées sont disponibles auprès de la Direccte ou sur le site www.emploi.gouv.fr/nacre).

Les créateurs ou repreneurs signent, à l'entrée dans le dispositif, un contrat d'accompagnement pour la création ou reprise d'entreprise Nacre, qui met en lumière leurs droits et devoirs. Ce contrat traduit notamment les objectifs fixés au parcours et décrit les moyens de les atteindre.

Quelles sont les autres aides ?

Les personnes handicapées qui s'installent à leur compte peuvent également bénéficier des aides accordées par les collectivités locales, les fondations, les associations, les clubs de créateurs d'entreprises, etc. Celles qui sont inscrites sur la liste des demandeurs d'emploi et qui bénéficient d'une allocation de chômage peuvent également, sous conditions, bénéficier d'une aide à la création ou à la reprise d'entreprise. La Banque publique d'investissement (« BPIFrance ») peut également accorder une garantie bancaire aux créateurs d'entreprise couvrant, sous certaines conditions, entre 50 et 60 % des financements dédiés à la création de l'entreprise. Pour faire un tour complet des aides mobilisables, il convient donc de s'adresser à sa chambre consulaire (chambre de commerce et d'industrie, chambre de métiers et de l'artisanat), de consulter le site de l'Agence pour la création d'entreprise www.apce.com ou de prendre contact avec son agence Pôle emploi.

Textes de référence

Articles L. 5141-1 à L. 5141-6, R. 5141-1 à R. 5141-36, R. 5213-52 et D. 5213-53 à D. 5213-61 du Code du travail

Chapitre 6

Travailler dans un établissement et service d'aide par le travail (Ésat)

mots clés

Admission • Statut des personnes accueillies • Ressources • Droits à congé

L'admission en Ésat

Les établissements et services d'aide par le travail (Ésat) – couramment encore appelés « centres d'aide par le travail » ou CAT – sont des établissements médico-sociaux qui relèvent, pour l'essentiel, des dispositions figurant dans le Code de l'action sociale et des familles. Il ne s'agit donc pas d'entreprises, mais de structures destinées à offrir aux personnes handicapées des activités diverses à caractère professionnel et un soutien médico-social et éducatif en vue de favoriser leur épanouissement personnel et social.

Qui peut être accueilli dans un Ésat ?

■ Le principe

Les établissements et services d'aide par le travail accueillent des personnes handicapées dont la Commission des droits et de l'autonomie des personnes handicapées (CDAPH, voir précisions p. 15) a constaté qu'une orientation vers le marché du travail s'avérait impossible. Sont concernées les personnes dont les capacités de travail ne leur permettent, momentanément ou durablement, à temps plein ou à temps partiel, ni de travailler dans une entreprise ordinaire ou dans une entreprise adaptée (exemple : atelier protégé) ou pour le compte d'un centre de distribution de travail à domicile (CDTD), ni d'exercer une activité professionnelle indépendante. Ces personnes doivent :

- avoir une capacité de travail inférieure à un tiers de la capacité d'une personne valide ; l'orientation vers un Ésat n'étant toutefois prononcée que si la CDAPH estime que leur aptitude potentielle à travailler est suffisante et justifie l'admission en Ésat ;
- être âgées d'au moins 20 ans. Une admission est toutefois possible entre 16 et 20 ans ; dans ce cas, la CDAPH siège en formation plénière.

Remarque

Les Ésat relèvent du milieu « protégé », par opposition au milieu « ordinaire » de travail.

■ Les cas particuliers

La CDAPH peut décider d'orienter vers un Ésat des personnes handicapées dont la capacité de travail est supérieure ou égale au tiers de la capacité normale lorsque leur besoin d'un ou de plusieurs soutiens médicaux, éducatifs, sociaux, psychologiques, expressément motivés dans la décision, le justifie et ne peut être satisfait par une orientation vers le marché du travail.

Par ailleurs, le directeur de l'Ésat doit saisir la maison départementale des personnes handicapées (MDPH, voir p. 12) du cas des travailleurs handicapés qui viendraient en cours d'activité et d'une façon durable à dépasser cette capacité de travail. La commission apprécie alors le bien-fondé du maintien de ces travailleurs handicapés dans un établissement ou un service d'aide par le travail en fonction des critères mentionnés ci-dessus.

Plus généralement et dans les mêmes conditions, il appartient au directeur de l'établissement ou du service d'aide par le travail de faire connaître toutes propositions de changement d'orientation des personnes handicapées qui apparaissent souhaitables.

Remarque

Lorsque l'établissement ou le service d'aide par le travail qui accueille une personne handicapée formule, auprès de la maison départementale des personnes handicapées, une demande de révision d'une décision d'orientation, la personne handicapée, ainsi que, le cas échéant, son représentant légal, sont immédiatement informés de cette demande par l'établissement ou le service.

■ La procédure

La personne handicapée qui souhaite bénéficier d'une orientation vers un Ésat doit en faire la demande à la CDAPH en utilisant le formulaire de demande auprès de la MDPH mentionné page 20. La CDAPH prend une décision d'orientation en Ésat qui peut prévoir une période d'essai dont la durée ne peut excéder six mois. Elle peut, sur proposition du directeur de l'Ésat, prolonger la période d'essai de six mois au plus. Elle peut aussi, à la demande de la personne handicapée ou du directeur de l'Ésat, sur le fondement des informations qu'elle aura recueillies, décider l'interruption anticipée de la période d'essai.

Remarque

L'orientation dans un Ésat prononcée par la CDAPH vaut reconnaissance de la qualité de travailleur handicapé.

La commission prononce une nouvelle orientation lorsque le maintien dans l'établissement ou le service d'aide par le travail au sein duquel la personne handicapée a été admise cesse et que l'admission dans un autre établissement ou service d'aide par le travail n'est pas souhaitable. A *contrario*, un simple changement d'établissement ou de service d'accueil n'implique pas de nouvelle décision de la CDAPH.

■ **La suspension, à titre conservatoire, du maintien dans l'Ésat**

Lorsque le directeur de l'Ésat considère que le comportement d'un travailleur handicapé met gravement en danger sa santé ou sa sécurité, la santé ou la sécurité des autres travailleurs handicapés ou des personnels de l'établissement ou du service d'aide par le travail, ou porte gravement atteinte aux biens de cet établissement ou service, celui-ci peut prendre une mesure conservatoire, valable pour une durée maximale d'un mois, qui suspend le maintien de ce travailleur handicapé au sein de l'Ésat.

La MDPH doit être immédiatement saisie par le directeur de l'établissement ou du service d'aide par le travail de cette mesure. La CDAPH qui a prononcé l'orientation décide alors du maintien ou non du travailleur handicapé concerné dans l'établissement ou le service au sein duquel il était admis. Si la commission ne s'est pas encore

prononcée à la date d'échéance de la mesure conservatoire, celle-ci est automatiquement prorogée jusqu'à la décision de la commission.
Lorsque le maintien d'un travailleur handicapé au sein de l'établissement ou du service est suspendu, le travailleur handicapé peut faire valoir ses droits devant la CDAPH en se faisant assister par un membre du personnel ou un usager de l'établissement ou du service, ou en faisant appel à une personne qualifiée extérieure à l'établissement et choisie sur une liste établie conjointement par le représentant de l'État dans le département et le président du conseil départemental (ex. « conseil général »). La rémunération garantie (voir p. 299) est maintenue pendant toute la période de suspension.
La mesure conservatoire de suspension n'a pas pour effet de priver la personne concernée de la possibilité de continuer à être accueillie pendant cette période dans un établissement d'hébergement pour personnes handicapées.

Comment fonctionnent les Ésat ?

La création des Ésat est autorisée par arrêté du préfet, qui fixe le nombre de places. Ils peuvent être publics ou privés.
Lorsque l'Ésat est géré par une personne de droit privé, il doit pour obtenir l'autorisation de fonctionner, prévue par l'article L. 313-1 du Code de l'action sociale et des familles, passer une convention avec le représentant de l'État dans le département.
Cette convention entraîne la prise en charge, au titre de l'aide sociale, des dépenses de l'établissement ou du service relevant de celle-ci.
Elle précise, notamment :
1° les catégories de personnes reçues ;
2° le pourcentage maximum de personnes dont la capacité de travail est supérieure ou égale au tiers de la capacité tenue pour normale ;
3° la nature des activités à caractère professionnel et du soutien médico-social et éducatif afférent à ces activités, offerts par l'établissement ou le service ;

4° les modalités de détermination de la part de la rémunération garantie incombant à l'établissement ou au service d'aide par le travail.

Elle peut prévoir l'organisation d'un service technico-commercial ainsi qu'un service d'appui aux travailleurs handicapés exerçant désormais leur activité en milieu ordinaire de travail, communs à plusieurs Ésat.

Remarque

Sur le fondement du rapport que les Ésat présentent annuellement à l'autorité administrative et qui porte sur leur politique en faveur des travailleurs handicapés qu'ils accueillent, en particulier en matière de rémunération garantie versée et de mise en œuvre d'actions de formation, une convention ou, le cas échéant, un avenant à la convention d'aide sociale citée ci-dessus doit être signée entre le représentant de l'État et l'organisme gestionnaire.

Les Ésat sont, par ailleurs, soumis à l'ensemble des règles d'organisation et de fonctionnement applicables aux établissements médico-sociaux, telles qu'elles figurent dans le Code de l'action sociale et des familles.

Concernant leurs missions, les Ésat ont vocation à :

- offrir aux personnes handicapées qu'ils accueillent des possibilités d'activités diverses à caractère professionnel, ainsi qu'un soutien médico-social et éducatif, en vue de favoriser leur épanouissement personnel et social ;
- mettre en œuvre ou favoriser l'accès à des actions d'entretien des connaissances, de maintien des acquis scolaires et de formation professionnelle, ainsi que des actions éducatives d'accès à l'autonomie et d'implication dans la vie sociale, au bénéfice des personnes handicapées qu'ils accueillent.

En raison de leur double vocation (mise en situation de travail et soutien médico-social), les Ésat disposent de personnels d'encadrement des activités de production et de travailleurs sociaux assurant les soutiens éducatifs, et ce, grâce à un budget de fonctionnement financé par les crédits d'aide sociale de l'État. Fonctionnant en moyenne 230 jours par an, les Ésat exercent leur activité principalement dans le domaine industriel et agricole.

L'organisme gestionnaire d'un Ésat dispose parfois d'un foyer d'hébergement susceptible d'accueillir les personnes handicapées en dehors des jours et heures d'activités au sein de la structure de travail protégé.

Textes de référence

Articles R. 243-1 à R. 243-4
du Code de l'action sociale et des familles

Le statut des personnes accueillies

La personne handicapée accueillie en Ésat n'a pas le statut de salarié. Aucun contrat de travail n'est conclu et le Code du travail n'est applicable que pour certaines dispositions spécifiques.
Les droits des travailleurs handicapés des Ésat ont été consolidés et étendus par la loi du 11 février 2005 et les décrets pris pour son application.

Quels sont les droits des personnes accueillies ?

La personne handicapée accueillie en Ésat n'a pas le statut de salarié soumis au Code du travail, ne bénéficie pas d'un contrat de travail et ne peut faire l'objet d'un licenciement : si le directeur de l'établissement estime qu'un changement d'orientation est souhaitable, il lui appartient de saisir la CDAPH afin qu'elle se prononce sur ses propositions de changement.
Un « contrat de soutien et d'aide par le travail » doit être conclu entre l'Ésat d'accueil et chaque travailleur handicapé.

Remarque

Les dispositions du Code du travail s'appliquent aux Ésat en ce qui concerne la santé et la sécurité au travail. Sur ce point, on signalera que, selon la Cour de cassation, les centres d'aide par le travail (devenus, depuis, établissements et services d'aide par le travail, Ésat) sont tenus à une obligation de sécurité de résultat dont le manquement revêt le caractère d'une faute inexcusable lorsque l'établissement concerné avait ou aurait dû avoir conscience du danger auquel était exposée l'une des personnes handicapées accueillies et qu'il n'a pas pris les mesures nécessaires pour l'en préserver (Cass. soc., 16 septembre 2003). La reconnaissance de la faute inexcusable permet à la personne handicapée de prétendre à une indemnisation complémentaire et à la réparation de l'intégralité des préjudices subis.

■ La conclusion d'un contrat spécifique : le contrat de soutien et d'aide par le travail

Comme toute personne orientée vers un établissement ou dans un service social ou médico-social, la personne handicapée accueillie en Ésat doit recevoir un « livret d'accueil » auquel sont annexés :

- une charte des droits et libertés de la personne accueillie ;
- le règlement de fonctionnement qui définit les droits de la personne accueillie et les obligations et devoirs nécessaires au respect des règles de vie collective au sein de l'établissement ou du service.

Un « contrat de soutien et d'aide par le travail » doit être passé entre l'Ésat d'accueil et chaque travailleur handicapé. Ce contrat est l'adaptation du contrat de séjour prévu par la loi (article L. 311-4 du Code de l'action sociale et des familles) à la spécificité des missions des Ésat. Il définit les droits et les obligations réciproques de l'Ésat et de la personne accueillie en veillant à prendre en compte l'expression des besoins et des attentes du travailleur handicapé, les exigences du projet d'établissement et les conditions d'organisation et de fonctionnement propres à l'Ésat.
Ce contrat doit être signé au plus tard dans le mois qui suit l'admission de la personne handicapée dans l'établissement ou le service ; il doit être conforme au modèle de contrat mentionné à l'annexe 3-9 du Code de l'action sociale et des familles. Le contrat doit être transmis pour information à la maison départementale des personnes handicapées (MDPH) au nom de laquelle la CDAPH a prononcé l'orientation.
Le « contrat de soutien et d'aide par le travail » est conclu pour une durée d'un an et est reconduit chaque année par tacite reconduction. Si l'une ou l'autre des parties souhaite le dénoncer avant son échéance, elle doit notifier son intention à l'autre par lettre recommandée avec demande d'avis de réception. L'Ésat doit informer la

MDPH de son intention de rompre le contrat. Dans le mois qui suit l'envoi de la lettre recommandée avec demande d'avis de réception notifiant l'intention de rompre le contrat, un entretien doit être organisé entre les parties, pour échanger sur les motifs de cette rupture et en évoquer les conséquences. La fin de la prise en charge de la personne handicapée par l'Ésat ne pourra toutefois intervenir qu'à l'issue d'une décision de la CDAPH, cette décision entraînant automatiquement la rupture du « contrat de soutien et d'aide par le travail ».

Remarque

Le contrat de soutien et d'aide par le travail doit faire état, dans le cadre d'avenants d'actualisation, de la progression du travailleur handicapé dans la démarche de reconnaissance des savoir-faire et des compétences. Ces avenants peuvent être joints au dossier de validation des acquis de l'expérience (VAE, voir p. 298). Ce contrat doit également mentionner les diplômes, titres ou certificats de qualification obtenus en tout ou partie dans le cadre d'une action de VAE.

■ La durée d'activité

Le temps d'activité en Ésat correspond à la durée légale du travail fixée, pour un temps plein, à 35 heures par semaine. Toutefois les travailleurs handicapés sont réputés exercer une activité à temps plein dès lors qu'ils effectuent la durée correspondante fixée dans le règlement de fonctionnement de l'Ésat, durée qui peut être inférieure aux 35 heures, mais en aucun cas supérieure. Cette durée vise à la fois les activités à caractère professionnel et les activités de soutien qui conditionnent leur exercice et qui sont rémunérées au même titre et dans les mêmes conditions que l'activité de production elle-même. A *contrario*, cette durée ne vise pas les autres activités de soutien qui peuvent être proposées à ces mêmes travailleurs handicapés. Ces derniers ne peuvent donc pas effectuer d'heures supplémentaires au-delà des 35 heures hebdomadaires, qu'il s'agisse d'heures d'activité à caractère professionnel au sens strict ou d'heures de soutien qui sont nécessaires pour l'exercice de cette activité. Seules des activités de soutien qui ne se rattachent pas à l'exercice de leur activité à caractère professionnel, par exemple des activités récréatives (sport, cinéma, sorties en ville, etc.), peuvent leur être proposées au-delà de cette durée ; ces activités ne donnent pas lieu au versement de la rémunération garantie.

Remarque

N'ayant pas le statut de salarié, les personnes handicapées accueillies en Ésat n'ont pas droit à une représentation collective, au travers, par exemple, de la mise en place d'un comité d'entreprise. Des « conseils de la vie sociale » doivent toutefois obligatoirement être créés dans tous les établissements médico-sociaux, y compris dans les Ésat. Ces structures offrent ainsi aux personnes accueillies en Ésat un espace d'expression pour faire part de leurs aspirations et discuter avec les gestionnaires des Ésat des améliorations souhaitables dans leurs conditions de travail.

■ Les droits à congé

Les personnes accueillies en Ésat peuvent bénéficier du congé de présence parentale et ont accès à divers droits à congé ou à autorisation d'absence.

Remarque

La rémunération garantie, visée page 289, est due pendant toutes les périodes de suspension de l'exercice de l'activité à caractère professionnel consécutives à ces congés ou autorisations d'absence.

Congé annuel

Le travailleur handicapé qui a conclu un contrat de soutien et d'aide par le travail (voir p. 294) et qui justifie d'un mois de présence dans l'Ésat a droit à un congé annuel, qui donne lieu au versement de la rémunération garantie et dont la durée est déterminée à raison de deux jours et demi-ouvrables par mois d'accueil en Ésat. La durée totale de ce congé, qui ne peut excéder 30 jours ouvrables, peut être augmentée de trois jours mobiles, dont l'attribution est laissée à l'appréciation du directeur de l'Ésat.

Absences exceptionnelles pour événements familiaux

Tout travailleur handicapé accueilli en Ésat bénéficie, sur justification et à l'occasion de certains événements familiaux, d'une autorisation exceptionnelle d'absence de :

- quatre jours pour son mariage ;
- trois jours pour chaque naissance survenue à son foyer ou pour l'arrivée d'un enfant placé en vue de son adoption ;
- deux jours pour le décès d'un conjoint, d'un concubin, de la personne avec laquelle il aura conclu un pacte civil de solidarité (Pacs) ou d'un enfant ;
- un jour pour le mariage d'un enfant ;
- un jour pour le décès du père, de la mère, du beau-père, de la belle-mère, d'un frère ou d'une sœur.

Autres congés et autorisations d'absence

Le travailleur handicapé admis en Ésat bénéficie dans les conditions et selon les modalités fixées par le Code du travail :

- du congé de présence parentale ;
- de l'autorisation d'absence prévue au profit des salariées devant se rendre aux examens médicaux obligatoires prévus par l'article L. 2122-1 du Code de la santé publique dans le cadre de la surveillance médicale de la grossesse et des suites de l'accouchement ;
- du congé de paternité et d'accueil de l'enfant ;
- du congé de maternité ;
- du congé d'adoption ;
- du congé accordé au père en cas de décès de la mère de l'enfant ;
- du congé parental d'éducation ;
- du congé de solidarité familiale.

■ **La formation et la VAE**

Les Ésat ont notamment pour mission de mettre en œuvre ou favoriser, au bénéfice des personnes handicapées qu'ils accueillent, l'accès à des actions d'entretien des connaissances, de maintien des acquis scolaires et de formation professionnelle.

Ainsi, lorsque le travailleur handicapé accueilli en Ésat accède à une action de formation professionnelle, il bénéficie d'un congé de formation qui le dispense en tout ou partie de l'exercice de son activité à caractère professionnel. Pendant la durée de ce congé de formation, le travailleur handicapé bénéficie du maintien de sa rémunération garantie. Les personnes handicapées accueillies en Ésat ont droit au compte personnel de formation (voir p. 133).

Remarque

Les actions de formation professionnelle sont éligibles aux dépenses prises en charge par l'OPCA lorsque l'Ésat verse une contribution globale auprès d'un tel organisme au titre du financement de la formation professionnelle. Il en va de même pour les actions de formation intervenant dans le cadre de la démarche de reconnaissance des savoir-faire et des compétences et la validation des acquis de l'expérience (voir ci-dessous).

Les travailleurs handicapés accueillis en Ésat ont également accès au dispositif de validation des acquis de l'expérience (VAE), dans les conditions fixées par les articles D. 243-15 à D. 243-31 du Code de l'action sociale et des familles. Pour chaque action de VAE, le travailleur handicapé a droit à un congé pendant la durée (soit 24 heures minimum) duquel il bénéficie du maintien de sa rémunération garantie (voir ci-contre).

Ce congé peut être demandé notamment pour l'accompagnement renforcé dont bénéficient les intéressés tout au long des actions de VAE tendant à l'obtention d'une certification ; cet accompagnement est assuré par les personnels d'encadrement de l'Ésat ou tout organisme expert commandité par l'établissement.

Au terme de ce congé, l'Ésat peut demander au bénéficiaire de lui remettre une attestation de présence.
La durée de ce congé ne peut être imputée sur la durée du congé annuel mentionné page 296 et est assimilée à un temps d'activité à caractère professionnel pour la détermination des droits de l'intéressé en matière de congé annuel ou de tout autre droit ou avantage subordonné à une condition d'ancienneté dans l'Ésat.
La demande de congé pour VAE est adressée par le travailleur handicapé au directeur de l'Ésat qui doit faire connaître par écrit à l'intéressé son accord ou les motifs qui le conduisent à différer la date de début du congé. Ce report ne peut excéder six mois à compter de la demande du travailleur handicapé.
En cas de validation partielle d'un diplôme, d'un titre ou d'un certificat de qualification, l'Ésat facilite dans la mesure du possible l'accès ultérieur des travailleurs handicapés concernés aux actions de formation nécessaires à la validation complémentaire pour la certification visée.

Quelles ressources pour les personnes accueillies ?

■ Quelle rémunération ?

La rémunération garantie

L'article L. 243-4 du Code de l'action sociale et des familles pose le principe selon lequel l'Ésat doit verser, dès le premier jour d'admission, une « rémunération garantie » tenant compte de la durée de l'activité exercée (à temps plein ou partiel) et dont le montant est fixé par référence au Smic. Afin de l'aider à financer cette rémunération garantie, l'établissement ou le service d'aide par le travail reçoit, pour chaque personne handicapée qu'il accueille, une aide au poste financée par l'État.

Remarque

Les personnes handicapées doivent acquitter une participation forfaitaire au prix du repas lorsque celui-ci leur est fourni. Le montant de cette participation, identique pour tous les établissements, est fixé à une fois le minimum garanti, soit 3,52 € depuis le 1er janvier 2015.

Montant de la rémunération garantie

Dès l'admission en période d'essai du travailleur handicapé, sous réserve de la conclusion du contrat de soutien et d'aide par le travail mentionné à la page 294, les travailleurs handicapés admis dans un Ésat et qui exercent une activité à caractère professionnel à temps plein perçoivent une rémunération garantie dont le montant est compris entre 55 % et 110 % du Smic.

Dans la limite de la durée légale du travail mentionnée à l'article L. 3121-10 du Code du travail (soit 35 heures par semaine), les travailleurs handicapés sont réputés avoir exercé une activité à temps plein, qui englobe le temps consacré aux activités de soutien qui conditionnent son exercice, dès lors qu'ils effectuent la durée correspondante fixée dans le règlement de fonctionnement de l'Ésat.

L'exercice d'une activité à temps partiel, quelle qu'en soit la durée, entraîne une réduction proportionnelle du montant de la rémunération garantie.

Éléments composant la rémunération garantie

La rémunération garantie se compose d'une part financée par l'Ésat, qui doit être strictement supérieure à 5 % du Smic, et d'une aide au poste qui ne peut être supérieure à 50 % de ce même salaire.

Le montant de l'aide au poste s'élève à 50 % du Smic lorsque la part de la rémunération financée par l'Ésat est supérieure à 5 % et inférieure ou égale à 20 % du Smic.

Lorsque la part de la rémunération garantie financée par l'Ésat dépasse le seuil de 20 % du Smic, le pourcentage de 50 % mentionné ci-dessus est ensuite réduit de 0,5 % pour chaque hausse de 1 % de la part de la rémunération financée par l'Ésat.

Remarque

Le montant d'aide au poste est mentionné sur le bulletin de paie de chacune des personnes handicapées admises en Ésat.

Maintien de la rémunération garantie

La rémunération garantie est due pendant toutes les périodes de suspension de l'exercice de l'activité à caractère professionnel qu'il s'agisse de congés annuels, d'absences exceptionnelle pour événements familiaux, d'autres congés et absences ou encore lors de mesures conservatoires de suspension.

En outre, la rémunération garantie est maintenue en totalité pendant les périodes ouvrant droit à une indemnisation au titre de l'assurance maladie (soit à partir du quatrième jour de l'arrêt maladie et jusqu'au 1 095e jour maximum). Dans ce cas, l'Ésat est subrogé dans les droits du travailleur handicapé aux indemnités journalières ; la part revenant à l'État, au *prorata* de sa participation à la rémunération garantie, vient en déduction de la compensation prévue à l'article L. 243-6 du Code de l'action sociale et des familles.

Régime social de la rémunération garantie

La rémunération garantie ne constitue pas un salaire au sens du Code du travail. Elle est en revanche considérée comme une rémunération du travail pour l'application de l'article L. 242-1 du Code de la sécurité sociale, et des dispositions relatives à l'assiette des cotisations au régime des assurances sociales agricoles et des cotisations versées au titre des retraites complémentaires. Elle est donc assujettie aux cotisations d'assurances sociales, d'accidents du travail, d'allocations familiales, aux cotisations au régime des assurances sociales agricoles et aux cotisations versées au titre des retraites complémentaires. Ces cotisations se répartissent ainsi :

- le travailleur handicapé acquitte la part de cotisations qui lui incombe sur le montant de ce qu'il perçoit au titre de la rémunération garantie ;

- l'État assure à l'organisme gestionnaire de l'Ésat la compensation de la part de cotisations incombant à l'employeur sur la base du montant de l'aide au poste déterminé conformément à l'article R. 243-6 du Code de l'action sociale et des familles ;
- la part de cotisations incombant à l'employeur qui correspond au montant de la part de la rémunération garantie financée par l'Ésat est prise en charge par ledit établissement ou service.

Remarque

Les Ésat ne sont pas assujettis au versement des cotisations d'assurance chômage.

L'État assure aux organismes gestionnaires des Ésat la compensation totale des charges et des cotisations afférentes à la partie de la rémunération garantie égale à l'aide au poste : en vue de cette compensation, les organismes gestionnaires des Ésat doivent adresser des états justificatifs mensuels à l'organisme compétent retenu par le ministre chargé des Personnes handicapées, à savoir l'Agence de services et de paiement (www.asp-public.fr).

En outre :

- sous réserve de l'utilisation des fonds collectés aux actions de formation prévues à l'article L. 344-2-1 du Code de l'action sociale et des familles (action d'entretien des connaissances, de maintien des acquis scolaires et de formation professionnelle, etc.), l'État assure à l'organisme gestionnaire de l'Ésat la compensation de la participation au financement de la formation professionnelle continue. Cette compensation est calculée sur la base d'une assiette forfaitaire définie par un arrêté interministériel en date du 6 juillet 2007 (JO du 31 juillet). Cet arrêté prévoit que la compensation par l'État est égale à un montant correspondant au double de la contribution acquittée par l'Ésat auprès d'un organisme collecteur pour chaque travailleur handicapé sur la part de rémunération garantie qu'il finance ;
- l'État assure également à l'organisme gestionnaire la compensation d'une partie des cotisations payées au titre de l'affiliation

des travailleurs handicapés accueillis dans cet établissement ou service à une institution de prévoyance agréée par l'État au sens de l'article L. 931-4 du Code de la sécurité sociale, à une mutuelle régie par le Code de la mutualité ou à une société d'assurances ou une entreprise d'assurances régie par le Code des assurances afin de permettre la prise en charge de la part de rémunération garantie directement financée par l'Ésat, notamment pendant les périodes ouvrant droit à une indemnisation au titre de l'assurance maladie. Cette compensation est calculée sur la base d'une assiette forfaitaire définie par l'arrêté du 14 mai 2007 (JO du 15 mai). Cette compensation par l'État est égale à un montant correspondant à 2 % de la part de leur rémunération garantie financée par l'Ésat.

La possibilité de percevoir une prime d'intéressement à l'excédent d'exploitation
L'établissement ou le service d'aide par le travail peut décider d'affecter une partie de son excédent d'exploitation à l'intéressement des travailleurs handicapés. Dans ce cas, le montant de la prime versée à ce titre à chacun de ceux-ci est limité à un plafond égal à 10 % du montant total annuel de la part de rémunération garantie directement financée par l'Ésat pour ce même travailleur au cours de l'exercice au titre duquel l'excédent d'exploitation est constaté.
Cette prime d'intéressement à l'excédent d'exploitation, qui doit être portée sur le bulletin de paie correspondant au mois de son versement, est assujettie au versement des cotisations dues au titre des assurances sociales, des accidents du travail et des allocations familiales, au titre du régime des assurances sociales agricoles et au titre des retraites complémentaires. La part de cotisations incombant à l'établissement ou au service d'aide par le travail ne donne pas lieu à compensation par l'État.

■ Quel est le montant de l'allocation aux adultes handicapés ?

Cumul de la rémunération garantie avec l'allocation aux adultes handicapés
Lorsque l'allocation aux adultes handicapés (AAH) est versée en

complément de la rémunération garantie, le cumul de cette allocation et de la rémunération garantie mentionnée à la page 299 ne peut excéder 100 % du Smic brut calculé pour 151,67 heures (soit 1 457,55 € depuis le 1er janvier 2015).

Lorsque le total de l'AAH et de la rémunération garantie excède ce montant, l'AAH est réduite en conséquence.

Lorsque l'allocataire est marié et non séparé ou est lié par un Pacs ou vit en concubinage, ce pourcentage est majoré de 30 %. Lorsqu'il a un enfant ou un ascendant à sa charge au sens de l'article L. 313-3 du Code de la sécurité sociale (voir ci-dessous), ce pourcentage est majoré de 15 %.

Pour l'application de la majoration de 15 % visée ci-dessus, sont considérés comme à charge :

- les enfants jusqu'à 16 ans, ou jusqu'à 20 ans s'ils poursuivent des études, ou s'ils sont dans l'impossibilité de travailler par suite d'infirmité ou de maladie chronique, ou jusqu'à la fin de l'année scolaire au cours de laquelle ils ont 21 ans s'ils ont interrompu leurs études pour cause de maladie ;
- les ascendants (parents, grands-parents, etc.) qui vivent sous le même toit que le titulaire de l'AAH et qui se consacrent aux travaux du ménage et à l'éducation d'au moins deux enfants de moins de 14 ans à la charge du titulaire de l'AAH.

Neutralisation d'une partie de la rémunération garantie pour le calcul du montant de l'AAH différentielle

Lorsqu'un titulaire de l'AAH est admis au bénéfice de la rémunération garantie visée à la page 299, le droit à l'AAH est examiné dans les conditions suivantes :

1° au moment de l'admission dans un Ésat, l'organisme débiteur de l'AAH (c'est-à-dire en principe la Caf ou la caisse de MSA pour les personnes qui relèvent du régime agricole) suspend les paiements et réexamine le droit à l'allocation, avec effet au premier jour du mois civil d'attribution de l'aide au poste visée page 300. Les revenus d'activité à caractère professionnel qui avaient été pris en compte pour

l'attribution de l'allocation aux adultes handicapés sont neutralisés et remplacés par une somme égale à 12 fois le montant de l'aide au poste due pour le premier mois complet d'attribution de cette aide ;
2° pour les périodes de paiement suivantes et tant que l'intéressé n'est pas présent pendant une année civile de référence complète au sein de l'Ésat, les revenus d'activité à caractère professionnel qui avaient été pris en compte pour l'attribution de l'AAH sont neutralisés et remplacés par une somme égale à 12 fois le montant de l'aide au poste due au titre du mois précédant l'ouverture de la période de paiement considérée ;
3° pour les périodes de paiement suivantes et lorsque l'intéressé a été présent pendant une année civile de référence complète au sein de l'Ésat, il est tenu compte pour l'attribution de l'AAH de la rémunération garantie perçue par l'intéressé pendant l'année civile de référence.

Les revenus mentionnés aux 1° à 3° ci-dessus sont affectés pour le calcul de l'AAH d'un abattement de :
- 3,5 % lorsque la part de la rémunération garantie financée par l'Ésat est supérieure à 5 % et inférieure à 10 % du Smic ;
- 4 % lorsque la part de la rémunération garantie financée par l'Ésat est supérieure ou égale à 10 % et inférieure à 15 % du Smic ;
- 4,5 % lorsque la part de la rémunération garantie financée par l'Ésat est supérieure ou égale à 15 % et inférieure à 20 % du Smic ;
- 5 % lorsque la part de la rémunération garantie financée par l'Ésat est supérieure ou égale à 20 % et inférieure ou égale à 50 % du Smic.

Ces mêmes revenus font ensuite l'objet des déductions et abattements prévus par les a et b de l'article R. 532-3 du Code de la sécurité sociale (déduction au titre des créances alimentaires ; abattement spécial en faveur des personnes âgées ou invalides). Les trop-perçus au titre de l'AAH ou des allocations auxquelles elle est censée se substituer s'imputent sur les versements ultérieurement effectués au titre de ces allocations après réexamen des droits, ou font l'objet d'un reversement par le bénéficiaire.

Remarque

Des dispositions particulières, prévues à l'article D. 821-10 du Code de la sécurité sociale, s'appliquent lorsque les ressources de l'allocataire font l'objet d'une évaluation trimestrielle.

Non-prise en compte du montant de la prime d'intéressement pour le calcul de l'AAH

La prime d'intéressement à l'excédent d'exploitation versée à une personne handicapée admise dans un Ésat (voir p. 303) n'est pas prise en compte pour le calcul de l'AAH.

Une activité en milieu ordinaire est-elle envisageable ?

■ **L'exercice d'une activité professionnelle en milieu ordinaire : principes**

Lorsque l'exercice d'une activité à caractère professionnel en milieu ordinaire de travail est susceptible de favoriser l'épanouissement personnel et professionnel et de développer la capacité d'emploi de travailleurs handicapés admis dans un Ésat, cet établissement ou ce service peut, avec l'accord des intéressés et dans les conditions définies ci-après, mettre une ou plusieurs personnes handicapées à la disposition d'une entreprise, d'une collectivité territoriale, d'un établissement public, d'une association ou de toute autre personne morale de droit public ou de droit privé ainsi qu'auprès d'une personne physique. Les dispositions concernant l'hygiène et la sécurité auxquelles est assujettie la personne physique ou morale qui a passé contrat avec l'Ésat sont applicables aux travailleurs handicapés qui sont mis à sa disposition.

Remarque

Quelles que soient les modalités d'exercice de cette activité à caractère professionnel en milieu ordinaire de travail, les travailleurs handicapés concernés continuent à bénéficier d'un accompagnement médico-social

et professionnel assuré par l'établissement ou le service d'aide par le travail auquel ils demeurent rattachés.
Les travailleurs handicapés qui exercent leur activité dans ce cadre sont compris dans les effectifs des personnes accueillies par l'Ésat.

■ **L'exercice d'une activité professionnelle en milieu ordinaire : nécessité d'un contrat**

Un contrat écrit est passé entre l'Ésat et la personne physique ou morale auprès de laquelle la mise à disposition est réalisée. Ce contrat précise, notamment :

- le nom du ou des travailleurs handicapés concernés et, en cas de mise à disposition d'équipes dont la composition est susceptible de varier, le nombre de travailleurs handicapés qui les composent ;
- la nature de l'activité ou des activités confiées aux travailleurs handicapés, ainsi que le lieu et les horaires de travail ;
- les conditions dans lesquelles l'établissement ou le service d'aide par le travail assure au travailleur handicapé l'aide et le soutien médico-social qui lui incombent ;
- les conditions dans lesquelles est exercée la surveillance médicale du travailleur handicapé prévue par l'article R. 4624-19 du Code du travail ou à l'article R. 717-16 du Code rural et de la pêche maritime (sur ce point, voir p. 244 et suivantes) ; si l'activité exercée par le travailleur handicapé nécessite une surveillance médicale renforcée ou particulière, les obligations correspondantes seront à la charge de l'utilisateur ;
- les mesures prévues pour assurer l'adaptation du travailleur handicapé à son nouveau milieu de travail.

Remarque

Lorsqu'il porte sur la mise à disposition individuelle d'un ou plusieurs travailleurs handicapés nommément désignés, le contrat mentionné ci-dessus a une durée maximale de deux ans. Il est communiqué à la MDPH dans les 15 jours qui suivent sa signature.

La prolongation au-delà de deux ans de cette mise à disposition du travailleur handicapé est subordonnée à l'accord de la CDAPH. Cet accord est demandé par le directeur de l'Ésat.

■ L'accompagnement spécifique en cas de conclusion d'un CDD

Lorsqu'une personne handicapée accueillie dans un Ésat conclut un CDD, au titre des dispositions de l'article L. 1242-3 du Code du travail, ou un contrat unique d'insertion (CUI, voir p. 73), elle peut bénéficier, avec son accord ou celui de son représentant, d'une convention passée entre l'Ésat, son employeur et éventuellement le service d'accompagnement à la vie sociale. Cette convention précise les modalités de l'aide apportée par l'Ésat et éventuellement le service d'accompagnement à la vie sociale au travailleur handicapé et à son employeur pendant la durée du contrat de travail dans la limite d'une durée maximale d'un an renouvelable deux fois pour cette même durée.

En cas de rupture de ce contrat de travail ou lorsqu'elle n'est pas définitivement recrutée par l'employeur au terme de celui-ci, la personne handicapée est réintégrée de plein droit dans l'Ésat d'origine ou, à défaut, dans un autre Ésat avec lequel un accord a été conclu à cet effet. La convention mentionnée ci-dessus prévoit également les modalités de cette réintégration.

Textes de référence

Articles L. 243-4 et suivants, L. 344-2 et suivants, R. 243-1 à R. 243-12, D. 243-14 à D. 243-31, R. 344-6 et suivants, R. 344-16 à R. 344-21 et D. 311-0-1 du Code de l'action sociale et des familles

Articles L. 821-1, R. 821-4, D. 821-5 et D. 821-10 du Code de la sécurité sociale

Arrêté du 28 décembre 2006 (JO du 27 janvier 2007)

Arrêté du 14 mai 2007 (JO du 15 mai)
Circulaire NDGAS/3B n° 2008-259 du 1er août 2008
relative aux établissements et services d'aide par le travail
et aux personnes handicapées qui y sont accueillies

Chapitre 7

Accéder à la fonction publique

mots clés

Obligation d'emploi • Fonds pour l'insertion des personnes handicapées • Accès à la fonction publique • Pacte • Principe de non-discrimination • Déroulement de carrière • Protection du fonctionnaire inapte • Retraite anticipée

L'obligation d'emploi

La loi n° 87-517 du 10 juillet 1987 a institué l'obligation d'emploi des travailleurs handicapés. Les employeurs publics y sont soumis tout comme les employeurs privés. Afin de renforcer l'efficacité de cette obligation, la loi n° 2005-102 du 11 février 2005 a mis en place, depuis le 1er janvier 2006, un Fonds pour l'insertion des personnes handicapées dans la fonction publique (FIPHFP), dont les compétences ont été renforcées par la loi n° 2011-901 du 28 juillet 2011.

Qu'est-ce que l'obligation d'emploi ?

Dès lors qu'ils occupent au moins 20 agents à temps plein ou leur équivalent, les employeurs publics sont tenus d'employer, à temps plein ou à temps partiel, des bénéficiaires de l'obligation d'emploi dans la proportion de 6 % de leur effectif total.

Qui bénéficie de l'obligation d'emploi ?

Les personnes bénéficiaires de l'obligation d'emploi sont les suivantes :

1° les personnes reconnues travailleurs handicapés par la Commission des droits et de l'autonomie des personnes handicapées (CDAPH, voir p. 15) ;

2° les victimes d'accidents du travail ou de maladies professionnelles ayant entraîné une incapacité permanente au moins égale à 10 % et titulaires d'une rente attribuée au titre du régime général de sécurité sociale ou de tout autre régime de protection sociale obligatoire ;

3° les titulaires d'une pension d'invalidité attribuée au titre du régime général de la Sécurité sociale, de tout autre régime de protection sociale obligatoire ou des dispositions régissant les agents publics, à condition que l'invalidité des intéressés réduise au moins des deux tiers leur capacité de travail ou de gain ;

4° les bénéficiaires mentionnés à l'article L. 394 du Code des pensions militaires d'invalidité et des victimes de la guerre. Sont concernées les personnes auxquelles sont accessibles les emplois réservés, sans conditions d'âge, de délai, ni de durée de service, c'est-à-dire, par exemple, les invalides de guerre titulaires d'une pension militaire d'invalidité en raison de blessures reçues ou de maladies contractées ou aggravées dans le cadre du service au cours des guerres ou des expéditions déclarées campagnes de guerre par l'autorité compétente, les victimes civiles de la guerre, les sapeurs-pompiers volontaires victimes d'un accident ou atteints d'une maladie contractée en service ou à l'occasion du service, les victimes d'un acte de terrorisme ;
5° les bénéficiaires mentionnés aux articles L. 395 et L. 396 du même code. Sont concernées, au titre de l'article L. 395, les personnes auxquelles sont accessibles les emplois réservés sans conditions d'âge ni de délai (par exemple, les conjoints, partenaires liés par un Pacs et concubins d'une personne visée à l'article L. 394 décédée ou disparue dans les circonstances imputables aux situations définies à cet article), et au titre de l'article L. 396, les personnes auxquelles sont accessibles les emplois réservés, sans condition de délai (par exemple, sous réserve que les intéressés soient au moment des faits âgés de moins de 21 ans, les orphelins de guerre et les pupilles de la Nation ou les enfants des personnes mentionnées à l'article L. 394 dont le décès, la disparition ou l'incapacité de pourvoir à leurs obligations et à leurs charges de famille est imputable aux situations énumérées au même article) ;
6° (abrogé, voir précisions ci-dessous) ;
7° (abrogé, voir précisions ci-dessous) ;
8° (abrogé, voir précisions ci-dessous) ;
9° les titulaires d'une allocation ou d'une rente d'invalidité attribuée dans les conditions définies par la loi n° 91-1389 du 31 décembre 1991 relative à la protection sociale des sapeurs-pompiers volontaires en cas d'accident survenu ou de maladie contractée en service ;

10° les titulaires de la carte d'invalidité ; cette carte est délivrée à titre définitif ou pour une durée déterminée par la CDAPH à toute personne dont le taux d'incapacité permanente est au moins de 80 % ou qui a été classée en 3e catégorie de la pension d'invalidité de la Sécurité sociale ;
11° les titulaires de l'allocation aux adultes handicapés.

Remarque

L'énumération des catégories de bénéficiaires de l'obligation d'emploi, telle qu'elle figure à l'article L. 5212-13 du Code du travail, a été modifiée en dernier lieu par la loi n° 2008-492 du 26 mai 2008 « relative aux emplois réservés et portant dispositions diverses relatives à la défense », en vigueur depuis le 7 juin 2009 (date de publication du décret n° 2009-629 du 5 juin 2009). Pour des raisons de renvois entre différents articles du Code du travail, cette loi n'a toutefois pas procédé à une nouvelle numérotation des différents alinéas de cet article, ce qui explique le maintien des 6°, 7° et 8° ci-contre.

Quels sont les employeurs publics concernés ?

Toutes les administrations sont concernées, qu'il s'agisse de la fonction publique d'État, de la fonction publique territoriale ou de la fonction publique hospitalière. Le Code du travail vise expressément :

- l'État ;
- les établissements publics de l'État autres qu'industriels et commerciaux ;
- les collectivités territoriales et leurs établissements publics autres qu'industriels et commerciaux ;
- les établissements relevant de la fonction publique hospitalière.

Compte tenu de son changement de statut, La Poste relève des dispositions de droit commun (voir p. 27 et suivantes) depuis le 1er janvier 2012.

Remarques

- L'application de l'obligation d'emploi fait chaque année l'objet d'un rapport présenté aux comités techniques paritaires ou aux instances en tenant lieu ainsi qu'aux conseils supérieurs de la fonction publique de l'État, de la fonction publique territoriale et de la fonction publique hospitalière. Ce rapport est présenté à l'assemblée délibérante après avis du comité technique paritaire.
- Chaque année, le gouvernement dépose sur le bureau des assemblées parlementaires un rapport, établi après avis des conseils supérieurs de la fonction publique de l'État, de la fonction publique territoriale et de la fonction publique hospitalière, sur la situation de l'emploi des personnes handicapées dans chacune des trois fonctions publiques.

Comment est calculée l'obligation d'emploi ?

La loi du 11 février 2005 a fixé de la manière suivante les modalités de décompte de l'effectif des agents servant de base au calcul de l'obligation d'emploi :

- pour le calcul du taux d'emploi de 6 %, l'effectif total pris en compte est constitué de l'ensemble des agents rémunérés par chaque employeur public au 1er janvier de l'année écoulée ;
- l'effectif des bénéficiaires de l'obligation d'emploi est constitué de l'ensemble des personnes bénéficiaires de cette obligation, ainsi que des titulaires d'un emploi réservé, des agents qui ont été reclassés pour inaptitude et des agents qui bénéficient d'une allocation temporaire d'invalidité. Ces personnes doivent être rémunérées par les employeurs publics au 1er janvier de l'année écoulée.

Pour l'application des dispositions qui précèdent, chaque agent compte pour une unité. Toutefois, les agents affectés sur des emplois non permanents ne sont pas comptabilisés lorsqu'ils ont été rémunérés pendant une période inférieure à six mois au 1er janvier de l'année écoulée.

Le taux d'emploi correspond à l'effectif des bénéficiaires de l'obligation d'emploi rapporté à l'effectif total de l'employeur public.

Comment est mise en œuvre cette obligation ?

Les employeurs publics peuvent s'acquitter de l'obligation d'emploi de travailleurs handicapés :

- soit en embauchant directement des personnes bénéficiaires de cette obligation ;
- soit en passant des contrats de fournitures de sous-traitance ou de prestations de services (voir ci-dessous).

Les employeurs publics peuvent également s'acquitter de leur obligation d'emploi en versant au Fonds pour l'insertion des personnes handicapées dans la fonction publique une contribution annuelle pour chacun des bénéficiaires de l'obligation d'emploi qu'ils auraient dû employer.

Quelles sont les règles en matière de sous-traitance ?

La passation de contrats de fournitures de sous-traitance ou de prestations de services avec des entreprises adaptées (nouvelle appellation des ateliers protégés), des centres de distribution de travail à domicile (CDTD) ou des établissements et services d'aide par le travail (Ésat) est équivalente à l'emploi d'un certain nombre de bénéficiaires de l'obligation d'emploi.
Ce nombre est égal au quotient obtenu en divisant le prix des fournitures et prestations figurant au contrat, par le traitement annuel minimum servi à un agent occupant à temps complet un emploi public, apprécié au 31 décembre de l'année écoulée.

Qu'est-ce que le Fonds pour l'insertion des personnes handicapées dans la fonction publique ?

La loi du 11 février 2005 met en place un Fonds pour l'insertion des personnes handicapées dans la fonction publique (FIPHFP), placé sous la tutelle de l'État ; il est géré par la Caisse des dépôts et consi-

gnations. Les compétences du FIPHFP ont été renforcées par la loi n° 2011-901 du 28 juillet 2011.
Ce fonds est commun aux trois fonctions publiques et réparti en trois sections distinctes correspondant respectivement aux fonctions publiques de l'État, territoriale et hospitalière.
Un comité national définit notamment les orientations du fonds concernant l'utilisation des crédits par des comités locaux. Il est composé de représentants des employeurs, des personnels et des personnes handicapées. Ce comité établit un rapport annuel qui est soumis aux conseils supérieurs de la fonction publique de l'État, de la fonction publique territoriale et de la fonction publique hospitalière, ainsi qu'au Conseil national consultatif des personnes handicapées (CNCPH).
Dans chaque région, un comité local règle toutes les questions relatives au fonctionnement du fonds à l'échelon régional : priorités du fonds, décisions de financement des projets, utilisation des crédits alloués par le comité national, etc.

Remarque

Les crédits de chaque section doivent exclusivement servir à financer des actions réalisées soit à l'initiative des employeurs qui contribuent dans cette section, soit à l'initiative du fonds lui-même. Il est toutefois prévu que des actions communes à plusieurs fonctions publiques peuvent être financées par les crédits relevant de plusieurs sections. Leur montant total annuel ne peut excéder 20 % des crédits d'intervention du fonds.

Quelle est la mission du fonds ?

La mission du FIPHFP est de favoriser l'insertion professionnelle des personnes handicapées au sein des trois fonctions publiques, ainsi que la formation et l'information des agents en relation avec elles. Il assure également le financement et la mise en œuvre des parcours de formation professionnelle préqualifiante et certifiante des demandeurs d'emploi handicapés qui sont recrutés dans la fonction publique.

Remarque

Le FIPHFP publie un *Guide de l'employeur*, qui présente, en détail, le champ et les modalités de son intervention. Ce guide peut être téléchargé gratuitement sur le site www.fiphfp.fr.

■ Les employeurs publics et les personnes handicapées concernés

Peuvent bénéficier du concours du FIPHFP :

- les employeurs publics soumis à l'obligation d'emploi (voir p. 315) ;
- les organismes ou associations contribuant par leur action à l'insertion professionnelle des personnes handicapées dans la fonction publique et avec lesquels le FIPHFP a conclu une convention.

Les personnes handicapées concernées par les actions du fonds sont celles mentionnées aux 1°, 2°, 3°, 4°, 9°, 10° et 11° de la page 313, ainsi que les agents reclassés pour inaptitude et ceux qui bénéficient d'une allocation temporaire d'invalidité.

Remarque

Peuvent également saisir le FIPHFP les agents reconnus travailleurs handicapés au sens de l'article L. 5212-13 du Code du travail (voir p. 27) et rémunérés par les employeurs publics mentionnés page 315.

■ Les actions financées par le fonds

Le FIPHFP peut financer les actions suivantes proposées par les employeurs publics :

- les aménagements des postes de travail et les études effectués avec le médecin chargé de la prévention ou le médecin du travail et les instances compétentes en matière d'hygiène, de sécurité et de conditions de travail ;
- les rémunérations versées aux agents chargés d'accompagner une personne handicapée dans l'exercice de ses fonctions professionnelles ou les prestations équivalentes servies par des organismes de droit privé ;

- les aides versées par les employeurs publics afin d'améliorer les conditions de vie des travailleurs handicapés qu'ils emploient, et destinées à faciliter leur insertion professionnelle ;
- les aides que les employeurs publics versent à des organismes contribuant à l'insertion professionnelle des personnes handicapées dans la fonction publique à la demande expresse des employeurs publics ayant conclu une convention avec le FIPHFP, les financements peuvent être versés directement à ces organismes qui devront, le cas échéant, reverser au fonds les financements non utilisés ;
- la formation et l'information des travailleurs handicapés ainsi que des personnels susceptibles d'être en relation avec ces travailleurs ;
- les outils de recensement des bénéficiaires de l'obligation d'emploi ;
- les dépenses d'études dès lors qu'elles entrent dans la mission du fonds.

Remarque

Le FIPHFP encourage, par l'attribution d'aides financières, les employeurs publics à recruter des personnes handicapées par la voie de l'apprentissage. Le FIPHFP développe également un ensemble d'aides destiné à favoriser le recrutement, la formation et le maintien dans l'emploi des personnes handicapées recrutées sur un emploi d'avenir (sur ces emplois, voir p. 90). Pour plus de précisions sur ces aides, toujours susceptibles d'évoluer en fonction des priorités fixées, on peut consulter le site www.fiphfp.fr.

Le FIPHFP peut également financer, pour les personnes qui ne relèvent pas des catégories de bénéficiaires de ses actions (voir ci-dessus), les adaptations des postes de travail destinées à les maintenir dans leur emploi, lorsque ces agents ont été reconnus inaptes à l'exercice de leurs fonctions selon les modalités applicables à la fonction publique dont ils relèvent.

Remarques

- L'employeur public doit reverser au fonds les financements non utilisés au titre de l'action pour laquelle ils ont été accordés.
- Le dépôt des demandes de financement par le FIPHFP s'effectue grâce à la plate-forme en ligne e-services, accessible depuis le site www.fiphfp.fr.

Quelles sont ses ressources ?

Les employeurs peuvent s'acquitter de leur obligation d'emploi en versant au FIPHFP une contribution annuelle pour chacun des bénéficiaires de l'obligation d'emploi qu'ils auraient dû employer. En plus de cette contribution, constituent également des ressources du fonds :

- les aides non utilisées au titre de l'action pour laquelle elles ont été accordées et reversées par les employeurs ou par les organismes mentionnés page 315 lorsque les financements leur ont été versés directement ;
- les dons et legs ;
- les ressources diverses et « accidentelles ».

Comment la contribution au fonds est-elle calculée ?

■ Mode de calcul

La contribution des employeurs est calculée en fonction du nombre d'unités manquantes constatées au 1er janvier de l'année écoulée. Le nombre d'unités manquantes correspond à la différence entre le nombre total de personnes rémunérées par l'employeur auquel est appliquée la proportion de 6 %, arrondi à l'unité inférieure, et celui des bénéficiaires de l'obligation d'emploi qui sont effectivement rémunérés par l'employeur.

Chaque bénéficiaire de l'obligation d'emploi n'est compté qu'une fois, même s'il entre dans plusieurs catégories de bénéficiaires (par exemple, une personne reconnue handicapée par la CDPAH, également titulaire de la carte d'invalidité, ne sera comptée qu'une seule fois).

Dans les services de l'État, le calcul de la contribution est opéré au niveau de l'ensemble des personnels rémunérés par chaque ministère.

■ Prise en compte des dépenses effectuées par l'employeur public

Le nombre d'unités manquantes est réduit pour tenir compte de certaines dépenses effectuées par l'employeur en faveur de l'insertion. Toutefois, la part de ces dépenses qui fait l'objet d'un financement par le fonds n'est pas retenue dans la réduction.

Au titre de cette disposition, le nombre d'unités manquantes est réduit d'un nombre d'unités égal au quotient obtenu en divisant le montant de ces dépenses par le traitement brut annuel minimum servi à un agent occupant à temps complet un emploi public apprécié au 31 décembre de l'année écoulée. Le nombre d'unités déductible est plafonné ; il ne peut dépasser la moitié du nombre d'agents que l'employeur doit rémunérer pour respecter l'obligation d'emploi, c'est-à-dire 3 %.

Plusieurs catégories de dépenses permettent cette réduction. Sont visées, tout d'abord, les dépenses réalisées au titre des contrats de fournitures de sous-traitance ou de prestations de services avec des entreprises adaptées, des centres de distribution de travail à domicile ou des Ésat, les dépenses prises en compte correspondant au prix des fournitures et prestations figurant au contrat.

Permettent également de réduire le nombre d'unités manquantes les dépenses effectuées en vue de faciliter l'insertion professionnelle des personnes handicapées dans la fonction publique. Sont retenus :

- les aménagements des postes de travail et les études réalisées avec le médecin de la prévention ou le médecin du travail et les instances compétentes en matière d'hygiène, de sécurité et de conditions de travail ;
- la réalisation, dans les locaux de l'employeur, de travaux destinés à faciliter l'accès des personnes handicapées ;
- les rémunérations versées aux agents chargés d'accompagner une personne handicapée dans l'exercice de ses fonctions professionnelles ou les prestations équivalentes servies par des organismes de droit privé ;

- la mise en place de moyens de transport individuels et de communication adaptés en fonction de l'aptitude physique de chaque travailleur handicapé lorsque leur prise en charge n'est pas assurée par la prestation de compensation ;
- les aides versées par les employeurs publics afin d'améliorer les conditions de vie des travailleurs handicapés qu'ils emploient et destinées à faciliter leur insertion professionnelle ;
- les aides que les employeurs publics versent à des organismes contribuant à l'insertion professionnelle des personnes handicapées dans la fonction publique ;
- la conception de matériels ou d'aides techniques pour les travailleurs handicapés ;
- la formation et la sensibilisation à la question de l'intégration professionnelle des travailleurs handicapés des personnels susceptibles d'être en relation avec eux ;
- les formations destinées à compenser les conséquences du handicap au travail ou celles adaptées aux besoins professionnels particuliers des travailleurs handicapés.

Enfin, permettent aussi de réduire les unités manquantes les efforts consentis par l'employeur pour accueillir ou maintenir dans l'emploi des personnes lourdement handicapées. Les dépenses déductibles sont les mêmes que celles effectuées en vue de faciliter l'insertion professionnelle, à l'exception des aides versées à des organismes contribuant à l'insertion professionnelle, de la conception de matériels ou d'aides techniques, de la formation et de la sensibilisation des personnels. La totalité de ces dépenses est comptabilisée par l'employeur pour le double de son montant lorsqu'elle dépasse, pour l'agent concerné, 35 % du traitement brut annuel minimum servi à un agent occupant à temps complet un emploi public apprécié au 31 décembre de l'année écoulée.

Remarque

Sont également pris en compte pour réduire le nombre d'unités manquantes les aménagements des postes de travail destinés à maintenir dans leur emploi les agents reconnus inaptes à l'exercice de leurs fonctions et qui n'appartiennent pas aux catégories de personnes handicapées bénéficiaires du fonds (voir ci-dessus). Chaque aménagement est pris en compte s'il est entrepris sur la base d'un avis médical rendu dans les conditions prévues par chaque fonction publique. Son coût doit dépasser 10 % du traitement brut annuel minimum servi à un agent occupant à temps complet un emploi public apprécié au 31 décembre de l'année écoulée.

■ Montant

Le montant de la contribution est égal au nombre d'unités manquantes, multiplié par un montant unitaire. Ce montant et ses modalités de modulation sont identiques, sous réserve des spécificités de la fonction publique, à ceux prévus pour la contribution versée à l'Agefiph dans le secteur privé.
La contribution annuelle est ainsi égale :
- au nombre de bénéficiaires de l'obligation d'emploi manquants, déduction faite, le cas échéant, des bénéficiaires obtenus par le biais des dépenses supportées par l'employeur (voir ci-dessus) ;
- multiplié par un montant variable en fonction de l'effectif de la structure.

Sur ce calcul, on signalera également qu'une simulation peut être faite, en ligne, sur le site www.fiphfp.fr.

Remarques

- Le montant des dépenses consacrées à la rémunération des personnels affectés à des missions d'aide à l'accueil, à l'intégration et à l'accompagnement des élèves ou étudiants handicapés au sein des écoles, des établissements scolaires et des établissements d'enseignement supérieur est déduit du montant de la contribution au FIPHFP.

- La contribution est payable uniquement par virement interbancaire sur le compte bancaire du fonds FIPHFP. Tous les renseignements sur ce point sont disponibles sur le site www.fiphfp.fr.

Quelles sont les règles de contrôle ?

■ Contrôle

Chaque année, au plus tard le 30 avril, les employeurs déposent auprès du fonds une déclaration annuelle accompagnée du paiement de leur contribution. Cette déclaration mentionne notamment l'effectif total rémunéré par l'employeur et le nombre de bénéficiaires de l'obligation d'emploi, le nombre d'unités déductibles du nombre d'unités manquantes et toutes les justifications permettant de le calculer, la répartition par catégories de bénéficiaires, le montant et les modalités de calcul de la contribution.

La Caisse des dépôts et consignations est chargée du contrôle de la déclaration annuelle. Elle peut demander à l'employeur tous les éléments justificatifs permettant de vérifier sa déclaration.

Remarque

La déclaration annuelle au titre de la contribution au FIPHFP est entièrement dématérialisée et se fait au moyen de la plate-forme sécurisée gratuite e-services. Tous les renseignements sur ce point sont disponibles sur le site du FIPHFP : (www.fiphfp.fr/Obligations-des-employeurs/Declaration-et-contribution/Declarer). On pourra également se reporter aux informations figurant sur le site www.fonction-publique.gouv.fr.

■ Sanctions

Si l'employeur n'effectue pas la déclaration annuelle et s'il ne régularise pas sa situation dans le délai d'un mois après mise en demeure par la Caisse, il est considéré comme ne satisfaisant pas à l'obligation d'emploi.

Le montant de la contribution est alors calculé en retenant la proportion de 6 % de l'effectif total rémunéré. Dans cette situation ou en cas de défaut de paiement ou de paiement insuffisant, la Caisse émet un titre exécutoire qui est recouvré par le comptable du fonds selon les règles applicables au recouvrement des créances étrangères à l'impôt et au domaine.

Textes de référence

Articles L. 323-2, L. 323-4-1, L. 323-5, L. 323-8 et L. 323-8-6-1
du Code du travail (ancien) maintenus en vigueur par l'article 13
de l'ordonnance n° 2007-329 du 12 mars 2007
Décret n° 2006-501 du 3 mai 2006 (JO du 4 mai).

L'accès à la fonction publique

Les personnes handicapées qui souhaitent accéder à la fonction publique doivent remplir les conditions générales exigées de tout candidat. Le protocole d'accord du 8 octobre 2001 conclu entre le ministre de la Fonction publique et cinq organisations syndicales représentatives de fonctionnaires comporte des mesures visant à améliorer le recrutement dans la fonction publique de l'État. La loi du 11 février 2005 a prévu plusieurs dispositions afin de respecter les principes de l'égalité des chances et de non-discrimination. Les personnes handicapées bénéficient de règles dérogatoires concernant l'appréciation de la condition d'aptitude, les limites d'âge, le déroulement des épreuves, ou encore les modes de recrutement.

Remarque

La carrière des fonctionnaires (mobilité, rémunération, congés, protection en cas de maladie ou d'inaptitude, etc.), ainsi que leur retraite, sont régies par des règles particulières non exposées dans le présent guide. On trouvera le détail de ces règles sur le site www.fonction-publique.gouv.fr ; un site spécifique (http://concours.fonction-publique.gouv.fr) est consacré aux concours et recrutements de l'État.

Quelles sont les conditions d'accès à la fonction publique ?

Pour accéder à la fonction publique, tout candidat, qu'il soit ou pas handicapé, doit remplir les conditions suivantes :

- posséder la nationalité française ou être ressortissant d'un État membre de l'Union européenne, d'un autre État partie à l'accord sur

l'Espace économique européen (Islande, Liechtenstein, Norvège) ou être ressortissant de la Confédération helvétique, de la principauté de Monaco ou de celle d'Andorre ;
- jouir de ses droits civiques ;
- avoir un casier judiciaire dont les mentions portées au bulletin n° 2 ne sont pas incompatibles avec l'exercice des fonctions ;
- être en position régulière au regard du Code du service national ; les candidats français nés après le 31 décembre 1978 et les candidates françaises nées après le 31 décembre 1982 doivent fournir l'attestation de recensement et l'attestation de participation à la « journée défense et citoyenneté » (JDC), anciennement appelée journée d'appel de préparation à la défense (JAPD) ;
- remplir les conditions d'aptitude physique exigées pour l'exercice de la fonction compte tenu des possibilités de compensation du handicap.

Sous réserve des précisions données ci-dessous, il est prévu qu'aucun travailleur handicapé ayant fait l'objet d'une orientation en milieu ordinaire de travail par la CDAPH ne peut être écarté, en raison de son handicap, d'un concours ou d'un emploi de la fonction publique, sauf si son handicap a été déclaré incompatible avec la fonction postulée à la suite de l'examen médical destiné à évaluer son aptitude à l'exercice de sa fonction.

Remarque

Les emplois dont les attributions soit ne sont pas séparables de l'exercice de la souveraineté, soit comportent une participation directe ou indirecte à l'exercice de prérogatives de puissance publique de l'État ou des autres collectivités publiques, ne sont accessibles qu'aux seules personnes de nationalité française. À l'inverse, certains emplois (professeurs de l'enseignement supérieur, médecins des établissements hospitaliers, etc.) sont ouverts aux ressortissants de toutes nationalités.

Comment est appréciée la condition d'aptitude ?

Le handicap du candidat doit être compatible avec l'emploi pour lequel il postule. La CDAPH, qui reconnaît la qualité de travailleur handicapé, n'est pas chargée de s'assurer que l'intéressé remplit les conditions d'aptitude physique particulières exigées pour l'exercice de la fonction. C'est à l'administration qu'il appartient de faire procéder aux examens médicaux par le médecin agréé, la visite d'aptitude devant se dérouler avant la prise de fonctions ou la présentation au concours. La liste des médecins agréés est disponible auprès de la préfecture du département de résidence du candidat. Les médecins figurant sur cette liste sont seuls habilités à établir le certificat médical. La condition d'aptitude est appréciée compte tenu des possibilités de compensation du handicap (aides techniques, aides humaines, etc.).

Quelles sont les dérogations aux limites d'âge ?

Des limites d'âge supérieures sont fixées pour l'accès à certains emplois de la fonction publique. La loi du 11 février 2005 a étendu les dérogations aux limites d'âge, qui ne s'appliquaient auparavant qu'aux travailleurs handicapés reconnus par la CDAPH. Ainsi, désormais, bénéficient de ces dérogations, outre les personnes reconnues travailleurs handicapés par la CDAPH :

- les victimes d'accidents du travail ou de maladies professionnelles ayant entraîné une incapacité permanente au moins égale à 10 % et titulaires d'une rente attribuée au titre du régime général de sécurité sociale ou de tout autre régime de protection sociale obligatoire ;
- les titulaires d'une pension d'invalidité dont l'invalidité réduit au moins des deux tiers la capacité de travail ou de gain ;
- les anciens militaires et assimilés, titulaires d'une pension militaire d'invalidité au titre du Code des pensions militaires d'invalidité et des victimes de la guerre ;
- les titulaires d'une allocation ou d'une rente d'invalidité attribuée dans les conditions définies par la loi n° 91-1389 du 31 décembre

1991 relative à la protection sociale des sapeurs-pompiers volontaires en cas d'accident survenu ou de maladie contractée en service ;

- les titulaires de la carte d'invalidité ;
- les titulaires de l'allocation aux adultes handicapés (AAH).

Les personnes qui ne relèvent plus de l'une de ces catégories peuvent bénéficier d'un recul des limites d'âge égal à la durée des traitements et des soins qu'elles ont eu à subir lorsqu'elles relevaient de l'une de ces catégories. Cette durée ne peut excéder cinq ans.

Quelles sont les voies d'accès à la fonction publique ?

Il existe deux modes d'accès à la fonction publique, qu'il s'agisse des fonctions publiques de l'État, territoriale ou hospitalière : le recrutement par concours et le recrutement par voie contractuelle donnant vocation à titularisation :

- le recrutement par concours est le mode d'accès de droit commun à la fonction publique, qui permet d'accéder à toutes les catégories statutaires (A, B et C) ;
- le recrutement par contrat est une procédure dérogatoire d'accès à la fonction publique mise en place par la loi du 10 juillet 1987. Les administrations, les collectivités territoriales et les établissements publics de santé peuvent recruter des personnes handicapées sous contrat, leur titularisation intervenant ultérieurement. Cette procédure concerne l'ensemble des catégories statutaires. Ce mode de recrutement direct et déconcentré a pour but de faciliter le recrutement de personnes handicapées.

Remarque

Le mode de recrutement par contrat n'est pas ouvert aux personnes ayant déjà la qualité de fonctionnaire.

À côté de ces deux voies d'accès, l'article 22 bis de la loi n° 84-16 du 11 janvier 1984 met en place un Parcours d'accès aux carrières des fonctions publiques territoriale, hospitalière et de l'État (Pacte) qui permet aux jeunes de moins de 26 ans non qualifiés ou peu diplômés d'accéder sans concours, à l'issue d'une procédure de sélection, aux corps et cadres d'emplois de catégorie C. Le Pacte leur permet d'acquérir, par une formation en alternance avec leur activité professionnelle, une qualification en rapport avec l'emploi dans lequel ils ont été recrutés ou, le cas échéant, le titre ou le diplôme requis pour l'accès au corps dont relève cet emploi.

On signalera également que les fonctionnaires peuvent être recrutés sans concours, notamment en application de la législation sur les emplois réservés (sur ces emplois, voir www.emplois-reserves.defense.gouv.fr et www.douane.gouv.fr) ou pour le recrutement des fonctionnaires de catégorie C, pour l'accès au 1er grade des corps (voir www.fonction-publique.gouv.fr).

Quels sont les aménagements aux concours ?

Les candidats handicapés peuvent demander à bénéficier d'aménagements d'épreuves, cette demande étant jointe à leur dossier d'inscription au concours. Des dérogations aux règles normales de déroulement des concours et des examens doivent être prévues afin, notamment, d'adapter la durée et le fractionnement des épreuves aux moyens physiques des candidats ou de leur apporter les aides humaines et techniques nécessaires précisées par eux au moment de leur inscription. Des temps de repos suffisants sont notamment accordés à ces candidats, entre deux épreuves successives, de manière à leur permettre de composer dans des conditions compatibles avec leurs moyens physiques.

Ces aménagements sont décidés par le jury de concours après avis du médecin agréé auprès de l'administration. Le médecin agréé rend un avis dans lequel il propose les aménagements dont pourrait bénéficier le candidat. Au vu de cet avis, le jury décide des aménagements accordés.

L'administration compétente pour organiser le concours s'assure de l'accessibilité aux personnes handicapées des locaux prévus pour le déroulement des épreuves.

Recrutement par contrat : quelles conditions ?

Les catégories de personnes handicapées qui bénéficient de dérogations aux limites d'âge (voir ci-dessus) peuvent être recrutées en qualité d'agent contractuel dans les emplois de catégories A, B et C. Les candidats aux emplois à pourvoir du niveau des corps de catégories A, B ou C doivent justifier des diplômes ou du niveau d'études exigés des candidats aux concours externes et fixés par le statut particulier du corps auquel ils sont susceptibles d'accéder. Si tel n'est pas le cas, pour les emplois des catégories A et B, les candidats qui possèdent un autre diplôme et qui justifient d'un niveau équivalent du fait de leur formation continue ou de leur expérience professionnelle (éventuellement validée dans le cadre de la procédure de validation des acquis de l'expérience, VAE) peuvent déposer leur candidature auprès de la commission chargée de vérifier les équivalences de diplômes. Cette commission vérifie, au vu de leur dossier, qu'ils possèdent le niveau requis. Pour les emplois de catégorie C, l'appréciation du niveau de connaissance et de compétence requis des candidats est effectuée sur dossier par l'autorité compétente après avis de la commission.

Les candidatures sont appréciées sur dossier. Cette appréciation peut être complétée par des entretiens.

Remarque

Les personnes handicapées peuvent prendre contact directement avec les services centraux et déconcentrés de l'État, les collectivités locales et les établissements hospitaliers afin de connaître la liste des postes ouverts au recrutement par contrat.

■ La durée du contrat

Les personnes handicapées sont recrutées en qualité d'agent contractuel pendant une période correspondant à la durée de stage prévue par le statut particulier du corps dans lequel elles ont vocation à être titularisées. Cette période est en règle générale d'un an, mais elle peut être plus longue. Le contrat est renouvelable, pour une durée qui ne peut excéder sa durée initiale.

■ Le déroulement du contrat

Pendant toute la période du contrat, les agents bénéficient d'une rémunération d'un montant équivalent à celle versée aux fonctionnaires stagiaires issus du concours externe pour l'accès au corps dans lequel les agents ont vocation à être titularisés. Cette rémunération évolue dans les mêmes conditions que celles de ces fonctionnaires stagiaires.

Au cours du contrat, les agents bénéficient d'une formation dont les modalités diffèrent selon les catégories statutaires. Ils font également l'objet d'un suivi personnalisé visant à faciliter leur insertion professionnelle. Ce suivi est prévu pendant toute la durée du contrat. Il se situe à la fois sur le plan médical et professionnel. Le suivi médical relève du service de médecine de prévention. Sur le plan du suivi professionnel, le supérieur hiérarchique de la personne, appuyé du correspondant handicap en tant que de besoin, doit l'aider dans son intégration professionnelle.

Un rapport d'appréciation sur le déroulement du contrat est établi par l'autorité administrative compétente et, le cas échéant, par le directeur de l'organisme ou de l'établissement de formation. Ce rapport est intégré au dossier individuel de l'agent.

Les agents contractuels à temps partiel sont régis par les mêmes règles que celles applicables aux fonctionnaires stagiaires recrutés par concours.

Lorsque le contrat a été interrompu du fait de congés successifs de toute nature autres que le congé annuel (congé de maternité, pour santé, etc.), il est prolongé. Si l'interruption a duré moins de trois ans, l'intéressé ne sera titularisé que s'il accomplit la période complémentaire de stage nécessaire pour atteindre la durée normale du stage prévu par le statut particulier. En revanche, si le contrat est interrompu pendant au moins trois ans, l'intéressé doit, à l'issue du dernier congé, recommencer la totalité du contrat.

Remarque

Le dossier individuel du fonctionnaire comporte toutes les pièces intéressant la situation administrative de l'intéressé, enregistrées, numérotées et classées sans discontinuité. Il ne peut y être fait état des opinions ou des activités politiques, syndicales, religieuses ou philosophiques de l'intéressé. Tout fonctionnaire a accès à son dossier individuel dans les conditions définies par la loi.

■ La situation à l'issue du contrat

À l'issue du contrat initial

À l'issue du contrat, les intéressés sont titularisés s'ils remplissent les conditions d'aptitude professionnelle pour l'exercice de la fonction. L'appréciation de cette aptitude est effectuée au vu de son dossier et après un entretien :

- si l'agent est déclaré apte à exercer les fonctions, l'autorité compétente procède à sa titularisation. Il est affecté dans l'emploi pour lequel il a été recruté comme agent non titulaire. La période accomplie en tant qu'agent contractuel est prise en compte comme une période équivalente de stage par le statut particulier ;
- si l'agent, sans être inapte à exercer ses fonctions, n'a pas fait la preuve de capacités professionnelles suffisantes, son contrat est renouvelé pour la même durée que le contrat initial, après avis de la commission administrative paritaire compétente.

Une évaluation des compétences de l'intéressé est effectuée, afin de favoriser son intégration professionnelle. Si l'appréciation de l'aptitude de l'agent ne permet pas d'envisager qu'il puisse faire preuve

de capacités professionnelles suffisantes dans le cadre d'emplois dans lequel il a vocation à être titularisé, le renouvellement du contrat peut être prononcé, après avis de la commission administrative paritaire compétente, en vue d'une titularisation éventuelle dans un cadre d'emplois de niveau hiérarchique inférieur.
Si l'appréciation de l'aptitude de l'agent ne permet pas d'envisager qu'il puisse faire preuve de capacités professionnelles suffisantes, le contrat n'est pas renouvelé, après avis de la commission administrative paritaire compétente. L'intéressé peut alors bénéficier des allocations d'assurance chômage.

À l'issue du contrat renouvelé

La situation de l'agent dont le contrat a été renouvelé est examinée à l'issue de cette période :

- s'il est déclaré apte à exercer les fonctions, l'agent est titularisé. L'ancienneté est prise en compte dans les conditions prévues par le statut particulier, toutefois, cette prise en compte est limitée à la durée initiale du contrat pour les agents qui n'avaient pas fait la preuve de capacités professionnelles suffisantes ;
- si l'agent n'est pas déclaré apte à exercer les fonctions, son contrat ne peut plus être renouvelé. Il peut bénéficier des allocations d'assurance chômage.

Remarques

- Lorsqu'ils sont titularisés, les agents bénéficient de la reprise d'ancienneté de leurs services antérieurs dans les mêmes conditions que les fonctionnaires recrutés par concours. Toutefois, si le contrat a été renouvelé, cette reprise d'ancienneté est limitée à la durée initiale du contrat avant son renouvellement. En outre, au moment de la titularisation, les périodes de congés avec traitement accordées à l'agent entrent en compte dans le calcul des services retenus pour l'avancement.
- L'obligation qui s'impose à certains fonctionnaires de l'État de rester au service de l'État pendant une durée minimale est appliquée, dans les mêmes conditions, à l'agent recruté sous contrat et titularisé.

Qu'est-ce que le Pacte ?

■ Conditions requises

Le Parcours d'accès aux carrières des fonctions publiques territoriale, hospitalière et de l'État (Pacte) s'adresse aux jeunes âgés de 16 à 25 ans révolus (soit jusqu'à leur 26e anniversaire) qui sont sortis du système éducatif sans diplôme et sans qualification professionnelle reconnue, ainsi qu'à ceux dont le niveau de qualification est inférieur au diplôme de fin de second cycle long de l'enseignement général, technologique ou professionnel (baccalauréat). Les personnes handicapées accèdent au Pacte dans les mêmes conditions que les autres candidats.

■ Modalités du recrutement

Le nombre de postes ouverts en Pacte est fixé chaque année dans chaque fonction publique. Les jeunes déposent leur candidature auprès de Pôle emploi chargé de vérifier si les candidats remplissent les conditions requises.

À l'issue de cette vérification, une commission de sélection établit une liste de candidats à partir des dossiers qui lui sont transmis. Après avoir entendu les candidats sélectionnés, elle fixe une liste des candidats proposés et la transmet à l'employeur public ayant ouvert le recrutement. C'est l'autorité qui dispose du pouvoir de nomination dans le corps concerné qui décide de recruter ou non le jeune. Les candidats qui ne sont pas recrutés restent inscrits sur la liste proposée par la commission et gardent la possibilité d'être recrutés dans le cas où un poste deviendrait vacant dans les 10 mois suivant la date à laquelle la liste des candidats a été arrêtée.

Les jeunes sont recrutés sur des emplois vacants des corps et des cadres d'emplois de catégorie C.

Remarque

Les avis de recrutement dans le cadre du Pacte sont diffusés sur le site du ministère de la Fonction publique : www.fonction-publique.gouv.fr.

■ **Déroulement du contrat**

Le Pacte est l'équivalent, dans le secteur public, du contrat de professionnalisation, qui associe des périodes de formation et de mise en situation de travail. Il ne peut être conclu à temps partiel. Sa durée initiale est comprise entre 12 et 24 mois maximum. La durée de travail du jeune est identique à celle applicable aux agents du service dans lequel il a été recruté. La durée du temps passé en formation est assimilée à du temps de travail effectif.

La rémunération du jeune est calculée en pourcentage du traitement minimum dans la fonction publique et fixée à 55 % de ce traitement s'il a moins de 21 ans, 70 % s'il a plus de 21 ans.

Remarque

Si, en cours d'exécution du contrat, l'agent recruté atteint 21 ans, il percevra 70 % du minimum de traitement de la fonction publique à compter du premier jour du mois qui suit celui au cours duquel il a atteint 21 ans. En plus de leur rémunération, les agents ont droit au versement de l'indemnité de résidence et du supplément familial de traitement et, le cas échéant, de toutes autres indemnités liées aux obligations de service résultant du travail de nuit, des dimanches et jours fériés lorsque ces indemnités ne sont pas exclusivement réservées à des fonctionnaires. Il s'agit essentiellement des indemnités dues pour travail posté.

Un mois avant le terme du contrat, la commission de titularisation se réunit pour examiner les compétences professionnelles du jeune. Après l'avoir entendu, elle se prononce au vu de son dossier.

Si elle estime ne pas être en mesure d'apprécier l'aptitude de l'agent, elle peut décider soit de renouveler le contrat pour une durée maximale d'un an en cas d'échec aux épreuves d'évaluation de la formation suivie ou de défaillance de l'organisme de formation, soit de prolonger le contrat en cas de congé de maternité, de paternité ou d'adoption ou de congé pour maladie ou suite à un accident du travail, dans la limite du ou des congés obtenus.

■ **À l'issue du contrat**

L'aptitude professionnelle du bénéficiaire du contrat est examinée par la commission de titularisation un mois au plus tard avant le terme du Pacte.

Si l'agent est apte à exercer les fonctions et a obtenu le diplôme ou le titre requis pour l'accès au corps ou au cadre d'emplois correspondant au poste occupé, il est titularisé et affecté dans l'emploi qu'il occupait en tant que bénéficiaire du contrat. Sa titularisation est subordonnée à un engagement d'accomplir une période de service effectif dans l'administration l'ayant recruté. La durée de cet engagement est fixée à deux fois la durée du contrat, majorée, le cas échéant, des périodes de renouvellement. Si l'agent rompt cet engagement avant l'échéance, il doit rembourser à l'administration les frais engagés pour le former, sauf dispense.

Si la commission de titularisation estime ne pas être en mesure d'apprécier l'aptitude de l'agent, elle peut décider de renouveler ou de prolonger le contrat.

En cas de capacités professionnelles insuffisantes, le contrat n'est pas renouvelé. L'intéressé a droit aux allocations de chômage.

À l'issue des périodes de renouvellement ou de prolongation du contrat, la commission de titularisation apprécie l'aptitude professionnelle de l'agent. Si l'agent est déclaré apte et a obtenu le diplôme ou le titre, le cas échéant, requis pour l'accès au corps correspondant au poste occupé, il est titularisé. Dans les autres cas, le contrat n'est pas renouvelé. L'intéressé peut bénéficier des allocations d'assurance chômage.

Textes de références

Articles 5 et 5 bis de la loi n° 83-634 du 13 juillet 1983
portant droits et obligations des fonctionnaires
Article 27 de la loi n° 84-16 du 11 janvier 1984
portant dispositions statutaires relatives
à la fonction publique de l'État

Article 35 de la loi n° 84-53 du 26 janvier 1984
portant dispositions statutaires relatives
à la fonction publique territoriale
Article 27 de la loi n° 86-33 du 9 janvier 1986
portant dispositions statutaires
relatives à la fonction publique hospitalière
Décret n° 95-979 du 25 août 1995 modifié
(fonction publique de l'État)
Décret n° 96-1087 du 10 décembre 1996 modifié
(fonction publique territoriale)
Décret n° 97-185 du 25 février 1997 modifié
(fonction publique hospitalière)
Décrets n° 2005-900, 2005-902 et 2005-904
du 2 août 2005 (Pacte)

L'égalité de traitement

La loi du 11 février 2005 a transposé en droit français les dispositions de la directive européenne du 27 novembre 2000 qui crée un cadre général en faveur de l'égalité de traitement en matière d'emploi et de travail, notamment pour les personnes handicapées. Les employeurs du secteur public sont ainsi tenus de prendre des « mesures appropriées » afin de permettre aux travailleurs handicapés d'accéder à un emploi, de le conserver et de bénéficier d'une formation.

Qui est concerné ?

Le principe de l'égalité de traitement s'applique aux catégories de travailleurs handicapés suivantes :

- les personnes reconnues travailleurs handicapés par la CDAPH ;
- les victimes d'accidents du travail ou de maladies professionnelles ayant entraîné une incapacité permanente au moins égale à 10 % et titulaires d'une rente attribuée au titre du régime général de sécurité sociale ou de tout autre régime de protection sociale obligatoire ;
- les titulaires d'une pension d'invalidité dont l'invalidité réduit au moins des deux tiers la capacité de travail ou de gain ;
- les invalides de guerre titulaires d'une pension militaire d'invalidité en raison de blessures reçues ou de maladies contractées ou aggravées dans le cadre du service au cours des guerres ou des expéditions déclarées campagnes de guerre par l'autorité compétente, les sapeurs-pompiers volontaires victimes d'un accident ou atteints d'une maladie contractée en service ou à l'occasion du service et autres personnes mentionnées à l'article L. 394 du Code des pensions militaires d'invalidité et des victimes de la guerre ;
- les titulaires d'une allocation ou d'une rente d'invalidité attribuée dans les conditions définies par la loi n° 91-1389 du 31 décembre

1991 relative à la protection sociale des sapeurs-pompiers volontaires en cas d'accident survenu ou de maladie contractée en service ;
- les titulaires de la carte d'invalidité ;
- les titulaires de l'allocation aux adultes handicapés (AAH).

Quelles obligations pour les employeurs ?

Afin de garantir le respect du principe d'égalité de traitement à l'égard des travailleurs handicapés, les employeurs publics doivent prendre les mesures appropriées pour permettre aux personnes visées ci-dessus :
- d'accéder à un emploi ou de conserver un emploi correspondant à leur qualification, de l'exercer et d'y progresser ;
- de bénéficier d'une formation adaptée à leurs besoins.

Ces mesures sont prises en fonction des besoins et dans une situation concrète. Toutefois, les charges consécutives à la mise en œuvre de ces mesures ne doivent pas être disproportionnées. Pour apprécier le caractère disproportionné des charges, il est tenu compte notamment des aides qui peuvent compenser en tout ou partie les dépenses supportées à ce titre par l'employeur.
Le refus de prendre des mesures appropriées peut être constitutif d'une discrimination, sauf si la différence de traitement est « objective, nécessaire et appropriée ».

Remarque

L'article 6 de la loi n° 83-634 du 13 juillet 1983 « portant droits et obligations des fonctionnaires » précise qu'aucune distinction, directe ou indirecte, ne peut être faite entre les fonctionnaires en raison de leur handicap. Toutefois des distinctions peuvent être faites afin de tenir compte d'éventuelles inaptitudes physiques à exercer certaines fonctions.

« Mesures appropriées » : quelles sont-elles ?

■ Insertion dans le milieu de travail

Les mesures appropriées peuvent concerner, notamment, l'aménagement de postes de travail, l'adaptation de machines ou d'outillages, y compris l'accompagnement et l'équipement individuels nécessaires aux travailleurs handicapés pour occuper ces postes, les accès aux lieux de travail.

■ Aménagement des postes de travail

L'aménagement des postes de travail relève de chaque administration. Dans les trois fonctions publiques, les comités d'hygiène et de sécurité sont compétents pour connaître des mesures prises en vue de faciliter l'adaptation des postes de travail aux travailleurs handicapés. Le Fonds pour l'insertion des personnes handicapées dans la fonction publique (www.fiphfp.fr) participe au financement des différentes actions d'accompagnement engagées par les administrations visant à l'insertion des agents handicapés, notamment les actions de sensibilisation et de formation. Ces crédits complètent les actions ministérielles ainsi que l'action du Fonds interministériel pour l'accessibilité aux personnes handicapées des locaux recevant du public.

Remarque

Des correspondants locaux « handicap » existent au niveau départemental dans chaque administration. Ils sont choisis, notamment, au sein de l'encadrement des services des ressources humaines. Leur rôle est, en liaison avec le responsable du service, d'accueillir les personnes handicapées, d'analyser les besoins et de veiller à l'aménagement des postes de travail.

■ Aménagements d'horaires

Le fonctionnaire handicapé bénéficie, à sa demande, d'aménagements d'horaires afin de faciliter son exercice professionnel ou son maintien dans l'emploi. De tels aménagements d'horaires sont également accordés à sa demande à tout fonctionnaire pour lui permettre

d'accompagner une personne handicapée, qui peut être son conjoint, son concubin, la personne avec laquelle il a conclu un pacte civil de solidarité (Pacs), un enfant à charge, un ascendant ou une personne accueillie à son domicile et qui nécessite la présence d'une tierce personne.
Dans ces différentes situations, les aménagements sont accordés dans toute la mesure compatible avec les nécessités du fonctionnement du service.

Textes de référence

Articles 6, 6 sexies de la loi n° 83-634 du 13 juillet 1983
Articles 27 III, 40 ter de la loi n° 84-16 du 11 janvier 1984
Articles 35, 60 quinquies de la loi n° 84-53 du 26 janvier 1984
Articles 27 I, 47-2 de la loi n° 86-33 du 9 janvier 1986

Chapitre 8

Les aides personnelles

mots clés

Pension d'invalidité • AAH • Prestation de compensation du handicap • Carte d'invalidité • Fiscalité

La pension d'invalidité

La pension d'invalidité s'adresse aux salariés qui, à la suite d'un accident ou d'une maladie non professionnelle, se trouvent dans l'incapacité totale ou partielle de travailler. Elle prend le relais, le plus souvent, d'une période au cours de laquelle le salarié, en arrêt de travail, a perçu des indemnités journalières de la Sécurité sociale.

À quelles conditions est-elle attribuée ?

Pour la percevoir, il faut remplir les conditions suivantes :

- ne pas avoir atteint l'âge légal de la retraite ;
- justifier de 12 mois d'immatriculation à la Sécurité sociale ;
- avoir effectué 600 heures de travail salarié au cours des 12 mois civils ou des 365 jours précédant l'arrêt de travail ou la constatation médicale d'invalidité ou alors avoir cotisé, au cours des mêmes 12 mois, sur un salaire au moins égal à 2 030 fois la valeur du Smic au 1er janvier qui précède la période de référence ;
- présenter une invalidité réduisant la capacité de travail ou de gain d'au moins deux tiers.

Le taux d'incapacité de travail, établi par le médecin-conseil de la Caisse primaire d'assurance maladie (CPAM), est fixé en tenant compte de l'état de santé du demandeur, de son âge et de sa formation. Est classée dans la première catégorie, la personne capable de travailler ; dans la seconde, celle incapable d'exercer une quelconque activité ; dans la troisième, celle qui, de plus, doit recourir à l'assistance d'une tierce personne. Ce classement dans l'une ou l'autre de ces catégories détermine le montant maximum de la pension.

Remarque

Une pension d'invalidité peut également être accordée sous certaines conditions aux travailleurs indépendants.

Quel est le montant de la pension d'invalidité ?

La pension d'invalidité est déterminée à partir du salaire annuel moyen calculé à partir des dix meilleures années d'activité (salaires soumis à cotisations dans la limite du plafond annuel de la sécurité sociale, et revalorisés). Si le demandeur a travaillé moins de 10 ans, toutes les années sont retenues.

Sur la valeur du salaire moyen est appliqué un taux qui varie en fonction de la catégorie d'invalidité : 30 % pour la première catégorie d'invalidité, 50 % pour la seconde. La pension de la troisième catégorie correspond à la pension de deuxième catégorie majorée de 40 %, sans que ce surplus ne puisse être inférieur à la majoration pour tierce personne (13 236,98 € par an depuis le 1er avril 2014, soit 1 103,08 € par mois).

La pension d'invalidité ne peut être inférieure à 3 379,95 € par an depuis le 1er avril 2014. Ce montant, destiné aux personnes qui ont très peu travaillé, peut être complété par l'allocation supplémentaire du Fonds spécial d'invalidité.

Le montant annuel maximum de la pension d'invalidité est, en 2015, de 11 412 € pour une pension de catégorie 1, 19 020 € pour la catégorie 2 et 32 256,98 € pour la catégorie 3 (ce montant inclut la majoration pour tierce personne).

Comment l'obtenir ?

Le salarié lui-même ou son médecin traitant peut en faire la demande auprès de la Caisse primaire d'assurance maladie. Mais cette dernière peut également prendre la décision de placer une personne en invalidité si celle-ci perçoit, par exemple, des indemnités journalières maladie depuis trois ans.

Pendant combien de temps est-elle versée ?

La pension d'invalidité cesse d'être versée lorsque son titulaire atteint l'âge légal de la retraite, sauf s'il poursuit une activité professionnelle et qu'il choisit de faire liquider sa retraite plus tard (voir ci-après). Son versement peut néanmoins être suspendu avant cet âge, sous certaines conditions, en cas de reprise d'activité (voir ci-dessous) ou encore pour des raisons médicales. Au cours d'une visite de contrôle organisée par le service médical de la CPAM, le titulaire de la pension peut voir sa capacité de travail ou de gain revue à la hausse.

Remarque

Le titulaire de la pension peut demander une révision de son dossier s'il considère que son état de santé s'est aggravé.

Peut-on cumuler une pension et un salaire ?

La perception d'une pension d'invalidité et l'exercice d'une activité professionnelle ne sont pas incompatibles. Pendant les six premiers mois d'une reprise d'activité professionnelle, il est possible de cumuler intégralement son salaire et la pension d'invalidité. Au-delà, il ne faut pas percevoir en invalidité plus qu'en activité : si la somme du salaire et de la pension d'invalidité dépasse le salaire trimestriel moyen perçu au cours de la dernière année de travail, le montant de la pension est réduit du montant du dépassement. Le versement de la pension peut s'en trouver suspendu, mais il sera rétabli dès que le plafond de cumul ne sera plus dépassé.

Remarque

Un contrôle des droits des titulaires d'une pension d'invalidité est effectué chaque année. Ce contrôle est trimestriel lorsque le titulaire d'une pension d'invalidité exerce une activité salariée.

Comment s'effectue la transition entre la pension d'invalidité et la retraite ?

Si le bénéficiaire d'une pension d'invalidité n'exerce aucune activité professionnelle, il ne peut pas s'opposer à la substitution de sa pension d'invalidité en pension de vieillesse. Ainsi le versement de la pension d'invalidité prend fin à l'âge légal de la retraite (entre 60 et 62 ans selon l'année de naissance) ; celle-ci est remplacée, à compter du 1er jour du mois qui suit celui au cours duquel la condition d'âge est remplie, par la pension de vieillesse liquidée au taux plein (50 %), et cela quel que soit le nombre de trimestres de l'assuré.

En revanche, les titulaires d'une pension d'invalidité qui ont une activité professionnelle peuvent continuer à percevoir leur pension au-delà de l'âge légal de la retraite. Ils peuvent la cumuler avec leur salaire jusqu'à ce qu'ils cessent leur activité et au plus tard jusqu'à ce qu'ils atteignent l'âge auquel la retraite est automatiquement accordée au taux plein (entre 65 et 67 ans selon l'année de naissance). La pension de retraite ne leur est attribuée que s'ils en font expressément la demande.

Afin d'éviter toute rupture de paiement entre le dernier versement de la pension d'invalidité et la première mensualité de la retraite, la demande de retraite doit être déposée quatre mois avant la date d'effet souhaitée.

Textes de référence

Articles L. 341-1 à L. 341-16 du Code de la sécurité sociale

L'allocation aux adultes handicapés (AAH)

Cette allocation est destinée à assurer aux personnes handicapées un minimum de ressources. Financée par l'État, servie par les Caf (ou les caisses de MSA), elle est accordée sur décision de la CDAPH aux personnes handicapées qui remplissent un certain nombre de conditions. Nous en présentons ici les principales dispositions : pour plus de précisions, on pourra se reporter aux informations figurant sur le site des caisses d'allocations familiales (www.caf.fr).

À quelles conditions ?

Pour percevoir l'AAH, il faut remplir les conditions suivantes :

- résider en France métropolitaine, dans les Dom ou à Saint-Pierre-et-Miquelon de façon permanente et être de nationalité française ou ressortissant d'un pays membre de l'Espace économique européen (EEE), ou ressortissant d'un autre pays et en situation régulière en France ; l'EEE regroupe les États membres de l'Union européenne, l'Islande, le Liechtenstein et la Norvège ;
- avoir au moins 20 ans (ou plus de 16 ans si le jeune n'ouvre plus droit aux allocations familiales) ;
- présenter une incapacité permanente d'au moins 80 %. Avec un taux d'incapacité compris entre 50 et 79 %, le demandeur ne doit pas avoir atteint l'âge légal de la retraite et la CDAPH doit lui avoir reconnu, compte tenu de son handicap, une restriction substantielle et durable pour l'accès à l'emploi dans les conditions précisées par l'article D. 821-1-2 du Code de la sécurité sociale. Le taux d'incapacité est apprécié par la Commission des droits et de l'autonomie des personnes handicapées (voir p. 15) ;

- ne pas pouvoir prétendre à une retraite, une pension d'invalidité ou une rente d'accident du travail d'un montant au moins égal à celui de l'AAH (à l'exclusion de la majoration pour aide d'une tierce personne) ;
- ne pas disposer de ressources supérieures à un plafond : sont retenus les revenus du demandeur, mais également ceux de son conjoint, concubin ou partenaire de Pacs. Ces ressources ne doivent pas dépasser un plafond annuel actuellement fixé à 9 691,80 € pour une personne seule et 19 383,60 € pour un couple. Ces montants sont augmentés de 4 845,90 € par enfant à charge. Pour la période du 1er janvier au 31 décembre 2015, ce sont les revenus 2013 qui permettent à la Caf d'étudier le droit à l'AAH.

Les ressources sont appréciées dans les conditions visées par l'article R. 821-4 du Code de la sécurité sociale. Sont notamment exclues les rentes viagères constituées en faveur d'une personne handicapée (rente « survie ») ou, dans la limite de 1 830 €, constituées par une personne handicapée pour elle-même (épargne handicap), et la prime d'intéressement à l'excédent d'exploitation versée à une personne handicapée admise dans un Ésat.

Remarque

Pour les ressortissants de l'EEE (voir p. 351), le droit à l'AAH est subordonné à une condition de résidence en France durant les trois mois précédant la demande. Cette condition n'est toutefois pas opposable aux personnes qui exercent une activité professionnelle déclarée conformément à la législation en vigueur, aux personnes qui ont exercé une telle activité en France et qui soit sont en incapacité temporaire de travailler pour raisons médicales, soit suivent une formation professionnelle au sens des articles L. 6313-1 et L. 6314-1 du Code du travail, soit sont inscrites sur la liste des demandeurs d'emploi et aux ascendants, descendants et conjoints de ces personnes. Les ressortissants des États membres de l'Union européenne et des autres États parties à l'accord sur l'EEE venus en France pour y chercher un emploi et qui s'y maintiennent à ce titre ne peuvent bénéficier de l'AAH.

Quel est le montant de l'allocation ?

L'AAH est un minimum social dont l'objectif est de garantir un certain niveau de ressources à la personne handicapée. Le montant de cette prestation varie donc selon les autres ressources du bénéficiaire et, le cas échéant, de son conjoint, concubin ou pacsé : pension d'invalidité, rente d'accident du travail, retraite, revenus d'activité professionnelle, revenus fonciers, etc.

Le montant maximal de l'AAH (807,65 €/mois depuis le 1er septembre 2015) est versé au bénéficiaire qui ne dispose d'aucune ressource prise en compte après l'application des diverses mesures favorables (certaines catégories de ressources ne sont pas du tout prises en compte, d'autres ne le sont que partiellement). Dans les autres cas, le montant de l'allocation est égal à 1/12e de la différence entre le plafond de ressources applicable au demandeur et le montant annuel de ses ressources, entrant dans le champ de celles prises en compte et après le retraitement évoqué ci-dessus.

Le montant de l'AAH est recalculé tous les trois mois, au moyen d'une déclaration trimestrielle de ressources, pour les allocataires qui exercent une activité professionnelle en milieu ordinaire de travail ou une activité indépendante (sur ces questions, on peut se reporter au site www.caf.fr).

Remarque

Le montant de l'AAH, fixé par décret, est revalorisé chaque année en fonction de l'évolution des prix à la consommation hors tabac.

En cas d'hospitalisation, d'hébergement en maison d'accueil spécialisé (MAS) ou d'incarcération de plus de 60 jours, le montant de l'AAH est réduit de manière à ce que le bénéficiaire n'en conserve que 30 %. Aucune réduction de l'AAH n'est cependant effectuée lorsque le bénéficiaire est astreint au paiement du forfait hospitalier, qu'il a au moins un enfant ou un ascendant à charge, ou encore lorsque son conjoint, concubin ou partenaire de Pacs ne travaille pas pour un motif reconnu valable par la CDAPH. Par ailleurs, le minimum de ressources qui doit être laissé à la disposition des personnes handicapées accueillies dans les MAS est égal à 30 % du montant mensuel de l'AAH.

Pendant combien de temps est-elle versée ?

L'allocation aux adultes handicapés, attribuée au titre d'une incapacité d'au moins 80 %, et le complément de ressources sont accordés par la CDAPH pour une période au moins égale à un an et au plus égale à cinq ans. Si le handicap n'est pas susceptible d'une évolution favorable, la période d'attribution de l'AAH et la période d'attribution du complément de ressources peuvent excéder cinq ans sans toutefois dépasser 10 ans.

L'AAH attribuée au titre d'un taux d'incapacité compris entre 50 et 79 % est accordée par la CDPAH pour une période d'un à deux ans. La période d'attribution de l'allocation peut excéder deux ans sans toutefois dépasser cinq ans, si le handicap et la restriction substantielle et durable pour l'accès à l'emploi ne sont pas susceptibles d'une évolution favorable au cours de la période d'attribution.

Toutefois, avant la fin de la période ainsi fixée et à la demande de l'intéressé, de l'organisme débiteur (Caf ou caisse de MSA) ou du préfet de département, les droits à l'AAH et au complément de ressources peuvent être révisés, en cas de modification de l'incapacité du bénéficiaire.

Remarque

Le décret n° 2015-387 du 3 avril 2015 (JO du 5) a permis, sur décision motivée de la CDAPH, d'étendre de deux à cinq ans la durée maximale d'attribution de l'AAH pour les personnes dont le taux d'incapacité est inférieur à 80 % mais supérieur à 50 % et qui subissent une restriction substantielle et durable pour l'accès à l'emploi (bénéficiaires visés à l'article L. 821-2 du Code de la sécurité sociale). Ce décret est entré en vigueur le 6 avril 2015. Il prévoit une disposition transitoire pour les bénéficiaires de l'AAH au titre de l'article L. 821-2 précité, dont l'accord est antérieur à sa date de publication (soit le 5 avril 2015) et a été délivré pour une durée de deux ans ; ces personnes pourront, sans nouvelle demande de leur part, bénéficier d'une prorogation de la durée de leur accord pour une période maximale de trois ans, sur décision motivée de la CDAPH, dès lors que le handicap et la restriction substantielle et durable pour l'accès à l'emploi ne sont pas susceptibles d'une évolution favorable au cours de la période d'attribution. À l'occasion de cette décision, la reconnaissance de la qualité de travailleur handicapé et l'orientation professionnelle mentionnées à l'article L. 5213-2 du Code du travail seront renouvelés.

Lorsque l'AAH est attribuée au titre d'une incapacité comprise entre 50 et 80 %, son versement prend fin à l'âge minimum légal de départ à la retraite ; en revanche, les bénéficiaires atteints d'une incapacité permanente d'au moins 80 % peuvent conserver une partie de l'AAH si le montant de l'avantage vieillesse qu'ils perçoivent est inférieur à celui de l'AAH.

Peut-elle être complétée ?

L'AAH peut être complétée par deux types d'avantages. Le premier est destiné aux personnes dans l'incapacité de travailler en raison de leur handicap. Ajouté à l'AAH, il forme la « garantie de ressources ». Le second, appelé « majoration pour la vie autonome », est versé aux bénéficiaires de l'AAH qui peuvent travailler, mais ne travaillent pas.

■ Le complément de ressources

Ce complément est accordé aux personnes âgées de moins de 60 ans, atteintes d'une incapacité permanente d'au moins 80 % et dont la capacité de travail est inférieure à 5 %, ce qui équivaut à une incapacité de travail quasi absolue et, *a priori*, non susceptible d'évolution favorable dans le temps.

Il ne faut, en outre, ni exercer d'activité professionnelle ni percevoir de revenus professionnels depuis au moins un an, mais disposer d'un logement indépendant. Est considéré comme tel le logement qui n'appartient pas à une structure dotée de locaux communs ou de services collectifs ou fournissant diverses prestations annexes moyennant une redevance (voir précisions ci-dessous).

Dernière condition : le complément n'est attribué que si l'AAH est versée à taux plein ou en complément d'une retraite, d'une pension d'invalidité ou d'une rente d'accident du travail.

Le montant mensuel de la garantie de ressources est de 986,96 € depuis le 1er septembre 2015 ; celui du complément est égal à la différence entre cette garantie et l'AAH, soit 179,31 € par mois.

Peuvent également accéder à ce complément les bénéficiaires d'une allocation supplémentaire d'invalidité financée par le Fonds spécial invalidité (FSI) alors même qu'ils ne sont pas titulaires d'une AAH par ailleurs. La seule qualité de bénéficiaire du FSI suffit pour accéder à ce complément si les autres conditions qui lui sont propres sont remplies (7e alinéa de l'article L. 821-1-1 du Code de la sécurité sociale).

Le complément de ressources cesse d'être versé si le bénéficiaire travaille ou lorsqu'il atteint 60 ans.

Remarque

N'est pas considérée disposer d'un logement indépendant la personne hébergée par un particulier à son domicile, sauf s'il s'agit de son conjoint, de son concubin ou de la personne avec laquelle elle a conclu un Pacs. Plusieurs assouplissements ont cependant été apportés à cette règle. Ainsi, peuvent être considérées comme disposant d'un logement indépendant les personnes handicapées hébergées en familles d'accueil et s'acquittant d'une indemnité représentative de mise à disposition des pièces qui leur sont réservées ou celles hébergées dans des structures qui, à la différence des structures d'hébergement collectif classiques, différencient le paiement du loyer du paiement des autres prestations.

■ La majoration pour vie autonome

Pour obtenir cette majoration, il faut tout à la fois :

- être atteint d'une incapacité permanente d'au moins 80 % ;
- bénéficier d'une AAH au taux plein ou en complément d'une retraite d'une pension d'invalidité ou d'une rente d'accident du travail ;
- ne pas percevoir de revenus d'activité à caractère professionnel propre et disposer d'un logement indépendant pour lequel une aide personnelle au logement (APL) est versée. Son montant mensuel est de 104,77 €. L'accès à la majoration pour la vie autonome est ouvert aux bénéficiaires d'une allocation supplémentaire d'invalidité financée par le Fonds spécial invalidité alors même qu'ils ne sont pas titulaires d'une AAH par ailleurs. La seule qualité de bénéficiaire du FSI suffit pour accéder à ce complément (5e alinéa de l'article L. 821-1-2 du Code de la sécurité sociale).

■ Le cumul des deux majorations

Ce cumul est impossible. Le bénéficiaire de l'AAH qui remplit les conditions nécessaires pour percevoir les compléments doit choisir de percevoir l'un ou l'autre.

Remarque

Le versement de la majoration pour vie autonome ou du complément de ressources est maintenu en cas d'hospitalisation du bénéficiaire ou de son hébergement dans un établissement social ou médico-social, mais seulement pendant les 60 premiers jours.

Quelle est la procédure ?

La demande de l'AAH et de son complément de ressources est à adresser à la MDPH du lieu de résidence de l'intéressé (formulaire Cerfa n° 13788*01 disponible sur le site www.service-public.fr). Cette dernière se chargera de transmettre le dossier à la Commission des droits et de l'autonomie des personnes handicapées (CDAPH) et à l'organisme qui verse les prestations (organisme « débiteur », Caf ou caisse de MSA selon le cas).

La CDAPH vérifie le taux d'incapacité permanente, la restriction substantielle et durable pour l'accès à l'emploi compte tenu du handicap et la capacité de travail du demandeur, les organismes débiteurs vérifient l'ensemble des conditions administratives.

Le silence gardé pendant plus de quatre mois sur une demande d'allocation aux adultes handicapés ou de complément de ressources par la CDAPH, à compter du dépôt de la demande, vaut décision de rejet. Au vu de la décision de la commission et après avoir vérifié que le demandeur remplit les conditions administratives et financières exigées, l'organisme débiteur prend la décision de liquider ces prestations. Le silence gardé pendant plus d'un mois par l'organisme débiteur, à compter de la date de la décision de la commission relative à une demande d'AAH et de complément de ressources, vaut décision de rejet.

En ce qui concerne la majoration pour vie autonome, c'est en principe la Caf (ou la caisse de MSA) qui l'attribue automatiquement dès lors que les conditions sont remplies. Aucune démarche particulière n'est donc à accomplir.

Remarque

Le titulaire de l'AAH (et ses éventuels ayants droit) bénéficie des prestations en nature de l'assurance maladie et maternité s'il n'est assujetti à aucun autre titre à un régime obligatoire d'assurance maladie.

Textes de référence

Articles L. 821-1 à L. 821-8 du Code de la sécurité sociale

La prestation de compensation du handicap (PCH)

La prestation de compensation du handicap est destinée à couvrir les surcoûts de toute nature liés au handicap dans la vie quotidienne, qu'il s'agisse d'aides humaines, d'aides techniques ou encore d'aménagement du logement. En prenant en compte les besoins et aspirations de la personne handicapée, elle offre une prise en charge individualisée. Elle se substitue à l'allocation compensatrice pour tierce personne ou pour frais professionnels. Elle présente le grand avantage d'être attribuée sans condition de ressources, ni récupération sur succession. Nous présentons ci-dessous les principales dispositions applicables dans le cadre de la prestation de compensation à domicile.

Quelles sont les conditions à remplir ?

La PCH est attribuée sans condition de ressources, quelles que soient l'origine et la nature de la déficience du demandeur et son mode de vie (à domicile ou en établissement). Mais il faut, pour l'obtenir, remplir une condition de résidence, d'âge et de handicap.

■ La résidence

Une résidence stable et régulière en France métropolitaine, dans les départements d'outre-mer ou à Saint-Pierre-et-Miquelon est exigée. Les personnes de nationalité étrangère, hors ressortissants des États de l'Union européenne et des parties à l'accord sur l'Espace économique européen, doivent être titulaires d'une carte de résident ou d'un titre de séjour.

■ L'âge

La limite d'âge

À partir de 60 ans, il n'est en principe plus possible de demander le bénéfice de la prestation de compensation du handicap à deux exceptions près. En effet, une personne de plus de 60 ans peut solliciter cette prestation dans deux cas de figure :

- si elle remplissait les conditions pour la percevoir, avant d'avoir atteint ses 60 ans ; elle doit toutefois en faire la demande avant ses 75 ans ;
- si elle exerce une activité professionnelle après 60 ans et son handicap répond aux critères d'attribution de la prestation.

Cette limite d'âge de 60 ans ne s'applique pas aux bénéficiaires de l'allocation compensatrice pour tierce personne ou pour frais professionnels qui optent pour la PCH.

Remarque

Le bénéficiaire de la PCH peut opter, à partir de 60 ans, pour l'allocation personnalisée d'autonomie s'il en remplit, naturellement, les conditions d'attribution.

L'extension de la prestation de compensation du handicap aux enfants handicapés

La loi du 19 décembre 2007 de « financement de la Sécurité sociale pour 2008 » supprime la condition d'âge minimal permettant de bénéficier de la prestation de compensation du handicap et organise les conditions de l'articulation entre cette prestation et l'allocation d'éducation de l'enfant handicapé (AEEH). Ces dispositions sont applicables depuis le 1er avril 2008, dans les conditions fixées par les décrets n° 2008-450 du 7 mai 2008, 2008-530 et 2008-531 du 4 juin 2008.

Ainsi, lorsque le jeune handicapé remplit les conditions d'âge permettant l'ouverture du droit à l'AEEH, c'est-à-dire qu'il est âgé de moins de 20 ans, les bénéficiaires de cette allocation (en règle générale, les parents de l'enfant ou du jeune handicapé) disposent d'un droit d'option. Ils peuvent, en effet, cumuler l'AEEH de base :

- soit avec la prestation de compensation du handicap, lorsque les conditions d'ouverture du droit au complément de l'allocation d'éducation de l'enfant handicapé seront réunies et lorsqu'ils seront exposés, du fait du handicap de leur enfant, à des charges relevant de la PCH (aides humaines, aides techniques, aménagement du logement, etc.) ; dans ce cas, le cumul s'effectue à l'exclusion du complément de l'allocation d'éducation de l'enfant handicapé (le complément d'AEEH ne sera donc plus versé) ;
- soit avec le seul élément de la PCH relatif à l'aménagement du logement et du véhicule de la personne handicapée, ainsi qu'à d'éventuels surcoûts résultant de son transport, lorsqu'ils seront exposés, du fait du handicap de leur enfant, à de telles charges. Dans ce cas, les familles peuvent, si les conditions sont remplies, bénéficier d'un complément d'AEEH, mais les charges susvisées (aménagement du logement, du véhicule, surcoûts de transport) ne pourront alors être prises en compte pour l'attribution de ce complément.

Les personnes concernées peuvent obtenir de plus amples renseignements auprès de la MDPH ou sur le site www.social-sante.gouv.fr (espace « handicap »).

■ Le handicap

La dernière condition à remplir tient au handicap, lequel doit répondre à un certain nombre de critères. On ne fait pas référence pour l'attribution de cette prestation au taux d'incapacité permanente de 80 %, mais à une difficulté absolue pour la réalisation d'une activité ou une difficulté grave pour la réalisation d'au moins deux activités. Est visée dans le premier cas la personne qui ne peut réaliser elle-même une activité donnée, dans le deuxième celle qui l'effectue difficilement et de façon altérée. En tout état de cause, ces difficultés doivent être définitives ou d'une durée prévisible d'au moins un an.

La détermination du niveau de difficultés se fait en référence à la réalisation d'activités par une personne du même âge qui n'a pas de problème de santé. Ces activités, répertoriées dans un « référentiel » relèvent des domaines suivants : la mobilité (se mettre debout, marcher, etc.), l'entretien personnel (se laver, prendre ses repas, etc.), la communication (parler, entendre, comprendre, etc.), les tâches et exigences générales et les relations avec autrui (s'orienter dans le temps, l'espace, maîtriser son comportement dans ses relations avec les autres, etc.).

Quelles sont les dépenses couvertes ?

La PCH couvre différentes charges déterminées précisément. Il s'agit, en effet, d'une prestation en nature qui n'est pas libre d'emploi. L'équipe pluridisciplinaire de la MDPH définit, en tenant compte du projet de vie de la personne handicapée, le besoin de compensation.

■ Les aides humaines

Cette composante de la prestation peut couvrir le coût d'une aide :

- nécessaire pour accomplir les actes essentiels de la vie comme l'entretien personnel de la personne (par exemple, la toilette, l'habillage, l'alimentation), ses déplacements dans le logement ou à l'extérieur pour accomplir les démarches liées au handicap, sa participation à la vie sociale (aides nécessaires pour accéder aux loisirs, à la vie associative, etc.) ;
- qui opère une surveillance régulière afin d'éviter que la personne handicapée ne s'expose à un danger menaçant son intégrité ou sa sécurité ; le besoin doit être durable et survenir fréquemment ;
- rendue nécessaire pour l'exercice d'une activité professionnelle (mais pas pour l'accomplissement des actes essentiels sur le lieu de travail), d'une fonction élective.

Cette partie de la prestation peut être utilisée pour rémunérer un service prestataire d'aide à domicile agréé ou un salarié directement employé par la personne handicapée. Cette dernière peut également

utiliser les sommes attribuées au titre de l'élément lié à un besoin d'aide humaine pour salarier un membre de sa famille autre que son conjoint, son concubin ou la personne avec laquelle elle a conclu un Pacs ou autre qu'un obligé alimentaire du premier degré (principalement père, mère, enfant) ; à condition que ce dernier n'ait pas fait valoir ses droits à la retraite et qu'il ait cessé ou renoncé totalement ou partiellement à une activité professionnelle pour être employé par la personne handicapée. Toutefois, lorsque son état nécessite à la fois une aide totale pour la plupart des actes essentiels et une présence constante ou quasi constante due à un besoin de soins ou d'aide pour les gestes de la vie quotidienne, la personne handicapée peut utiliser ces sommes pour salarier son conjoint, son concubin, la personne avec laquelle elle a conclu un Pacs ou un obligé alimentaire du premier degré.
Enfin, la personne handicapée peut dédommager un proche (aidant familial) qui lui apporte son aide, même si aucun contrat de travail ne les lie. Peut être aidant familial :

- le conjoint, le concubin, le partenaire de Pacs ;
- l'ascendant, le descendant ou le collatéral jusqu'au quatrième degré de la personne handicapée elle-même (sœur, frère, nièce, neveu, petite-nièce, petit-neveu) ou de son conjoint, concubin ou partenaire de Pacs.

■ Les aides techniques

La PCH couvre, dans certaines limites, le coût d'acquisition ou de location d'un instrument, d'un équipement adapté ou spécialement conçu pour compenser une limitation d'activité rencontrée par une personne du fait de son handicap. Sont visées les aides techniques listées dans l'arrêté du 28 décembre 2005 (JO du 30 décembre), modifié par arrêté du 19 février 2007 (JO du 2 mars).
Les aides techniques doivent avoir l'une des finalités suivantes :

- maintenir ou améliorer l'autonomie ;
- assurer la sécurité ;
- faciliter l'intervention des personnes qui aident.

Certaines d'entre elles font l'objet d'une prise en charge partielle de la Sécurité sociale comme les lits médicaux, les fauteuils roulants, les appareils correctifs de surdité, etc. La prestation de compensation ne prendra en compte que la part non remboursée. Les autres aides, non prises en charge par la Sécurité sociale, peuvent être couvertes totalement par la prestation de compensation.

■ Les aménagements du logement

Peuvent être pris en compte au titre de cet élément :

- ceux qui concourent à maintenir ou à améliorer l'autonomie de la personne handicapée ou le coût d'un déménagement si l'aménagement du logement occupé s'avère trop coûteux ou techniquement impossible. Les aménagements doivent permettre de mieux circuler dans le logement, d'utiliser les équipements indispensables à la vie courante, de se repérer et de communiquer ou encore de faciliter l'intervention d'un aidant ;
- les aménagements concernent le logement de la personne handicapée, mais également le domicile de la personne qui l'héberge s'il existe entre eux un lien. Ainsi, il peut s'agir du logement de l'ascendant, descendant ou collatéral jusqu'au quatrième degré de la personne handicapée elle-même ou de son conjoint, concubin ou partenaire de Pacs (voir ci-contre).

■ Les aménagements du véhicule

Le véhicule visé est celui utilisé habituellement par la personne handicapée comme conducteur ou passager. La PCH peut couvrir les aménagements, accessoires ou options rendus nécessaires par le handicap, mais également les surcoûts liés aux transports réguliers, fréquents ou correspondant à un départ annuel en congés.

Remarque

En cas de séparation des parents, la PCH peut être affectée à la couverture des charges du parent n'ayant pas la charge de l'enfant, sous condition de l'établissement préalable d'un compromis écrit entre les deux parents. Il précise les modalités d'aides incombant à chacun. Il comporte, de la part du parent ayant la charge de l'enfant, l'engagement de reverser à l'autre parent la partie correspondant à la compensation des charges prévues à l'article L. 245-3 du Code de l'action sociale et des familles (besoin d'aides humaines, techniques, aménagement du logement, etc.) qu'il a exposée, et de la part du parent n'ayant pas la charge de l'enfant, l'engagement à fournir à l'autre parent les pièces justifiant l'effectivité de ces charges.

■ Des aides spécifiques ou exceptionnelles

Sont couvertes, à ce titre, des dépenses permanentes et prévisibles qui ne peuvent pas être prises en charge par ailleurs (par exemple, les nutriments pour supplémentation orale, les protections absorbantes, etc.) ainsi que des dépenses ponctuelles comme la réparation d'un lit médical.

■ Des aides animalières

Peut être pris en charge le prix d'acquisition et l'entretien des aides animalières qui maintiennent ou améliorent l'autonomie de la personne handicapée. L'aide ne peut être obtenue pour un chien guide d'aveugle ou un chien d'assistance que si l'animal a été éduqué dans une structure labellisée par des éducateurs qualifiés.

Remarque

Le président du conseil départemental (ex. « conseil général ») organise le contrôle de l'utilisation de la PCH. Pour lui permettre d'effectuer cette mission, le bénéficiaire doit déclarer l'identité et le statut des salariés qu'il emploie, le lien de parenté qui éventuellement les lie, le nom de l'organisme mandataire ou du prestataire auquel il fait appel, l'identité de l'aidant familial qu'il dédommage. Les justificatifs des dépenses auxquelles la prestation de compensation est affectée doivent être conservés pendant deux ans et les factures et descriptifs des aménagements du logement ou du véhicule transmis au président du conseil départemental. Celui-ci peut à tout moment faire procéder à un contrôle, sur place ou sur pièces, pour vérifier si les conditions d'attribution de la prestation de compensation sont ou restent réunies ou encore si le bénéficiaire de la prestation a consacré la somme à ce pourquoi elle a été attribuée.

Quel est le montant de la prestation ?

L'attribution de la prestation de compensation du handicap n'est pas soumise à une condition de ressources, mais le niveau de revenus du demandeur intervient néanmoins. En effet, le besoin de compensation de la personne handicapée fait l'objet d'un plan personnalisé établi par l'équipe pluridisciplinaire de la MDPH (voir p. 16). Or, pour chaque nature de dépenses couvertes par la prestation, un tarif est établi, son taux de prise en charge variant en fonction des ressources de l'intéressé.
Les différents tarifs sont fixés par arrêtés ministériels.

■ Tarifs de l'aide humaine

Ce tarif varie en fonction du statut de l'aidant. S'il s'agit d'une aide à domicile employée par la personne handicapée elle-même, le tarif de l'heure est égal à 130 % du salaire horaire brut sans ancienneté d'une assistante de vie pour personne dépendante de niveau 3 au sens de la Convention collective nationale du particulier employeur du 24 novembre 1999 (soit 12,49 € depuis le 1er janvier 2015). Si la personne handicapée a fait appel à un organisme mandataire dont la mission est de prendre en charge les obligations de l'employeur (établissement du contrat de travail, des fiches de paie, déclaration à l'Urssaf, etc.), le tarif est majoré de 10 % (soit 13,74 € depuis le 1er janvier 2015). En cas de recours à un service prestataire (l'intéressé n'est alors plus employeur de l'aide), le tarif correspond à celui fixé par le conseil départemental (ex. « conseil général ») pour les prestations fournies par des organismes et services habilités au titre de l'aide sociale ; en cas de recours à un service à la personne titulaire de l'agrément « qualité », le tarif est de 17,77 € de l'heure. Le dédommagement d'un aidant familial se fait sur la base de 50 % du Smic

horaire net (soit 3,67 € depuis le 1er janvier 2015). Ce tarif est porté à 75 % du Smic (5,51 € depuis le 1er janvier 2015) lorsque l'aidant familial est dans l'obligation de cesser ou de renoncer partiellement ou totalement à une activité professionnelle pour s'occuper de la personne handicapée. Le dédommagement mensuel ne peut dépasser 946,25 € par mois depuis le 1er janvier 2015.
En outre, lorsque l'aidant familial n'exerce aucune activité professionnelle afin d'apporter une aide à une personne handicapée dont l'état nécessite à la fois une aide totale pour la plupart des actes essentiels et une présence constante ou quasi constante due à un besoin de soins ou d'aide pour les gestes de la vie quotidienne, le dédommagement mensuel maximal est majoré de 20 %, (soit 1 135,50 € par mois depuis le 1er janvier 2015).

■ Tarifs des aides techniques

Une liste définit les tarifs pour les aides techniques remboursables par la Sécurité sociale, une autre les tarifs de celles qui ne sont pas remboursables. Le montant total ne peut, en principe, être supérieur à 3 960 € sur une période de trois ans.

■ Tarifs de l'aménagement du logement

Il est égal à 100 % de la dépense lorsque la tranche de travaux représente moins de 1 500 € et seulement à 50 % (avec un maximum de 10000 €) au-delà. Sur une période de 10 ans, le montant total attribuable ne peut dépasser 10000 €. Pour un déménagement, le tarif de prise en charge est de 3 000 € par période de 10 ans.

■ Tarifs de l'aménagement du véhicule

Lorsque les travaux ne représentent pas plus de 1 500 €, le tarif couvre 100 % de la dépense. Au-delà de 1500 €, le taux n'est plus que de 75 %. Les surcoûts liés au transport sont pris en charge à 75 %. Au titre de l'une ou l'autre de ces dépenses, la personne handicapée ne peut recevoir plus de 5 000 € sur cinq ans (sous certaines conditions, ce montant peut être porté à 12 000 €).

■ Tarifs des aides spécifiques
Il est plafonné à 100 € par mois.

■ Tarifs des aides exceptionnelles
Son plafond est de 1 800 € pour une période de trois ans.

■ Tarifs des aides animalières
Il est au maximum de 3 000 € sur une période de cinq ans. Lorsque le versement se fait mensuellement, le plafond est de 50 €.

■ Taux de prise en charge
Les dépenses visées dans le plan personnalisé sont prises en charge à 100 % de leur tarif si les ressources annuelles de la personne handicapée sont inférieures ou égales à deux fois le montant de la majoration pour tierce personne (26 473,96 € depuis le 1er avril 2014). Si ce plafond est dépassé, le taux de prise en charge passe à 80 %. Les frais de compensation restant à la charge du bénéficiaire ne peuvent excéder, quoi qu'il en soit, 10 % de ses ressources personnelles nettes d'impôt.
Les ressources prises en compte pour déterminer le taux de prise en charge sont celles perçues au cours de l'année civile précédant celle de la demande. Toutefois, certaines d'entre elles ne sont pas retenues. Il s'agit :
- des revenus professionnels de la personne handicapée ;
- des indemnités temporaires, prestations et rentes servies aux victimes d'accident du travail ;
- des retraites et pensions d'invalidité versées par un régime obligatoire ;
- des allocations versées aux travailleurs privés d'emploi (allocation de chômage et du régime de solidarité comme l'allocation spécifique de solidarité) ;
- de l'allocation de cessation anticipée d'activité en faveur des travailleurs de l'amiante ;

- des indemnités de maladie, de maternité, d'accident du travail et de maladie professionnelle versées par la Sécurité sociale ;
- de la prestation compensatoire attribuée en cas de divorce ;
- de la pension alimentaire octroyée au titre de la contribution à l'entretien et à l'éducation des enfants dont les parents se séparent ;
- des bourses d'étudiant ;
- des revenus d'activité des personnes suivantes : du conjoint, du concubin ou du partenaire de Pacs, de l'aidant familial qui vit au foyer de la personne handicapée et lui apporte une aide effective, des parents de l'intéressé ;
- des rentes viagères mentionnées au 2° du I de l'article 199 septies du Code général des impôts (rente « survie » ou « épargne handicap »), lorsqu'elles ont été constituées par la personne handicapée pour elle-même ou, en sa faveur, par ses parents ou son représentant légal, ses grands-parents, ses frères et sœurs ou ses enfants.

Sont également exclues les prestations sociales suivantes :
- les prestations familiales et assimilées ;
- l'allocation aux adultes handicapés ;
- les allocations de logement et l'aide personnalisée au logement ;
- le revenu de solidarité active ;
- la prime de déménagement ;
- les rentes ou indemnités en capital pour la victime ou ses ayants droit en cas d'accident du travail ou de maladie professionnelle ;
- les prestations en nature au titre de l'assurance maladie, maternité, accident du travail et décès.

Remarque

Pour fixer les montants attribués au titre des divers éléments de la prestation de compensation du handicap (PCH), la Commission des droits et de l'autonomie des personnes handicapées (CDAPH) déduit les sommes versées correspondant à un droit de même nature ouvert au titre d'un régime de sécurité sociale.

Quelles sont les démarches ?

La demande de prestation de compensation est à adresser à la MDPH du lieu de résidence, au moyen du formulaire Cerfa n°13788*01 et des documents qui lui sont associés, lesquels sont disponibles sur le site http://vosdroits.service-public.fr.

Comment la décision est-elle prise ?

L'instruction de la demande comporte l'évaluation des besoins de compensation du demandeur et l'établissement d'un plan personnalisé de compensation. Cette première phase de la procédure est effectuée par l'équipe pluridisciplinaire de la MDPH. La décision d'attribution relève de la compétence de la CDAPH qui siège à la MDPH. La prestation est versée ensuite par le département.

■ Appréciation des besoins

Les besoins de compensation sont évalués de façon personnalisée sur le fondement d'un référentiel. Pour cela sont pris en compte les déficiences et troubles qui limitent les différentes activités de la vie du demandeur, mais également ses aptitudes, ses compétences, son environnement et les aides dont il bénéficie déjà et son projet de vie. Pour effectuer l'évaluation, l'équipe pluridisciplinaire peut entendre la personne handicapée, son représentant légal ou ses parents si elle est mineure, se rendre sur les lieux de vie. Le demandeur ou son représentant légal a le droit de se faire assister par la personne de son choix. L'équipe établit ensuite un plan personnalisé de compensation.

■ Établissement d'un plan personnalisé de compensation

Ce plan répond aux différents besoins de compensation identifiés. Les besoins en aides humaines prennent la forme d'un nombre d'heures proposé au titre des actes essentiels, de la surveillance, des frais supplémentaires liés à l'exercice d'une activité professionnelle ou d'une fonction élective en les répartissant selon le statut de l'aidant. Pour les déterminer, la CDAPH s'appuie sur un

référentiel qui codifie des temps plafonds en fonction des besoins de la personne handicapée. Par exemple, le temps d'aide pour la toilette quotidienne peut atteindre 70 minutes, pour la participation à la vie sociale (aide au déplacement) 30 heures par mois, etc. Dans des situations exceptionnelles, la CDAPH peut porter le temps d'aide attribué au titre des actes essentiels ou de surveillance au-delà des temps plafonds prévus par le référentiel.
Pour les besoins en aides techniques, le plan peut prévoir une période d'essai et si les aides préconisées ne sont pas remboursables par la Sécurité sociale, la solution la moins coûteuse est retenue. En ce qui concerne les aménagements du logement et du véhicule, le plan doit les détailler afin que le demandeur puisse faire établir des devis. En cas d'évolution prévisible du handicap, le plan peut prévoir des adaptations ultérieures.
Une fois établi, il est transmis à la personne handicapée (ou à son représentant légal) qui dispose de 15 jours pour faire connaître ses observations à la CDAPH.

■ Décision de la CDAPH

La personne handicapée est informée, au moins deux semaines à l'avance, de la date et du lieu de la séance au cours de laquelle la commission se prononcera sur sa demande et de sa possibilité de s'y faire assister ou représenter par la personne de son choix. La commission doit rendre une décision motivée. Le défaut de réponse dans les quatre mois vaut rejet de la demande.
La décision d'attribution de la prestation rendue par la commission doit indiquer :

- la durée d'attribution de la prestation ;
- la nature des dépenses auxquelles chaque élément de la prestation est affecté ;
- le montant total attribué, sauf pour l'élément « aides humaines » ;
- le montant mensuel attribué ;
- les modalités de versement choisies par le bénéficiaire.

Remarque

Les droits à la prestation de compensation sont ouverts à compter du premier jour du mois du dépôt de la demande.

■ Procédure d'urgence

En cas d'urgence attestée, l'intéressé peut, à tout moment de l'instruction de sa demande, joindre une demande particulière sur laquelle le président du conseil général statue en urgence dans un délai de 15 jours ouvrés en arrêtant le montant provisoire de la PCH.
La situation est considérée comme urgente lorsque les délais d'instruction, et ceux nécessaires à la CDAPH pour prendre la décision d'attribution de la prestation, sont susceptibles soit de compromettre le maintien ou le retour à domicile de la personne handicapée ou son maintien dans l'emploi, soit de l'amener à supporter des frais conséquents pour elle qui ne peuvent être différés.
La demande d'attribution de la prestation de compensation en urgence est faite sur papier libre par la personne handicapée ou son représentant légal auprès de la MDPH, qui la transmet sans délai au président du conseil départemental (ex. « conseil général »).
Cette demande :

- précise la nature des aides pour lesquelles la prestation de compensation est demandée en urgence et le montant prévisible des frais ;
- apporte tous les éléments permettant de justifier l'urgence ;
- est accompagnée d'un document attestant de l'urgence de la situation délivré par un professionnel de santé ou par un service ou organisme à caractère social ou médico-social.

Pour quelle durée est-elle attribuée ?

Lorsque la prestation de compensation fait l'objet d'un versement mensuel, elle est attribuée pour une durée limitée inférieure ou égale à :

- 10 ans pour l'élément « aides humaines », « aménagement du logement » et « charges spécifiques » ;

- cinq ans pour l'élément « aménagement du véhicule », surcoût résultant du transport et les aides animalières ;
- trois ans pour l'élément « aides techniques » et « charges exceptionnelles ».

Des événements comme l'évolution du handicap pendant ces durées peuvent entraîner le réexamen de la situation. L'intéressé peut en faire la demande auprès de la commission.

Remarque

Le bénéficiaire de la prestation de compensation doit signaler au président du conseil départemental (ex. « conseil général ») toute modification de sa situation de nature à affecter ses droits.

La PCH est-elle cumulable avec d'autres prestations ?

La prestation de compensation du handicap et l'allocation aux adultes handicapés (y compris les majorations pour vie autonome et complément de ressources) peuvent se cumuler, l'une et l'autre n'ayant pas le même objet.

En revanche, le cumul n'est possible ni avec l'allocation compensatrice pour tierce personne (ACTP) ni avec l'allocation personnalisée d'autonomie (Apa). Lorsque l'intéressé a obtenu la prestation de compensation avant 60 ans et qu'il remplit les conditions requises pour percevoir l'Apa, il peut choisir l'une ou l'autre des prestations. À défaut d'option, la prestation de compensation continuera à lui être versée.

Textes de référence

Articles L. 245-1 à L. 245-14
du Code de l'action sociale et des familles

Des aides pour se déplacer

Aux aides aux déplacements qui peuvent être obtenues par l'intermédiaire de la prestation de compensation s'ajoutent des avantages procurés par différentes cartes : carte d'invalidité, carte de priorité, carte européenne de stationnement.

À qui s'adresse la carte d'invalidité ?

Peuvent y prétendre les personnes reconnues atteintes d'une incapacité d'au moins 80 % ou classées en invalidité dans la troisième catégorie. Cette carte donne droit à un certain nombre d'avantages fiscaux, aux places assises dans les transports en commun, dans les espaces et salles d'attente ainsi que dans les établissements et les manifestations accueillant du public, tant pour son titulaire que pour la personne qui l'accompagne dans ses déplacements. Elle permet également d'obtenir une priorité dans les files d'attente. Elle peut également servir à l'appui d'une demande de logement HLM, une priorité dans l'attribution de ces logements étant instituée au profit des personnes en situation de handicap ou aux familles ayant à leur charge une personne en situation de handicap.

Pour l'obtenir, il faut s'adresser à la maison départementale des personnes handicapées (MDPH). Mais c'est la CDAPH qui prend la décision de l'attribuer ou non. L'équipe pluridisciplinaire procède à l'évaluation de la demande (sauf lorsqu'elle est présentée par un titulaire d'une pension d'invalidité de troisième catégorie) et apprécie le taux d'incapacité permanente.

La carte d'invalidité est attribuée à titre définitif ou pour une durée déterminée qui ne peut être ni inférieure à un an, ni excéder 10 ans.

Elle peut porter la mention « besoin d'accompagnement » pour attester de la nécessité pour la personne handicapée d'être accompagnée par une tierce personne dans ses déplacements. Ce peut être

le cas notamment des adultes qui bénéficient de l'élément « aides humaines » de la prestation de compensation ou qui perçoivent l'allocation personnalisée d'autonomie ou une majoration d'un régime de sécurité sociale pour avoir recours à l'assistance d'une tierce personne.
La mention « cécité » est apposée sur la carte d'invalidité des personnes dont la vision centrale est inférieure à un vingtième de la normale.

À qui s'adresse la carte de priorité ?

La « carte de priorité pour personnes handicapées » s'adresse aux personnes atteintes d'un handicap qui rend la station debout pénible, mais dont le taux d'incapacité est inférieur à 80 %. Attribuée pour une durée déterminée comprise entre un an minimum et 10 ans maximum, elle donne une priorité d'accès aux places assises dans les transports en commun, dans les espaces et salles d'attente, dans les établissements et les manifestations accueillant du public ainsi qu'une priorité dans les files d'attente.
Les démarches à entreprendre sont les mêmes que pour obtenir une carte d'invalidité (voir ci-dessus). La « pénibilité à la station debout » est évaluée par un médecin de l'équipe pluridisciplinaire de la MDPH (voir p. 16) qui tient compte des effets du handicap sur la vie sociale du demandeur et des aides techniques auxquelles il a éventuellement recours.

Remarque

En principe à compter de 2017, la carte de priorité et la carte de stationnement mentionnée ci-dessous devraient être remplacées par une carte unique « mobilité inclusion ». Toutes les précisions seront disponibles sur le site www.simplification.modernisation.gouv.fr.

À qui s'adresse la carte européenne de stationnement ?

Toute personne atteinte d'un handicap qui réduit de manière importante et durable sa capacité et son autonomie de déplacement à pied ou qui impose qu'elle soit accompagnée par une tierce personne dans ses déplacements, peut recevoir une « carte de stationnement pour personnes handicapées ». Elle est valable dans l'ensemble des pays de l'Union européenne, selon la réglementation en vigueur dans chaque pays.

La carte est personnalisée par la signature et la photographie du bénéficiaire figurant dans la partie gauche de son verso.

Remarque

Les organismes utilisant un véhicule destiné au transport collectif des personnes handicapées peuvent obtenir la carte de stationnement.

La carte de stationnement pour personnes handicapées permet à son titulaire ou à la tierce personne l'accompagnant d'utiliser, à titre gratuit et sans limitation de la durée de stationnement, toutes les places de stationnement ouvertes au public (et pas seulement les places réservées aux personnes handicapées, comme cela était le cas avant l'entrée en vigueur - le 18 mai 2015 - de la loi du 18 mars 2015 mentionnée ci-contre). Toutefois, les autorités compétentes en matière de circulation et de stationnement peuvent fixer une durée maximale de stationnement qui ne peut être inférieure à 12 heures.

La carte de stationnement permet, dans les mêmes conditions, de bénéficier des autres dispositions qui peuvent être prises en faveur des personnes handicapées par les autorités compétentes en matière de circulation et de stationnement.

Les mêmes autorités peuvent également prévoir que, pour les parcs de stationnement disposant de bornes d'entrée et de sortie accessibles aux personnes handicapées depuis leur véhicule, les titulaires de cette carte sont soumis au paiement de la redevance de stationnement en vigueur.

La demande qui doit être accompagnée d'un certificat médical délivré par le médecin traitant, attestant les difficultés de déplacement, est à faire auprès de la MDPH compétente. Les personnes relevant du Code des pensions militaires d'invalidité et des victimes de guerre doivent l'adresser au service départemental de l'Office national des anciens combattants et victimes de guerre (Onac) de leur lieu de résidence. L'instruction est assurée par un médecin de l'équipe pluridisciplinaire de la MDPH ou, pour les personnes ayant déposé une demande auprès du service départemental de l'Onac, par un médecin relevant du service de santé des armées ou d'un organisme ayant passé une convention avec ce service.

La carte est délivrée par le préfet conformément à l'avis du médecin chargé de l'instruction de la demande, dans un délai de deux mois suivant la demande. À défaut de réponse dans un délai de deux mois à compter de la date où la demande est recevable (c'est-à-dire accompagnée de l'ensemble des documents prévus), la carte de stationnement est attribuée à titre provisoire, pour une durée de deux ans ; cette carte pourra toutefois être retirée à tout instant s'il est établi que son bénéficiaire ne répond pas aux conditions d'attribution fixées par la réglementation.

Remarque

La carte de stationnement pour personnes handicapées est attribuée à titre définitif ou pour une durée déterminée ne pouvant être inférieure à un an. Les démarches à effectuer pour obtenir la carte de stationnement pourraient faire l'objet d'aménagements dans le courant de l'année 2016 ; tous les renseignements seront disponibles auprès des MDPH ou sur le site www.social-sante.gouv.fr.

Textes de référence

Articles R. 241-12 à R. 241-20
du Code de l'action sociale et des familles
Loi n° 2015-300 du 18 mars 2015 (JO du 19 mars)

Les aides fiscales

Les personnes handicapées, ou les personnes ayant à leur charge une personne handicapée, peuvent bénéficier d'un certain nombre d'avantages fiscaux, qu'il s'agisse d'exonération, d'abattement, ou de prise en compte du handicap pour le calcul de l'impôt sur le revenu.

Quelles sont les aides pour l'imposition des revenus ?

■ Le calcul du quotient familial

Le quotient familial est le nombre de parts auquel a droit le contribuable au regard de sa situation et de ses charges de famille. Sont considérés à charge :

- les enfants mineurs ;
- les enfants infirmes (enfant incapable de subvenir à ses besoins en raison de son invalidité) quel que soit leur âge ;
- les personnes titulaires de la carte d'invalidité que le contribuable héberge à titre gratuit. Il en est ainsi quels que soient l'âge et les ressources de la personne invalide et même s'il n'y a aucun lien de parenté entre eux. Bien entendu, le contribuable doit déclarer avec les siens les revenus de la personne titulaire de la carte d'invalidité.

En outre, pour établir le quotient familial du foyer fiscal, compte pour une demi-part supplémentaire :

- le titulaire de la carte d'invalidité ;
- le titulaire d'une pension militaire avec un taux d'incapacité reconnu d'au moins 40 % ;
- le titulaire d'une rente d'accident du travail avec un taux d'incapacité reconnu d'au moins 40 %.

Exemple, un couple sans enfant dont l'un des époux a obtenu la carte d'invalidité a droit à 2,5 parts de quotient familial.

Remarque

Une personne qui a droit à plusieurs demi-parts supplémentaires (au titre d'une rente accident du travail et de la carte d'invalidité, par exemple) ne peut prétendre qu'à une seule demi-part supplémentaire. En revanche, lorsque plusieurs personnes du même foyer fiscal (les deux conjoints par exemple) remplissent chacune les conditions pour bénéficier d'une demi-part supplémentaire, le cumul est possible.

L'avantage fiscal résultant d'une demi-part supplémentaire « handicapé » ne doit pas dépasser un plafond comme c'est le cas pour les autres demi-parts additionnelles (celle accordée pour le troisième enfant, par exemple). Mais son montant est plus favorable (3 012 € pour l'imposition des revenus de 2014 contre 1 508 € dans le cas général).

Remarque

Il n'est pas toujours de l'intérêt du contribuable de compter à charge la personne titulaire de la carte d'invalidité. En effet, s'il s'agit d'une personne à l'égard de laquelle il a une obligation alimentaire (un parent ou un grand-parent, par exemple), il peut s'avérer plus judicieux de renoncer à la part de quotient pour pouvoir déduire la pension alimentaire versée. Cette option n'est cependant possible que si le parent accueilli est dans le besoin.

■ La non-imposition de certains revenus

Certaines prestations ou rentes versées aux personnes handicapées ne sont pas soumises à impôt. Il s'agit principalement de :

- l'allocation d'éducation de l'enfant handicapé et ses compléments ;
- l'allocation aux adultes handicapés et ses compléments ;
- la prestation de compensation ;

- l'allocation compensatrice pour tierce personne ou pour frais professionnels ;
- la rente accident du travail et de maladie professionnelle ;
- les rentes d'invalidité de la Sécurité sociale au plus égales à l'allocation aux vieux travailleurs salariés lorsque les ressources du bénéficiaire ne dépassent pas le plafond d'octroi de cette allocation ;
- les pensions civiles ou militaires de guerre ;
- l'allocation personnalisée d'autonomie ;
- l'allocation de logement.

■ Des abattements spécifiques

Lorsque les revenus imposables sont inférieurs à un certain montant, les personnes handicapées peuvent appliquer un abattement sur leur revenu net global. Sont concernées par cette mesure les personnes titulaires de la carte d'invalidité ou de l'une des prestations suivantes : une pension militaire d'invalidité pour une invalidité d'au moins 40 %, une pension d'invalidité pour accident du travail d'au moins 40 %.

Le montant de cet abattement dépend de l'importance des revenus déclarés par le contribuable. Il est fixé à (montants applicables au titre de l'impôt sur les revenus de 2014, déclarés en 2015) :

- 2 344 €, si le revenu net global n'excède pas 14 710 € ;
- 1 172 € si le revenu net global est compris entre 14 710 € et 23 700 €.

Cet abattement est doublé si le conjoint est également invalide (ou s'il est âgé de plus de 65 ans, l'abattement s'appliquant également aux personnes âgées de plus de 65 ans au 31 décembre de l'année d'imposition).

■ Le crédit ou la réduction d'impôt pour une aide à domicile

Les dépenses engagées pour financer les services à la personne donnent droit à un avantage fiscal qui prend la forme, selon la situation, d'un crédit d'impôt ou d'une réduction d'impôt.

Remarque

Depuis l'imposition des revenus de 2009, ce qu'il est convenu d'appeler les « niches fiscales » font l'objet d'un plafonnement annuel. La réduction ou le crédit d'impôt au titre d'un emploi à domicile fait partie des niches fiscales prises en compte pour le calcul de ce plafonnement ; sur ce point, il convient de se reporter aux informations figurant sur le site www.impots.gouv.fr.

Dépenses ouvrant droit à l'avantage fiscal

Ouvrent droit à un avantage fiscal (réduction d'impôt ou crédit d'impôt) les sommes versées par un contribuable domicilié en France pour :

- l'emploi d'un salarié, qui rend des services définis aux articles D. 7231-1 et D. 7231-1 du Code du travail. Toutes les activités de services à la personne telles que listées par la réglementation ouvrent donc droit à cet avantage fiscal (entretien de la maison et travaux ménagers ; préparation de repas à domicile, y compris le temps passé aux commissions ; assistance aux personnes âgées ou autres personnes qui ont besoin d'une aide personnelle à leur domicile, à l'exception d'actes de soins relevant d'actes médicaux ; assistance aux personnes handicapées, y compris les activités d'interprète en langue des signes, de technicien de l'écrit et de codeur en langage parlé complété ; garde-malade, à l'exclusion des soins ; prestations de petit bricolage dites « hommes toutes mains », etc.) ;
- le recours à une association, une entreprise ou un organisme ayant reçu un agrément délivré par l'État et qui rend des services mentionnés ci-dessus ;
- le recours à un organisme à but non lucratif ayant pour objet l'aide à domicile et habilité au titre de l'aide sociale ou conventionné par un organisme de sécurité sociale (par exemple, un centre communal d'action sociale).

L'emploi doit être exercé à la résidence, située en France, du contribuable ou d'un de ses ascendants remplissant les conditions pour bénéficier de l'allocation personnalisée d'autonomie (Apa).

Limites de prise en compte des dépenses

Les dépenses effectivement exposées par le contribuable, prises en compte pour le calcul de l'avantage fiscal, sont retenues dans la limite de 12 000 € (soit une réduction ou un crédit d'impôt maximal de 6 000 €).

Ce plafond est majoré de 1 500 € :

- par enfant à charge (cette somme est divisée par deux en cas d'enfant à charge de l'un et l'autre de ses parents séparés dans le cadre d'une garde alternée) ;
- pour chaque membre du foyer fiscal âgé de 65 ans et plus ;
- lorsque le contribuable rémunère un salarié au domicile d'un ascendant bénéficiaire de l'Apa lorsque ce dernier est âgé de plus de 65 ans.

L'application de ces majorations ne peut toutefois pas porter le plafond des dépenses prises en compte pour le calcul de la réduction d'impôt au-delà de 15 000 € (soit une réduction ou un crédit d'impôt maximal de 7 500 €).

Remarque

Les plafonds de 12 000 € et 15 000 € sont portés respectivement à 15 000 € et à 18 000 € pour l'année d'imposition au cours de laquelle le contribuable emploie pour la première fois, à titre direct, un salarié à son domicile ou à celui d'un ascendant.

Toutefois :

- le montant total des prestations de petit bricolage dites « hommes toutes mains » est plafonné à 500 € par an et par foyer fiscal. La durée d'une intervention de petit bricolage dite « hommes toutes mains » ne doit pas excéder deux heures ;
- pour les prestations d'assistance informatique et Internet à domicile, le montant ouvrant droit à l'avantage fiscal est plafonné à 3 000 € par an et par foyer fiscal ;

- pour les interventions de petits travaux de jardinage des particuliers, le montant ouvrant droit à l'avantage fiscal est plafonné à 5 000 € par an et par foyer fiscal.

Remarque

Pour les personnes invalides obligées de faire appel à l'assistance d'une tierce personne et les contribuables ayant à charge une personne invalide de troisième catégorie ou un enfant donnant droit au complément d'allocation d'éducation de l'enfant handicapé (voir p. 389), le plafond des dépenses déductibles est fixé à 20 000 € (soit une réduction ou un crédit d'impôt maximal de 10 000 €).

L'avantage fiscal porte sur :
- les rémunérations déclarées et les cotisations sociales correspondantes ;
- le montant des factures émises par l'organisme ou l'entreprise agréé.

Les aides dont le particulier a éventuellement bénéficié (par exemple, aide financière du comité d'entreprise ou de l'entreprise) sont exonérées d'impôt sur le revenu, mais doivent être déduites de la base de calcul de l'avantage fiscal.

Bénéficiaires et montant du crédit d'impôt

L'avantage fiscal prend la forme d'un crédit d'impôt sur le revenu égal à 50 % des dépenses mentionnées ci-dessus lorsque les conditions suivantes sont réunies :
- les dépenses concernent les services à la personne (voir p. 381) ;
- ces dépenses sont supportées par le contribuable pour l'emploi d'un salarié à sa résidence ou en cas de recours à une association, une entreprise ou un organisme mentionné ci-dessus.

Ces dépenses doivent, en outre, être acquittées par :
- un contribuable célibataire, veuf ou divorcé qui exerce une activité professionnelle ou est inscrit sur la liste des demandeurs d'emploi

durant trois mois au moins au cours de l'année du paiement des dépenses ;
- des personnes mariées ou ayant conclu un Pacs, soumises à une imposition commune, qui toutes deux satisfont à l'une ou l'autre conditions visées ci-dessus (exercice d'une activité professionnelle ou inscription sur la liste des demandeurs d'emploi).

Le crédit d'impôt présente l'avantage, par rapport à une simple réduction d'impôt, de bénéficier intégralement aux contribuables, même s'ils ne sont pas imposables ou si le montant de leur impôt est inférieur au crédit d'impôt auquel ils ont droit. En effet, si le crédit d'impôt excède l'impôt dû, l'excédent est restitué au contribuable. Ainsi, par exemple, si un contribuable non imposable engage des dépenses lui ouvrant droit à un crédit d'impôt de 3 000 €, le Trésor public lui restituera cette somme ; s'il est redevable d'un impôt de 1 500 €, il recevra du Trésor public un chèque de la différence, soit 1 500 €.

Bénéficiaires et montant de la réduction d'impôt

La réduction d'impôt concerne les contribuables qui engagent des dépenses ouvrant droit à cet avantage fiscal, mais qui :
- soit ne font pas partie des catégories de contribuables susceptibles de bénéficier du crédit d'impôt ;
- soit font partie de ces catégories, mais ont supporté des dépenses ouvrant droit à réduction à la résidence d'un ascendant.

Dans tous les cas, la réduction d'impôt est calculée sur la base de 50 % des dépenses effectivement supportées par le contribuable, retenues dans les limites indiquées précédemment.

■ La réduction d'impôt pour les primes versées sur un contrat de rente-survie ou d'épargne-handicap

Les proches d'une personne handicapée ou cette dernière pour elle-même peuvent souscrire des contrats d'assurance spécifiques assortis d'un régime fiscal avantageux. On parle de contrats d'épargne-handicap lorsque la personne handicapée le souscrit pour elle-même et de contrats rente-survie s'il sert à protéger l'avenir d'un proche handicapé. Dans ce dernier cas, le contrat doit être souscrit au profit d'une personne handicapée dont on est un parent en ligne directe ou collatérale jusqu'au troisième degré (enfant, petit-enfant, arrière-petit-enfant, frère, sœur, neveu, nièce) ou que l'on a fiscalement à charge.

Les primes versées sur l'un ou l'autre de ces contrats ouvrent droit à une réduction d'impôt égale à 25 % des versements pris en compte dans la limite de 1 525 €, plus 300 € par enfant à charge. Le contrat d'épargne-handicap souscrit doit, en outre, avoir une durée minimale de six ans.

Remarque

Les rentes issues de ces deux contrats ne sont imposables sur le revenu que pour une fraction de leur montant, dégressive en fonction de l'âge du bénéficiaire au moment où il a reçu la rente pour la première fois : 70 % s'il a moins de 50 ans ; 50 % s'il a entre 50 et 59 ans ; 40 % s'il a entre 60 et 69 ans ; 30 % s'il a plus de 69 ans.

■ Le crédit d'impôt pour le logement

Ouvrent droit à ce crédit d'impôt, les dépenses d'installation ou de remplacement d'équipements spécialement conçus pour les personnes handicapées ou âgées, engagées entre le 1er janvier 2005 et le 31 décembre 2017, dans la résidence principale.

La liste des dépenses visées figure à l'article 18 ter de l'annexe 4 du Code général des impôts. Il pourra s'agir, par exemple, de l'installation d'éviers et lavabos à hauteur réglable, de sièges de douche muraux, de w.-c. pour personnes handicapées, de mains courantes, de barres de maintien ou d'appui, etc.

Le crédit d'impôt est égal à 25 % des dépenses d'installation ou de remplacement d'équipements pour les personnes âgées ou handicapées, retenues dans la limite d'un plafond de 5 000 € pour une personne seule et de 10 000 € pour les personnes mariées ou pacsées

soumises à imposition commune. Ce plafond s'apprécie sur une période de cinq années consécutives comprises entre le 1er janvier 2005 et le 31 décembre 2017. Ces plafonds sont majorés de 400 € par personne à charge, cette majoration étant divisée par deux pour les enfants vivant en résidence alternée.
Le contribuable qui a perçu une subvention pour l'aider à financer les frais doit la déduire de la dépense.

Remarque

Les personnes handicapées peuvent bénéficier de subventions versées par l'Agence nationale de l'habitat (Anah) afin d'adapter leurs logements à leurs besoins spécifiques. Tous les renseignements sur les conditions d'attribution de ces aides et leur montant sont disponibles sur le site de l'Anah : www.anah.fr.

Quelles sont les autres aides ?

■ Exonération d'impôts locaux

Les personnes handicapées peuvent bénéficier d'une exonération totale ou d'un abattement sur leurs impôts locaux (taxe d'habitation et taxe foncière) dus au titre de leur résidence principale, à condition toutefois de disposer de revenus inférieurs à certains plafonds. En matière de taxe d'habitation, sont notamment concernées les personnes atteintes d'une invalidité ou d'une infirmité les empêchant de subvenir par leur travail aux nécessités de l'existence et les titulaires de l'AAH, de même que les personnes hébergeant sous leur toit un enfant remplissant ces conditions. Pour la taxe foncière sont concernés, notamment, les titulaires de l'AAH.

■ Exonération de redevance télévision

Depuis 2005, cette redevance (désormais appelée « contribution à l'audiovisuel public ») est due par toutes personnes imposées à la taxe d'habitation. Ainsi, le contribuable dispensé totalement du paiement de la taxe d'habitation l'est également de redevance télévision (renseignements sur le site www.impots.gouv.fr ou au 0 810 467 687 – coût d'une communication locale).

■ **Abattement sur les droits de succession ou de donation**

En cas de succession ou de donation, les personnes handicapées physiques ou mentales ont droit à un abattement spécifique qui s'ajoute, le cas échéant, à ceux auxquels ils peuvent prétendre en fonction de leur lien avec le donateur ou défunt. Cet abattement, fixé à 159 325 €, profite à chaque héritier ou légataire atteint, à la date de la transmission, d'une infirmité physique ou mentale, congénitale ou acquise, l'empêchant de se livrer, dans des conditions normales de rentabilité, à toute activité professionnelle ou, s'il a moins de 18 ans, d'acquérir une instruction ou une formation professionnelle d'un niveau normal. En cas de donation, l'abattement peut s'appliquer une fois tous les 15 ans.

En outre, est exonérée de droits de mutation par décès la part de chaque frère ou sœur, célibataire, veuf, divorcé ou séparé de corps, à la double condition :

- qu'il soit, au moment de l'ouverture de la succession, âgé de plus de 50 ans ou atteint d'une infirmité le mettant dans l'impossibilité de subvenir par son travail aux nécessités de l'existence ;
- qu'il ait été constamment domicilié avec le défunt pendant les cinq années ayant précédé le décès.

Lorsque les conditions ci-dessus ne sont pas réunies, les successions (et donations) entre frères et sœurs bénéficient actuellement d'un abattement de 15 932 €.

■ **Plus-values immobilières**

Les titulaires d'une carte d'invalidité correspondant au classement dans la deuxième ou la troisième des catégories prévues à l'article L. 341-4 du Code de la sécurité sociales sont exonérés de la taxation des plus-values immobilières à condition :

- qu'ils ne soient pas passibles de l'impôt de solidarité sur la fortune (ISF) au titre de l'avant-dernière année précédant celle de la cession ;
- que leur revenu fiscal de référence ne dépasse par un certain seuil. Par exemple, une personne titulaire de la carte d'invalidité (2e ou 3e catégorie), célibataire, a réalisé une plus-value lors de la vente d'un appartement en 2015. Cette cession est exonérée si, au titre des revenus de l'année 2013, son revenu fiscal de référence était inférieur à 10 633 € majoré de 2 839 € par demi-part supplémentaire et si ce redevable n'était pas passible de l'ISF en 2013.

■ La TVA à taux réduit

La TVA reste appliquée au taux réduit de 5% sur certains appareillages pour personnes handicapées donnant lieu à un remboursement par l'assurance maladie. Il s'agit notamment des chaussures orthopédiques, des véhicules pour personnes handicapées physiques (fauteuil roulant manuel, par exemple). Il en est de même pour les équipements spéciaux conçus pour les personnes handicapées.

Textes de référence

Articles 81, 199 sexdecies, 199 septies, 779 et 1414
du Code général des impôts

Chapitre 9

La protection sociale

mots clés

Prestations d'assurance maladie • Allocation journalière de présence parentale • Allocation d'éducation de l'enfant handicapé • Retraite

Le remboursement des frais médicaux

Les personnes handicapées peuvent bénéficier de la prise en charge de leurs frais médicaux soit au titre de l'activité professionnelle qu'elles exercent, soit au titre du bénéfice de certaines prestations sociales (l'AAH, notamment) ou de la qualité d'ayant droit, soit, en dernier recours, au titre de la couverture maladie universelle (CMU). Cet accès à une protection sociale de base permet le remboursement des frais médicaux engagés par la personne handicapée et, le cas échéant, ses ayants droit, dans les limites fixées par la réglementation de la Sécurité sociale.

Qui bénéficie de l'assurance maladie ?

Bénéficient d'une prise en charge de ses frais de soins au titre de l'assurance maladie notamment :

- la personne handicapée qui exerce une activité professionnelle (y compris dans un établissement ou un service d'aide par le travail) à condition de justifier d'une durée minimale de travail ou d'un versement minimal de cotisations ;
- le titulaire de l'une des prestations suivantes : retraite (sauf en cas d'option pour le versement forfaitaire), pension de réversion, d'invalidité, rente d'accident du travail correspondant à un taux d'incapacité égal ou supérieur aux deux tiers ;
- le titulaire de l'allocation aux adultes handicapés (AAH).

La personne handicapée qui n'entre dans aucune des catégories lui permettant d'être considérée comme assurée sociale peut obtenir un remboursement de ses frais de soins comme ayant droit d'un assuré.

La qualité d'ayant droit est reconnue :

- au conjoint de l'assuré, à son partenaire lié par un Pacs, à son concubin dès lors qu'il est à sa charge effective et permanente ;
- aux enfants de l'assuré de moins de 16 ans ; de moins de 18 ans s'ils sont en apprentissage et n'ont pas acquis de droit personnel ; de moins de 20 ans s'ils sont étudiants ou atteints d'une infirmité ou maladie chronique les empêchant de se livrer à un travail salarié ;
- aux ascendants, descendants, alliés et collatéraux jusqu'au troisième degré vivant sous le toit de l'assuré et se consacrant exclusivement aux travaux ménagers et à l'éducation d'au moins deux enfants de moins de 14 ans à la charge de l'assuré ;
- à la personne qui vit avec l'assuré depuis au moins 12 mois, et qui déclare sur l'honneur être à sa charge effective, totale et permanente et qui ne fait partie d'aucune des catégories visées ci-dessus.

Remarque

Les assurés sociaux, s'ils remplissent les conditions requises, ont droit et ouvrent droit aux prestations en nature (remboursement des dépenses de santé, dans les limites fixées par la Sécurité sociale) et ont droit, pour eux-mêmes, aux prestations en espèces, c'est-à-dire à des indemnités journalières en cas d'arrêt de travail, à condition qu'ils remplissent certaines conditions de durée de travail ou de cotisations. Les ayants droit ne peuvent prétendre qu'aux prestations en nature.

Pour ceux qui ne sont ni assurés, ni ayant droit, ni en situation de « maintien de droits », la prise en charge des dépenses d'assurance maladie-maternité est garantie par le biais de l'affiliation à la CMU : celle-ci ouvre droit (dans les limites fixées par la réglementation) à la prise en charge des frais de soins à toute personne résidant en France de manière stable et régulière depuis au moins trois mois et qui ne peut prétendre à une couverture maladie à un autre titre (il s'agit donc d'un régime « subsidiaire », qui n'intervient qu'en dernier recours). Le demandeur dont les revenus ne dépassent pas un

certain montant (9601 € par an pour la période allant du 1er octobre 2014 au 31 décembre 2015) est exonéré de cotisations.
La demande de CMU doit être faite auprès de la caisse primaire d'assurance maladie de son domicile. C'est auprès de cette même caisse que peut être faite une demande de CMU « complémentaire » qui constitue, en quelque sorte, une complémentaire gratuite pour les personnes dont les ressources annuelles ne dépassent pas un certain plafond (par exemple, 8 645 € par an pour une personne seule depuis le 1er juillet 2014). Les personnes dont les ressources dépassent jusqu'à 35 % ce même plafond (soit 11 670 € par an pour une personne seule depuis le 1er juillet 2014) peuvent bénéficier de l'aide à la complémentaire santé, qui est une aide financière pour acquérir une protection complémentaire de santé.

Remarque

Les personnes handicapées, comme tous les autres assurés sociaux ou ayants droit de plus de 16 ans, doivent désigner un médecin traitant. À défaut, elles risquent d'être moins bien remboursées de leurs dépenses de santé. Sur ce point, on peut se reporter aux précisions figurant sur le site www.ameli.fr.

Pour quels remboursements ?

En principe, seuls sont pris en charge par la Sécurité sociale les soins, médicaments, prothèses, etc., inscrits sur les listes des dépenses remboursables. Pour chacune d'elles, est établi un tarif de responsabilité qui constitue la limite du remboursement. Sur celui-ci est appliqué un taux de prise en charge qui est en principe inférieur à 100 %. La part que supporte le patient s'appelle le « ticket modérateur ». Il faut y ajouter une participation forfaitaire de 1 € pour chaque acte ou pour chaque consultation réalisés par un médecin de ville ou à l'hôpital (ainsi que la participation au titre des « franchises médicales »). Cependant pour ne pas entraver l'accès aux soins des personnes atteintes d'une pathologie lourde, nécessitant des consultations fréquentes, cette participation forfaitaire de 1 € est plafonnée à 50 € par an, et les ayants droit mineurs, les bénéficiaires de la CMU « complémentaire » et les femmes enceintes en sont dispensés.

Quels sont les cas de prise en charge à 100 % ?

Ce taux de 100 % est applicable à l'ensemble des dépenses de santé engagées par les personnes titulaires d'une pension civile ou militaire d'invalidité, d'une pension de vieillesse qui se substitue à la pension d'invalidité, d'une pension de veuf ou de veuve d'invalide (ou de la pension de réversion qui lui est substituée). Demeurent toutefois exclus du remboursement à 100 %, sauf pour les titulaires d'une pension militaire d'invalidité ou de grand invalide de guerre, les médicaments dont le « service médical rendu » (SMR) est considéré comme modéré (anciennement vignette bleue) ou faible (anciennement vignette orange).

Les titulaires d'une rente d'accident du travail correspondant à une incapacité d'au moins des deux tiers bénéficient pour eux-mêmes, mais également leurs ayants droit, d'une prise en charge à 100 % de leurs dépenses de santé (sauf pour les médicaments dont le SMR est considéré comme modéré, voir ci-dessus).

Indépendamment de la situation du patient, certains frais de soins sont pris en charge à 100 %. Il s'agit, notamment, des médicaments irremplaçables et particulièrement coûteux et des articles de grand appareillage, etc.

Remarque

Les taux de remboursement des médicaments par l'assurance maladie sont fixés à :

- 100 % pour les médicaments reconnus comme irremplaçables et coûteux ;
- 65 % pour les médicaments à service médical rendu majeur ou important (anciennement vignette blanche) ;

- 30 % pour les médicaments à service médical rendu modéré, les médicaments homéopathiques et certaines préparations magistrales (anciennement vignette bleue ou médicaments de confort) ;
- 15 % pour les médicaments à service médical faible (anciennement vignette orange).

Enfin, les patients atteints d'une affection de longue durée ont droit à une prise en charge à 100 % des frais occasionnés par cette maladie (y compris les médicaments dont le SMR est considéré comme modéré, voir ci-dessus).
Les maladies visées sont répertoriées dans une liste dite des « affections comportant un traitement prolongé et une thérapeutique particulièrement coûteuse » (voir encadré ci-dessous). Un patient a les mêmes droits s'il est atteint d'une maladie reconnue par le contrôle médical de la caisse d'assurance maladie comme revêtant une forme particulièrement grave ou invalidante et nécessitant des soins continus d'une durée prévisible supérieure à six mois ou encore s'il est reconnu atteint de plusieurs affections entraînant un état pathologique invalidant.

Liste des affections ouvrant droit à une prise en charge à 100 % pour les soins qui s'y rapportent (art. D. 322-1 du Code de la sécurité sociale)

- Accident vasculaire cérébral invalidant
- Insuffisance médullaire et autres cytopénies chroniques
- Artériopathie chronique avec manifestation ischémique
- Bilharziose compliquée
- Insuffisance cardiaque grave, troubles du rythme graves, cardiopathies valvulaires graves, cardiopathies congénitales graves
- Maladies chroniques actives du foie et cirrhose
- Déficit immunitaire primitif grave nécessitant un traitement prolongé, infection par le virus de l'immunodéficience humaine

- Diabète de type 1 et 2
- Forme grave des affections neurologiques et musculaires dont myopathie, épilepsie grave
- hémoglobinopathies, hémolyses, chroniques constitutionnelles et acquises sévères
- Hémophilie et affections constitutionnelles de l'hémostase graves
- Maladie coronaire
- Insuffisance respiratoire chronique grave
- Maladie d'Alzheimer et autres démences
- Maladie de Parkinson
- Maladies métaboliques héréditaires nécessitant un traitement prolongé spécialisé
- Mucoviscidose
- Néphropathie chronique grave et syndrome néphrotique primitif
- Paraplégie
- Vascularites, lupus érythématheux systémique, sclérodermie systémique
- Polyarthrite rhumatoïde évolutive
- Affections psychiatriques de longue durée
- Rectocolite hémorragique et maladie de Crohn évolutives
- Sclérose en plaques
- Scoliose idiopathique structurale évolutive
- Spondylarthrite grave
- Suite de transplantation d'organe
- Tuberculose active, lèpre
- Tumeur maligne, affection maligne du tissu lymphatique ou hématopoïétique

Quelle est la prise en charge en cas d'hospitalisation ?

Dans de très nombreux cas, les frais d'hospitalisation sont pris en charge à 100 %. Il en est ainsi, notamment, lorsque :

- la durée du séjour est supérieure à 30 jours ;

- l'hospitalisation est liée à une affection de longue durée ;
- la personne hospitalisée est titulaire d'une rente accident du travail pour un taux d'incapacité permanente égal ou supérieur aux deux tiers, ou d'une pension d'invalidité, ou d'une pension de veuf ou de veuve invalide, ou d'une pension vieillesse substituée à une pension d'invalidité, ou d'une pension militaire.

Le forfait hospitalier reste néanmoins dû pour tout séjour supérieur à 24 heures. Il existe cependant quelques cas d'exonération. Ainsi, n'en sont pas redevables les titulaires d'une pension militaire d'invalidité, les victimes d'un accident du travail ou d'une maladie professionnelle, notamment.

Les actes diagnostics et thérapeutiques dont le tarif est supérieur ou égal à 120 €, ou ayant un coefficient supérieur ou égal à 60, réalisés en ville ou à l'hôpital sont soumis à une participation forfaitaire de 18 €. Elle n'est pas exigée des personnes qui sont exonérées de ticket modérateur à un autre titre : affection de longue durée, hospitalisation d'une durée continue supérieure à 30 jours, accidentés du travail ayant une incapacité partielle permanente (IPP) d'au moins 66,66 % ainsi que leurs ayants droit, pensionnés d'invalidité, titulaires d'une pension de vieillesse substituée à une pension d'invalidité, titulaires d'une pension militaire d'invalidité, bénéficiaires de soins pris en charge au titre de la législation des accidents du travail et des maladies professionnelles...

Remarque

Comme les autres assurés sociaux, les personnes handicapées sont redevables des « franchises médicales » qui consistent à déduire des remboursements :

- 0,50 € par boîte de médicaments (ou tout autre conditionnement) remboursés par l'assurance maladie ;
- 0,50 € par acte paramédical (infirmiers, masseurs-kinésithérapeutes, orthophonistes, orthoptistes et pédicures-podologues) ;

• 2 € par transport sanitaire.

Sont toutefois exonérés de franchises médicales :

• les enfants et les jeunes de moins de 18 ans ;
• les bénéficiaires de la couverture maladie universelle (CMU) complémentaire ou de l'aide médicale de l'État (AME) ;
• les femmes prises en charge dans le cadre de l'assurance maternité.

En outre, le montant de la franchise est plafonné à 50 € par an pour l'ensemble des actes ou prestations concernés et, au titre d'une même journée, les franchises sont limitées à 2 € pour les actes paramédicaux et 4 € pour les transports sanitaires.

Textes de référence

Articles L. 322-1 et R. 322-1 à R. 322-9-3
du Code de la sécurité sociale

Des prestations familiales spécifiques

Des allocations spécifiques ont vocation à aider les personnes adultes handicapées, comme la prestation de compensation (voir p. 359) et l'allocation aux adultes handicapés, l'AAH (voir p. 351). S'agissant d'enfants gravement malades ou handicapés, il existe deux allocations spécifiques : l'allocation d'éducation de l'enfant handicapé et son complément et l'allocation journalière de présence parentale, versée au cours du congé de présence parentale.

Quel est le régime de l'allocation journalière de présence parentale ?

La personne qui assume la charge d'un enfant atteint d'une maladie, d'un handicap ou victime d'un accident d'une particulière gravité rendant indispensables une présence soutenue et des soins contraignants bénéficie, pour chaque jour de congé de présence parentale, d'une « allocation journalière de présence parentale » (AJPP).

Remarque

Au sens des prestations familiales, est considérée comme ayant un enfant à charge toute personne qui assure d'une manière effective l'entretien de cet enfant et en assume la responsabilité affective et éducative. Aucun lien de parenté n'est exigé.

Les enfants sont considérés comme à charge jusqu'au mois précédant leurs 20 ans (ou leurs 21 ans pour le complément familial ou les aides au logement) et tant que leur rémunération éventuelle n'excède pas 55 % du Smic (sur la base de 169 heures).

En cas de séparation ou de divorce, le fait de verser une pension alimentaire pour un enfant ne permet pas de le considérer pour autant comme étant à charge.

■ Conditions d'attribution

Pour percevoir l'AJPP, il faut présenter un certificat médical attestant de la nécessité de la présence soutenue et de soins contraignants d'un parent auprès de l'enfant et obtenir un avis favorable du contrôle médical de l'assurance maladie. Le parent doit, en outre, interrompre ponctuellement son activité dans le cadre du congé de présence parentale. Mais il peut également y prétendre s'il est en chômage indemnisé : pendant la période de perception de l'AJPP, le versement des allocations de chômage est alors suspendu.

En revanche, l'allocation ne sera pas versée aux bénéficiaires :

- d'indemnités journalières maladie, maternité, paternité ou accident du travail ;
- de l'allocation forfaitaire de repos maternel ou de l'allocation de remplacement pour maternité ;
- d'une pension de retraite ou d'invalidité ;
- de la prestation partagée d'éducation de l'enfant (PreParE) (ou, pour les enfants nés ou adoptés avant le 1er janvier 2015, du complément de libre choix d'activité) ;
- de l'allocation aux adultes handicapés (AAH) ;
- d'un complément de l'allocation d'éducation de l'enfant handicapé versé pour cet enfant.

■ Montant

Depuis le 1er avril 2014 et jusqu'au 31 mars 2016 le montant de l'allocation journalière est de 42,97 € pour un couple et de 51,05 € pour une famille monoparentale. Il est versé dans le mois autant d'allocations journalières que de jours d'absence dans la limite de 22 allocations.

Remarque

Ainsi, par exemple, une personne qui vit seule et qui s'absente de son travail dans le cadre d'un congé de présence parentale, pendant cinq jours au cours du mois, recevra 255,25 € (soit 51,05 € x 5).

Un complément de 109,90 € à compter du 1er avril 2014 et jusqu'au 31 mars 2016 peut être accordé si l'état de santé de l'enfant a engendré des dépenses d'un montant mensuel au moins égal à 110,45 €. Pour le percevoir, il faut remplir une condition de ressources qui varie en fonction de la situation des demandeurs.

Nombre d'enfants	Plafond de ressources*	
	Pour un couple avec un revenu	Pour une famille monoparentale ou un couple avec deux revenus
Avec un enfant	26 080 €	34 466 €
Avec deux enfants	31 296 €	39 682 €
Avec trois enfants	7 555 €	45 941 €
Par enfant en plus	6 259 €	6 259 €

* Plafond de ressources applicable jusqu'au 31 décembre 2015. Les plafonds sont à comparer aux revenus nets catégoriels de 2013.

■ Formalités

La demande d'AJPP doit être déposée auprès de l'organisme débiteur des prestations familiales, c'est-à-dire, en règle générale, la Caf, ou la caisse de MSA pour les personnes qui relèvent du régime agricole. La demande est faite sur un imprimé spécial auquel doit être joint le certificat médical.

■ Durée de versement

L'AJPP est versée pour une durée initiale de six mois qui peut être renouvelée dans la limite de trois ans. Au cours de cette période de trois ans, l'intéressé peut bénéficier de 310 allocations journalières au maximum.

Remarque

Sous certaines conditions, le bénéfice de l'allocation journalière de présence parentale ouvre droit à l'affiliation gratuite à l'assurance vieillesse, la Caf se chargeant de régler les cotisations dues à ce titre : sur ce dispositif (couramment appelé « assurance vieillesse des parents au foyer »), on peut se renseigner auprès de sa Caf ou sur le site www.caf.fr.

Quel est le régime de l'allocation d'éducation de l'enfant handicapé ?

Cette allocation (anciennement « allocation d'éducation spéciale ») a pour but d'aider les familles à faire face aux frais supplémentaires qu'entraîne le handicap d'un enfant à charge. Elle est composée d'un montant de base (129,99 € du 1er avril 2014 au 31 mars 2016) auquel s'ajoute éventuellement un complément qui varie en fonction de la nature et de la gravité du handicap.

■ Conditions d'attribution

L'enfant au titre duquel l'allocation est demandée doit présenter une incapacité permanente d'au moins 80 %. Lorsque le taux est compris entre 50 et 80 %, il est possible de recevoir l'allocation si l'enfant fréquente un établissement d'éducation spécialisé dans l'éducation et l'accompagnement de jeunes handicapés ou si son état exige le recours à des soins à domicile.

La famille et l'enfant doivent, en outre, résider en France. L'allocation est versée à la personne qui a à sa charge permanente le jeune sans qu'aucune condition de ressources ne soit exigée.

■ Conditions relatives aux compléments

Un complément est versé pour prendre en compte les besoins spécifiques de l'enfant handicapé. Il existe ainsi six montants de complément, qui varient en fonction de l'importance de la charge supplémentaire qu'implique le handicap (voir tableau ci-dessous ; montants en vigueur du 1er avril 2014 au 31 mars 2016).

La Commission des droits et de l'autonomie des personnes handicapées (CDAPH) définit la catégorie dont relève le jeune handicapé.

Catégorie de complément	Critères	Montant mensuel du complément
1re catégorie	Enfant dont le handicap entraîne par sa nature ou sa gravité des dépenses mensuelles d'au moins 227,48 €	97,49 €
2e catégorie	Enfant dont le handicap : • soit oblige l'un de ses parents à exercer une activité à temps partiel réduite d'au moins 20 % par rapport à un temps plein ; • soit nécessite le recours à une tierce personne au moins 8 heures par semaine ; • soit entraîne des dépenses mensuelles d'au moins 394,02 €	264,04 €
3e catégorie	Enfant dont le handicap : • soit oblige l'un de ses parents à exercer une activité à mi-temps ou nécessite le recours à une tierce personne au moins 20 heures par semaine ; • soit oblige l'un de ses parents à exercer une activité à temps partiel réduite d'au moins 20 % par rapport à un temps plein ou nécessite le recours à une tierce personne au moins 8 heures par semaine et entraîne des dépenses mensuelles d'au moins 239,66 €; • soit entraîne des dépenses mensuelles d'au moins 503,70 €	373,71 €

Catégorie de complément	Critères	Montant mensuel du complément
4e catégorie	Enfant dont le handicap : • soit oblige l'un de ses parents à cesser toute activité professionnelle ou nécessite le recours à une tierce personne à temps plein ; • soit oblige l'un de ses parents à exercer une activité à mi-temps ou nécessite le recours à une tierce personne au moins 20 heures par semaine, et entraîne des dépenses mensuelles d'au moins 335,41 €; • soit oblige l'un de ses parents à réduire son activité professionnelle d'au moins 20 % ou nécessite le recours à une tierce personne au moins 8 heures par semaine, et entraîne des dépenses mensuelles d'au moins 445,08 €; • soit entraîne des dépenses mensuelles d'au moins 709,12 €	579,13 €
5e catégorie	Enfant dont le handicap oblige l'un des parents à cesser toute activité ou nécessite la présence d'une tierce personne à temps plein, et entraîne des dépenses mensuelles d'au moins 291,01 €	740,16 €
6e catégorie	Enfant dont le handicap oblige l'un des parents à cesser toute activité ou nécessite la présence d'une tierce personne à temps plein, et dont l'état impose des contraintes permanentes de surveillance et de soins à la charge de la famille.	1 103,08 €

En outre, le bénéficiaire de l'allocation et de son complément qui assume seul la charge effective et permanente de l'enfant handicapé a droit à une majoration spécifique. Celle-ci est accordée dès lors que la CDAPH a accordé un complément en raison de l'état de l'enfant qui soit contraint le parent isolé à cesser ou à réduire son activité professionnelle, soit nécessite le recours à une tierce personne rémunérée.

Cette majoration est de (montants du 1er avril 2013 au 31 mars 2016) :
- pour la 2e catégorie : 52,81 € par mois ;
- pour la 3e catégorie : 73,12 € par mois ;
- pour la 4e catégorie : 231,54 € par mois ;
- pour la 5e catégorie : 296,53 € par mois ;
- pour la 6e catégorie : 434,64 € par mois.

Remarque

L'allocation et son éventuel complément ne sont pas versés si l'enfant est placé dans un internat avec prise en charge totale des frais de séjour par l'assurance maladie, l'aide sociale ou l'État. Elles ne sont alors dues que pour les périodes de retour au foyer (week-end, vacances, etc.).

■ Durée de versement

La famille peut percevoir l'allocation dès la naissance de l'enfant et en principe jusqu'à ses 20 ans, date anniversaire à partir de laquelle il peut prétendre à l'allocation pour adulte handicapé s'il remplit les conditions exigées. Mais le versement est interrompu à partir des 16 ans du jeune si celui-ci travaille et perçoit un revenu professionnel mensuel supérieur à 55 % du Smic calculé sur la base de 169 heures.

■ Formalités

Elles se font au moyen d'un imprimé spécial, à retirer à la maison départementale des personnes handicapées (MDPH, voir p. 12) ou auprès de la Caf (ou de la MSA pour les personnes qui relèvent du régime agricole), ou à télécharger sur le site de cette dernière : www.caf.fr.

Textes de référence

Articles L. 544-1 à L. 544-9 et L.541-1 et R. 541-1
du Code de la sécurité sociale

Des avantages pour la retraite

Sous certaines conditions, les assurés handicapés peuvent demander la liquidation de leur pension de vieillesse avant l'âge légal de la retraite (voir p. 259). D'autres mesures sont prévues au profit des assurés qui ont élevé un enfant handicapé, de ceux qui, à la suite de problèmes de santé ont dû suspendre leur activité professionnelle ou de ceux qui ont interrompu leur activité pour s'occuper d'un proche handicapé.

Que perçoivent les personnes handicapées après l'âge minimum légal de départ à la retraite ?

Sauf exceptions, l'allocation aux adultes handicapés (AAH) n'est plus versée à l'âge légal de départ à la retraite. Le titulaire de cette prestation sera donc en principe invité, au cours de l'année où il atteint cet âge à déposer une demande de retraite. S'il a exercé une activité professionnelle, il devra demander ses retraites complémentaires auprès de l'Arrco et de l'Agirc (pour les cadres). S'il n'a pas ou peu travaillé et s'il remplit les conditions de ressources et de résidence requises, il pourra prétendre à l'allocation de solidarité aux personnes âgées (Aspa).

Pour le titulaire d'une pension d'invalidité, la procédure est voisine. La caisse l'avertit dans les six mois précédant l'âge auquel s'ouvre son droit à retraite, de la cessation prochaine du versement de la pension d'invalidité et de la substitution à celle-ci de la pension de retraite de base. S'il exerce une activité à cet âge, il peut cumuler sa pension d'invalidité avec son salaire jusqu'à ce qu'il cesse son activité et au plus tard jusqu'à ce qu'il atteigne l'âge auquel la retraite est automatiquement accordée au taux plein soit entre 65 et 67 ans selon l'année de sa naissance (voir p. 408).

Les périodes d'arrêt de travail sont-elles prises en compte ?

Sous réserve des dispositions particulières fixées, notamment pour les assurés handicapés (retraite anticipée, voir p. 259), les salariés peuvent faire liquider leur pension du régime général lorsqu'ils atteignent l'âge minimum légal de départ à la retraite. Cet âge, toujours fixé à 60 ans pour les assurés nés avant le 1er juillet 1951, est porté progressivement à 62 ans, en fonction de l'année de naissance de l'assuré (60 ans et quatre mois pour les assurés nés au cours du second semestre 1951, 60 ans et neuf mois pour ceux nés en 1952, 61 ans et deux mois pour ceux nés en 1953, 61 ans et 7 mois pour ceux nés en 1954, 62 ans pour ceux nés à partir de 1955).

La retraite de base est liquidée au taux plein, c'est-à-dire sans abattement, lorsque l'assuré justifie, tous régimes de base obligatoire confondus, d'un certain nombre de trimestres d'assurance, variable en fonction de son année de naissance (160 trimestres pour les assurés nés en 1948, 161 pour ceux nés en 1949, 162 pour ceux nés en 1950, 163 pour ceux nés en 1951, 164 pour ceux nés en 1952, 165 pour ceux nés en 1953 ou 1954, 166 pour ceux nés en 1955 ou 1956) ou lorsqu'il remplit certaines conditions (âge, inaptitude au travail, voir ci-dessous). Ces trimestres sont acquis en contrepartie de cotisations assises sur les revenus du travail. Toutefois, certaines périodes de suspension ou de cessation d'activité professionnelle entrent dans le décompte des trimestres validés. Il s'agit notamment, sous certaines conditions, des périodes de maternité, de maladie, de service national et de chômage. Sont également assimilées à des trimestres d'assurance les périodes pendant lesquelles l'intéressé a perçu une pension d'invalidité ou une rente accident du travail correspondant à une incapacité permanente d'au moins des deux tiers. En revanche, les périodes de versement de l'allocation aux adultes handicapés (AAH) ne sont pas assimilées à des périodes d'assurance pour l'ouverture des droits à pension de vieillesse.

Remarque

L'âge d'obtention du taux plein, auparavant fixé à 65 ans, correspond désormais à l'âge légal de départ en retraite (voir ci-dessus) augmenté de cinq ans pour l'assuré né à partir du 1er juillet 1951. Certaines catégories d'assurés continuent toutefois de bénéficier d'une retraite à taux plein à 65 ans, quel que soit leur nombre de trimestres validés par l'assurance vieillesse, et notamment :

- les assurés ayant interrompu leur activité professionnelle pendant au moins 30 mois consécutifs pour être aidant familial au service d'une personne handicapée ;
- les parents d'un enfant handicapé qui soit bénéficient d'au moins un trimestre au titre de la majoration d'assurance vieillesse pour l'éducation d'un enfant handicapé ; soit établissent qu'ils ont été salariés ou aidants familiaux, pendant une durée d'au moins 30 mois, de leur enfant bénéficiaire de l'élément « aides humaines » de la prestation de compensation du handicap.

Pour leur part, les assurés handicapés justifiant d'une incapacité permanente d'au moins 50 % peuvent bénéficier du taux plein à compter de l'âge légal d'ouverture de leur droit à retraite. Cette disposition résulte de la loi du 20 janvier 2014 mentionnée page 411 ; elle est applicable aux pensions prenant effet à compter du 1er janvier 2015. Si l'assuré remplit les conditions d'accès à l'allocation de solidarité aux personnes âgées (Aspa), il peut également la percevoir dès cet âge.

Qui peut bénéficier d'une retraite pour inaptitude ?

Peut être reconnu inapte au travail l'assuré qui n'est pas en mesure de poursuivre l'exercice de son emploi sans nuire gravement à sa santé et qui se trouve définitivement atteint d'une incapacité de travail de 50 % médicalement constatée compte tenu de ses aptitudes physiques et mentales à l'exercice d'une activité professionnelle.

Cette reconnaissance donne droit à une retraite à taux plein (liquidée à 50 %, c'est-à-dire sans abattement) dès l'âge légal de départ à la retraite quel que soit le nombre de trimestres d'assurance validés.
Pour apprécier l'inaptitude, il est tenu compte, lorsque l'intéressé n'exerce aucune activité professionnelle au moment de sa demande, de la dernière activité exercée au cours des cinq années antérieures. Si aucune activité professionnelle n'a été exercée durant cette période, l'inaptitude au travail est appréciée exclusivement par référence à la condition d'incapacité de travail de 50 % médicalement constatée compte tenu des aptitudes physiques et mentales à l'exercice d'une activité professionnelle.
Par ailleurs, certaines catégories de personnes bénéficient d'une présomption d'inaptitude au travail : assurés reconnus invalides avant l'âge légal de départ à la retraite, bénéficiaires de l'AAH, titulaires d'une carte d'invalidité d'au moins 80 %, titulaires d'une pension d'invalidité et titulaires d'une retraite de veuf ou veuve substituée à une pension d'invalidité de veuf ou veuve.

Comment obtenir la majoration pour tierce personne ?

Les titulaires d'une retraite attribuée pour inaptitude au travail ou d'une retraite qui se substitue à une pension d'invalidité ont droit à une majoration pour tierce personne lorsqu'ils sont dans l'obligation de recourir à une aide constante pour accomplir les actes ordinaires de la vie. Cette condition doit être remplie avant que l'intéressé ait atteint l'âge de la retraite au taux plein, mais la demande de la majoration est recevable même si elle est formulée après cet âge.
Son montant est égal à 40 % de la pension principale sans pouvoir être inférieur à un minimum établi à 1 103,08 € par mois depuis le 1er avril 2014.

Des avantages sont-ils accordés aux parents d'enfants handicapés ou aux aidants familiaux de personnes handicapées ?

Pour calculer le montant de la retraite, il est tenu compte du nombre de trimestres d'assurance. Les assurés sociaux ayant élevé un enfant handicapé donnant droit à l'allocation d'éducation de l'enfant handicapé (AEEH) et à son complément ou, en lieu et en place de ce dernier, à la prestation de compensation, bénéficient de trimestres supplémentaires. Les allocations antérieures équivalentes sont prises en compte. Un trimestre est accordé à la date de première perception de l'allocation puis un trimestre supplémentaire est accordé par période d'éducation de 30 mois, dans la limite de huit trimestres au total.

En outre, le père ou la mère contraint de rester au foyer pour s'occuper d'un enfant handicapé et dans l'impossibilité d'exercer une activité professionnelle peut être affilié à l'assurance vieillesse des parents au foyer du régime général de la Sécurité sociale, ses cotisations étant alors prises en charge par sa Caf. Pour pouvoir prétendre à cette mesure, le demandeur doit satisfaire une condition de ressources et son enfant doit avoir un taux d'incapacité d'au moins 80 % et ne pas vivre en internat.

Cette affiliation gratuite est également accordée à la personne qui assume la charge, à son domicile, d'un adulte handicapé, justifiant d'un taux d'incapacité d'au moins 80 % et pour lequel a été reconnue la nécessité d'une aide permanente. Il faut toutefois que la personne handicapée soit son conjoint, concubin ou partenaire d'un Pacs, ou un ascendant, un descendant ou collatéral de l'un des membres du couple.

Aucune démarche n'est à entreprendre lorsque l'enfant handicapé a moins de 20 ans.

Lorsqu'il s'agit d'un adulte handicapé, la demande d'affiliation doit être faite à la Commission des droits et de l'autonomie des personnes handicapées (CDAPH, voir p. 15). Celle-ci se prononce sur le maintien à domicile de la personne handicapée et désigne la personne qui sera affiliée à l'assurance.

Remarque

Désormais, en application de la loi du 20 janvier 2014 mentionnée ci-dessous, l'assuré social assumant, au foyer familial, la prise en charge permanente d'un adulte handicapé dont l'incapacité permanente est d'au moins 80 % bénéficie d'une majoration de durée d'assurance d'un trimestre par période de 30 mois de prise en charge, dans la limite de huit trimestres. L'adulte handicapé pris en charge doit être le conjoint ou le concubin de l'assuré ou la personne avec laquelle il a conclu un Pacs, ou son ascendant, descendant ou collatéral (frère, sœur, etc.) ou l'ascendant, descendant ou collatéral d'un des membres du couple. Cette disposition est applicable aux périodes de prise en charge intervenues à compter du 1er février 2014.

Textes de référence

Articles L. 341-15 et L. 341-16, L. 351-7, L. 3551-1 et L. 381-1 du Code de la sécurité sociale

Loi n° 2014-40 du 20 janvier 2014 (JO du 21)

Chapitre 10

Informations pratiques

mots clés

Liste des associations appartenant au CNCPH ◆
Sigles ◆ Index

Liste des associations appartenant au CNCPH

La liste figurant ci-dessus est celle des associations ou organismes regroupant les personnes handicapées ou leurs familles, membres du Conseil national consultatif des personnes handicapées (CNCPH)*. La liste complète des associations ou organismes représentés dans ce Conseil figure dans l'arrêté du 6 novembre 2012, publié au JO du 16 novembre.

AFM
Association française contre les myopathies

1 rue de l'Internationale
BP 59
91002 ÉVRY CEDEX
Tél. : 01 69 47 28 28
Fax : 01 60 77 12 16
www.afm-telethon.fr

Alliance maladies rares

Plate-forme maladies rares
96 rue Didot
75014 PARIS
Tél. : 01 56 53 53 40
Fax : 01 56 53 53 44
www.alliance-maladies-rares.org

AMI

Association nationale de défense des malades, invalides et handicapés

172 rue de la Chalaye
71000 MÂCON
Tél. : 03 85 34 34 59
Fax: 04 78 85 74 26
www.ami-handicap.fr/

ANPEA

Association nationale des parents d'enfants aveugles ou gravement déficients visuels avec ou sans handicap associé

12 bis rue de Picpus
75012 PARIS
Tél. : 01 43 42 40 40
Fax: 01 43 42 40 66
www.anpea.asso.fr

ANPEDA

Association nationale des parents d'enfants déficients auditifs

37-39 rue Saint Sébastien
75011 PARIS
Tél. : 01 43 14 00 38
Fax: 01 43 14 01 81
www.anpeda.fr

APAJH

Association pour les adultes et jeunes handicapés

Tour Maine Montparnasse
33 avenue du Maine - 29e étage - Boîte aux lettres N°35
75 755 PARIS CEDEX 15
Tel : 01.44.10.23.40
Fax : 01.44.10.23.50
www.apajh.org

APF

Association des paralysés de France

17 boulevard Auguste Blanqui
75013 PARIS
Tél. : 01 40 78 69 00
Fax : 01 45 89 40 57
www.apf.asso.fr

ASBH

Association nationale spina bifida et handicaps associés

Tél. : 0800 21 21 05 (appel gratuit à partir d'un poste fixe)
www.spina-bifida.org

APPT

Association des personnes de petite taille

35 avenue d'Alfortville
94 600 CHOISY-LE-ROI
Tél. : 01 48 52 33 94
www.appt.asso.fr

Autisme France

Lot 110-111, voie K
460 avenue de la Quiéra
06370 MOUANS-SARTOUX
Tél. : 04 93 46 01 77
Fax : 04 93 46 01 14
www.autisme-france.fr/

CHA

Coordination handicap & autonomie

1a place des Orphelins
67000 STRASBOURG
Tél. : 06 99 35 89 07
http://coordination-handicap-autonomie.com

Chroniques associés

www.chronicite.org/

CLAPEAHA
Comité d'action et de liaison des parents d'enfants et adultes atteints de handicaps associés

18 rue Etex
75018 PARIS
Tél. : 01 42 63 12 02
Fax : 01 46 27 80 92
www.clapeaha.fr/

CFPSAA
Confédération française pour la promotion sociale des aveugles et des amblyopes

6, rue Gager-Gabillot
75015 PARIS
Tél. : 01 45 30 96 12
www.cfpsaa.fr/

FFAIMC
Fédération française des associations d'infirmes moteurs cérébraux

19 rue de l'Abondance
69003 LYON
Tél. : 04 72 84 22 31
Fax : 04 78 60 90 90
www.ffaimc.org

Fédération française des DYS

Forum 104
104 rue de Vaugirard
75006 PARIS
Tél. : 01 45 48 14 49
www.ffdys.com

Fédération française Sésame Autisme

53 rue Clisson
75013 PARIS
Tél. : 01 44 24 50 00
Fax : 01 53 61 25 63
www.sesame-autisme.com

FFH
Fédération française Handisport

42 rue Louis Lumière
75020 PARIS
Tél. : 01 40 31 45 00
Fax : 01 40 31 45 42
www.handisport.org

FFSA
Fédération française du sport adapté

9 rue Jean Daudin
75015 PARIS
Tél. : 01 42 73 90 00
Fax : 01 42 73 90 10
www.ffsa.asso.fr

FMH
Fédération des malades et handicapés

17, boulevard du Général Leclerc
95100 ARGENTEUIL
Tél. : 01 39 82 45 73
http://fmh-association.org/

FNAF
Fédération nationale des aphasiques de France

« Le Cèdre » bâtiment AB Le Grand Jardin
83160 LA VALETTE
Tél. : 04 76 97 50 82
www.aphasie.fr

FNAPsy
Fédération nationale des patients en psychiatrie

33 rue Daviel
75013 PARIS
Tél. : 01 43 64 85 42
Fax : 01 42 82 14 17
www.fnapsy.org

FNSF
Fédération nationale des sourds de France

41 rue Python
75020 PARIS
Tél. : 01 40 30 18 36
Fax : 01 40 30 18 21
www.fnsf.org/fnsf

FNATH, association des accidentés de la vie
Fédération nationale des accidentés du travail et des handicapés

47 rue des Alliés
42030 SAINT-ÉTIENNE CEDEX 2
Tél. : 04 77 49 42 42
Fax : 04 77 49 42 48
www.fnath.org

France AVC
Fédération nationale France accidents vasculaires cérébraux

7 avenue Pierre Semard
01000 BOURG-EN-BRESSE
Tél. : 04 74 21 94 58
www.franceavc.com

France acouphènes

92 rue du Mont-Cenis
75018 PARIS
Tél. : 01 42 05 01 46
www.france-acouphenes.org

GFPH
Groupement français des personnes handicapées

45 rue Riquet
Appartement 664
75019 PARIS
Tél. : 01 40 37 57 00
http://gfph.dpi-europe.org

GIHP

Groupement pour l'insertion des personnes handicapées physiques

61, rue du Faubourg Poissonnière
75009 PARIS
Tél. : 01 43 95 66 36
Fax: 01 45 40 40 26
www.gihpnational.org

GRATH

Groupe de réflexion et réseau pour l'accueil temporaire des personnes en situation de handicap

4 lieu dit Kérouarin
56670 RIANTEC
Tel : 02 97 65 12 34
Fax : 09 63 24 61 63
www.accueil-temporaire.com

I = MC²

6 rue des Immeubles industriels
75011 PARIS
Tél. : 01 43 48 91 22
www.iegalemc2.org

L'ADAPT

Association pour l'insertion professionnelle des personnes handicapées

Tour Essor 93
14-16 rue Scandicci
93508 PANTIN CEDEX
Tél. :01 48 10 12 45
Fax: 01 48 10 12 44
www.ladapt.net

Nous aussi

BP 310
75867 PARIS CEDEX 18
Tél. : 01 44 85 50 50
www.nousaussi.org/

Trisomie 21 France

4 square François Margand
BP 90249
42006 SAINT-ETIENNE CEDEX 1
Tél. : 04 77 37 87 29
Fax : 04 77 33 99 02
www.trisomie21-france.org/

UNAFAM
Union nationale des amis et familles de malades mentaux

12 villa Compoint
75017 PARIS
Tél. : 01 53 06 30 43
Fax : 01 42 63 44 00
www.unafam.org

UNAFTC
Union nationale des associations de familles de traumatisés crâniens et de cérébrolésés

91/93 rue Damrémont
75018 PARIS
Tél. : 01 53 80 66 03
Fax : 01 53 80 66 04
www.traumacranien.org

UNAPEI
Union nationale des associations de parents et amis de personnes handicapées mentales

15 rue Coysevox
75876 PARIS CEDEX 18
Tél. : 01 44 85 50 50
Fax: 01 44 85 50 60
www.unapei.org

UNISDA
Union nationale pour l'insertion sociale du déficient auditif

37-39, rue Saint-Sébastien
75011 PARIS
Tél. : 01 44 07 22 59
www.unisda.org

* Aux termes de l'article L. 146-1 du Code de l'action sociale et des familles:
« Le Conseil national consultatif des personnes handicapées assure la participation des personnes handicapées à l'élaboration et à la mise en œuvre des politiques les concernant. Il veille aux bonnes conditions nécessaires à l'exercice de la fonction de coordination dévolue par l'article L. 146-2 aux conseils départementaux consultatifs.
Il peut être consulté par les ministres compétents sur tout projet, programme ou étude intéressant les personnes handicapées.
Il peut se saisir de toute question relative à la politique concernant les personnes handicapées.
Le Conseil national consultatif des personnes handicapées est chargé, dans des conditions fixées par décret, d'évaluer la situation matérielle, financière et morale des personnes handicapées en France et des personnes handicapées de nationalité française établies hors de France prises en charge au titre de la solidarité nationale, et de présenter toutes les propositions jugées nécessaires au Parlement et au gouvernement, visant à assurer, par une programmation pluriannuelle continue, la prise en charge de ces personnes.
Le conseil comprend notamment des représentants des assemblées parlementaires, des départements, des associations ou organismes regroupant des personnes handicapées, développant des actions de recherche dans le domaine du handicap ou finançant leur protection sociale, ainsi que des organisations syndicales et patronales représentatives.
La composition, les modalités de désignation des membres du conseil et ses modalités de fonctionnement sont fixées par décret. »

Sigles

A

AAH	Allocation aux adultes handicapés
Accre	Aide aux chômeurs créant ou reprenant une entreprise
ACI	Ateliers et chantiers d'insertion
ACTP	Allocation compensatrice pour tierce personne
ADIE	Association pour le droit à l'initiative économique
AEEH	Allocation d'éducation de l'enfant handicapé
Afpa	Association nationale pour la formation professionnelle des adultes
Agefiph	Association de gestion du Fonds pour l'insertion des personnes handicapées
AIP	Aide à l'insertion professionnelle
AIS	Adaptation et intégration scolaire
AJPP	Allocation journalière de présence parentale
ALS	Allocation de logement sociale
AME	Aide médicale de l'État
Anah	Agence nationale de l'habitat
AP	Atelier protégé
Apec	Association pour l'emploi des cadres
ARE	Allocation d'aide au retour à l'emploi
Aref	Allocation d'aide au retour à l'emploi formation
ASP	Agence de services et de paiement
Aspa	Allocation de solidatité aux personnes âgées
ASS	Allocation de solidarité spécifique
ATA	Allocation temporaire d'attente

B

Bapu	Bureau d'aide psychologique universitaire
BEP	Brevet d'études professionnelles
BIC	Bénéfices industriels et commerciaux
BNC	Bénéfices non commerciaux
BP	Brevet professionnel
BTS	Brevet de technicien supérieur

C

CAE	Contrat d'accompagnement dans l'emploi
CAF	Caisse d'allocations familiales
CAMSP	Centre d'action médico-sociale précoce
CAP	Certificat d'aptitude professionnelle
Cape	Contrat d'appui au projet d'entreprise
Carsat	Caisse d'assurance retraite et de la santé au travail
CAT	Centre d'aide par le travail
CCAS	Centre communal d'action sociale
CDAPH	Commission des droits et de l'autonomie des personnes handicapées
CDCPH	Conseil départemental consultatif des personnes handicapées
CDD	Contrat à durée déterminée
CDI	Contrat à durée indéterminée
CDTD	Centre de distribution de travail à domicile
CE	Comité d'entreprise
CFA	Centre de formation d'apprentis
CFAS	Centre de formation d'apprentis spécialisé
CFE	Centre de formalité des entreprises
CGPME	Confédération générale des petites et moyennes entreprises.
CHSCT	Comité d'hygiène, de sécurité et des conditions de travail
CIAS	Centre intercommunal d'action sociale

CIE	Contrat initiative emploi
CIF	Congé individuel de formation
CIO	Centre d'information et d'orientation
CMP	Centre médico-psychologique
CMPP	Centre médico-psychopédagogique
CMU	Couverture maladie universelle
CNCPH	Conseil national consultatif des personnes handicapées
Cned	Centre national d'enseignement à distance
CNSA	Caisse nationale de solidarité pour l'autonomie
Cotorep	Commission technique d'orientation et de reclassement professionnel
CPAM	Caisse primaire d'assurance maladie
CPCMR	Code des pensions civiles et militaires de retraite
CPF	Compte personnel de formation
CPOM	Convention pluriannuelle d'objectifs et de moyens
Cram	Caisse régionale d'assurance maladie
CRDS	Contribution pour le remboursement de la dette sociale
CRF	Centre de rééducation fonctionnelle
Cross	Comité régional de l'organisation sanitaire et sociale
CRP	Centre de rééducation professionnelle
CSG	Contribution sociale généralisée
CSRPSTH	Conseil supérieur pour le reclassement professionnel et social des travailleurs handicapés
CTNERHI	Centre technique national d'études et de recherche sur les handicaps et les inadaptations
CUI	Contrat unique d'insertion

D

DDCS	Direction départementale de la cohésion sociale
DETH	Demandeur d'emploi travailleur handicapé
DGCS	Direction générale de la cohésion sociale
DGEFP	Délégation générale à l'emploi et à la formation professionnelle
DGT	Direction générale du travail
Direccte	Direction régionale des entreprises, de la concurrence, de la consommation, du travail et de l'emploi*
DOETH	Déclaration annuelle obligatoire d'emploi des travailleurs handicapés
Dom	Département d'outre-mer
DP	Délégué du personnel
DPAE	Déclaration préalable à l'embauche
DRJSCS	Direction régionale de la jeunesse, des sports et de la cohésion sociale
DUT	Diplôme universitaire de technologie

E

EA	Entreprise adaptée
Ecap	Emploi exigeant des conditions d'aptitude particulières
EEE	Espace économique européen
EQTP	Emploi équivalent temps plein
Erea	Établissement régional d'enseignement adapté
Ésat	Établissement et service d'aide par le travail

F

Fagerh	Fédération des associations gestionnaires des établissements de réadaptation pour handicapés

FICP	Fichier des incidents de remboursement des crédits aux particuliers
FIPHFP	Fonds pour l'insertion des personnes handicapées dans la fonction publique
FNE	Fonds national de l'emploi
FSI	Fonds spécial invalidité

G

GIC	Grand invalide civil
GIG	Grand invalide de guerre
Gip	Groupement d'intérêt public

H

HLM	Habitation à loyer modéré

I

Ime	Institut médico-éducatif
Impro	Institut médico-professionnel
IPP	Incapacité partielle permanente
IPRP	Intervenant en prévention des risques professionnels
ISF	Impôt de solidarité sur la fortune
ITT	Incapacité temporaire de travail

J

JDC	Journée défense et citoyenneté

M

MAS	Maison d'accueil spécialisée
MDPH	Maison départementale des personnes handicapées
Medef	Mouvement des entreprises de France
MSA	Mutualité sociale agricole

N

Nacre	Nouvel accompagnement pour la création et la reprise d'entreprise

O

OETH	Obligation d'emploi des travailleurs handicapés
OIP	Organisme d'insertion et de placement
Onac	Office national des anciens combattants
OPCA	Organisme paritaire collecteur agréé

P

Pacs	Pacte civil de solidarité
Pacte	Parcours d'accès aux carrières des fonctions publiques territoriale, hospitalière et de l'État
PAIO	Permanence d'accueil d'information et d'orientation
Paje	Prestation d'accueil du jeune enfant
PCE	Prêt à la création d'une entreprise
PCH	Prestation de compensation du handicap
PDITH	Plan départemental d'insertion des travailleurs handicapés
Plith	Plan local d'insertion des travailleurs handicapés
Prith	Plan régional d'insertion des travailleurs handicapés

R

R2F	Rémunération de fin de formation
RLH	Reconnaissance de la lourdeur du handicap
RNCP	Répertoire national des certifications professionnelles
RQTH	Reconnaissance de la qualité de travailleur handicapé
RSA	Revenu de solidarité active

S

Sameth	Service d'appui au maintien dans l'emploi des travailleurs handicapés
SAVS	Service d'accompagnement à la vie sociale
Smic	Salaire minimum interprofessionnel de croissance
SMR	Surveillance médicale renforcée
SPE	Service public de l'emploi
SST	Service de santé au travail
SSTI	SST interentreprises

T

Tese	Titre emploi-service entreprise
TIPS	Tarif interministériel des prestations sanitaires

U

UEROS	Unité d'évaluation de reclassement et d'orientation sociale
UES	Unité économique et sociale
Unédic	Union nationale interprofessionnelle pour l'emploi dans le commerce et l'industrie
UPA	Union professionnelle artisanale
Urssaf	Union de recouvrement des cotisations de sécurité sociale et d'allocations familiales

V

VAE	Validation des acquis de l'expérience

Z

ZFU	Zone franche urbaine
ZUS	Zone urbaine sensible

* Les Direccte sont des services déconcentrés communs au ministère en charge du Travail et de l'Emploi et au ministère chargé de l'Économie. Dans chaque région concernée, elles regroupent plusieurs services déconcentrés existant, dont, notamment, les directions régionales et départementales du travail de l'emploi et de la formation professionnelle (DRTEFP et DDTEFP), mais aussi, par exemple, la direction régionale de la concurrence, de la consommation et de la répression des fraudes, le service économie de la direction régionale de l'industrie de la recherche et de l'environnement, etc.
Dans les domaines du travail et de l'emploi, chaque Direccte est chargée, notamment, de la politique du travail et des actions d'inspection de la législation du travail (pôle Travail), des actions de développement des entreprises et de l'emploi (marché du travail, formation professionnelle continue, revitalisation économique, etc. – pôle Entreprises, Emploi et Économie, dénommé « pôle 3E »). Chaque Direccte comprend également des unités territoriales, chargées des questions traitées par les pôles T et 3E, lesquelles comportent les sections d'inspection du travail, dont les missions sont inchangées.
Dans l'ensemble des dispositions réglementaires en vigueur, les références aux DRTEFP et aux DDTEFP sont remplacées par des références aux Direccte.
Dans les cinq départements d'outre-mer (Guadeloupe, Guyane, Martinique, Mayotte, Réunion), les « Directions des entreprises, de la concurrence, de la consommation, du travail et de l'emploi » (Dieccte) ont été mises en place par le décret n° 2010-1852 du 17 décembre 2010. Ces Dieccte sont l'équivalent, pour les Dom, des Direccte en Métropole.
Les coordonnées des nouvelles Direccte et Dieccte sont disponibles sur le site www.travail-emploi.gouv.fr.

Index

A

B

C

D

E

I

L

M

Dans la même collection

Édition 2015
964 pages - 22 €

Contrat de travail, durée du travail, congé, rémunération, dispositifs de formation, rupture du contrat de travail, création d'entreprise, etc., c'est toute la vie professionnelle qui est passée au crible dans ce guide.
Chaque sujet traité comporte en outre les références précises des textes législatifs et réglementaires le concernant.

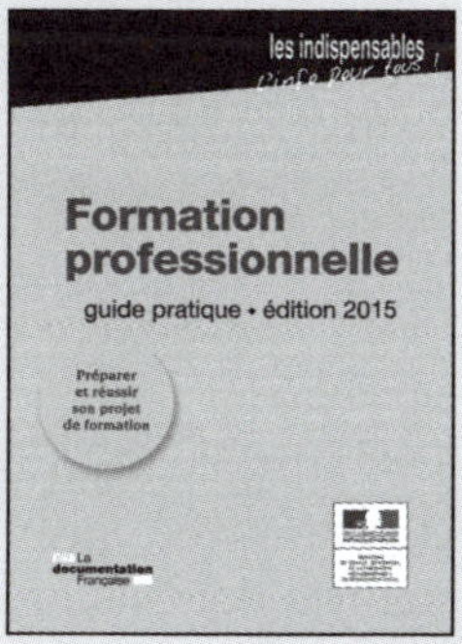

Édition 2015
216 pages - 12 €

Intégralement mis à jour suite à la loi du 5 mars 2014 relative à la formation professionnelle, ce guide offre aux salariés comme aux employeurs une vue d'ensemble des moyens et dispositifs d'accès à la formation. Pour chaque dispositif, sont détaillés les conditions à remplir, la procédure à suivre, les modalités de prise en charge du coût de la formation, le statut du salarié pendant la formation, etc. Ce guide répond concrètement à toutes les questions que se posent les salariés ou les employeurs avant le départ en formation, pendant la formation et au retour du salarié dans l'entreprise.

Édition 2016
144 pages - 8 €

Procuration bancaire, personne de confiance, mandat de protection future, sauvegarde de justice, curatelle, tutelle... Ce guide, résolument pratique, présente en détail tous les dispositifs existants pour protéger un proche ou anticiper sa propre vulnérabilité.

Les aidants familiaux trouveront dans ce guide, simple et résolument pratique, un outil efficace pour les informer sur leurs droits, les épauler au quotidien et leur permettre de valoriser leur expérience en leur offrant la possibilité de constituer leur propre carnet d'aidant familial.

Édition - 2016
168 pages - 8 €

Édition 2016
326 pages - 12 €
À paraître

Ce guide traite des prestations et allocations qui peuvent être attribuées aux salariés et, pour certaines d'entre elles, aux personnes dont ils ont la charge. Il permettra à ses lecteurs d'être parfaitement informés sur leurs droits en matière de protection sociale (assurance maladie-maternité, invalidité-décès, vieillesse...) mais aussi d'assurance chômage et de retraite complémentaire.

« Aides en poche »

Une collection de guides pratiques pour faciliter votre quotidien !

Cette collection a pour objectif de porter à la connaissance de publics spécifiques (adultes handicapés, personnes âgées, etc.) les aides et dispositifs auxquels ils peuvent prétendre.
Pour chacune des allocations et prestations sont précisés les conditions d'attribution, les démarches, leurs montants, la durée de versement, et les interlocuteurs auprès desquels ces publics pourront faire valoir leurs droits.
Simples et résolument pratiques dans leur approche, ces guides sont illustrés d'exemples et de focus sur des points particuliers.

Déjà parus dans cette collection, en juin 2015

110 pages - 6 €

92 pages - 6 €

126 pages - 6 €

En vente en librairie et à La Documentation française
www.ladocumentationfrancaise.gouv.fr

Collaboration rédactionnelle

Cabinet Bertrand Couette

Ministère du Travail, de l'Emploi, de la Formation professionnelle et du Dialogue socia

Direction générale du travail (DGT)

Délégation générale à l'emploi et à la formation professionnelle (DGEFP)

Ministère des Affaires sociales, de la Santé et des Droits des femmes

Direction de la sécurité sociale (DSS)

Direction générale de la cohésion sociale (DGCS)

Ministère de la Décentralisation et de la Fonction publique

Direction générale de l'administration de la fonction publique (DGAFP)

Coordination éditoriale et secrétariat d'édition

Johanna Sztanke

Maquette et mise en page

Nadine Vallein

Ministère du Travail, de l'Emploi, de la Formation professionnelle et du Dialogue social

Ministère des Affaires sociales, de la Santé et des Droits des femmes

Délégation à l'information et à la communication (Dicom)

Imprimerie de la Direction de l'information légale et administrative

N° 658150060-001015 – Dépôt légal : octobre 2015

PEFC 10-31-2190 / Certifié PEFC IMPRIM'VERT®